合作治理视阈下西部乡村振兴的实践逻辑研究"（19XZZ005）

村落文化的变迁与重建

柯芳 邹霞 著

中国财经出版传媒集团

经济科学出版社

Economic Science Press

·北京·

图书在版编目（CIP）数据

村落文化的变迁与重建/柯芳，邹霞著．－－北京：经济
科学出版社，2023.8

ISBN 978－7－5218－5007－9

Ⅰ.①村…　Ⅱ.①柯…②邹…　Ⅲ.①村落－文化研究－中国
Ⅳ.①K928.5

中国国家版本馆 CIP 数据核字（2023）第 149656 号

责任编辑：孙丽丽　撖晓宇
责任校对：徐　昕
责任印制：范　艳

村落文化的变迁与重建

柯　芳　邹　霞　著

经济科学出版社出版、发行　新华书店经销
社址：北京市海淀区阜成路甲 28 号　邮编：100142
总编部电话：010－88191217　发行部电话：010－88191522
网址：www. esp. com. cn
电子邮箱：esp@ esp. com. cn
天猫网店：经济科学出版社旗舰店
网址：http://jjkxcbs. tmall. com
北京季蜂印刷有限公司印装
710×1000　16 开　16.25 印张　230000 字
2023 年 8 月第 1 版　2023 年 8 月第 1 次印刷
ISBN 978－7－5218－5007－9　定价：68.00 元
（图书出现印装问题，本社负责调换。电话：010－88191545）
（版权所有　侵权必究　打击盗版　举报热线：010－88191661
QQ：2242791300　营销中心电话：010－88191537
电子邮箱：dbts@ esp. com. cn）

前　言

在 1949 年以前，村落文化一直保持着强大的历史惯性，变化很小。直到新中国成立后，通过土改、合作化、人民公社等一系列运动对农村的改造，打碎了地主、士绅的权力，打破了家族的结构，建立了国家与农民的直接关系。在新政权的改造下，传统的村落文化被新的社会主义村落文化取代。首先，在政治上建立了超越血缘关系的人民公社，成为取代家族组织的新的权威机构；其次，在经济上改变了村落的生产方式，新的政治权威组织掌握了村落的资源分配权，取消了家庭和家族的生产和分配功能；再次，在观念上用马列主义、社会主义、共产主义意识形态取代了传统的价值观念；最后，在制度上建立了以公有制为基础的社会主义制度，建立了正式的司法规范，取代了村落传统的礼俗和家族规范。以生产资料集体所有的公有制和集体劳动、统一分配的生产分配机制，改变了土地私有关系和家庭劳作的生产方式，但是农村生产力并没有获得显著增长。再加上家庭的部分功能并没有彻底消失，以自然村为基础的聚居结构没有改变，户籍制度对人口流动的限制，以及农耕仍然是村落主要的生活来源等，这一系列的原因导致传统村落文化的根基并没有彻底动摇。一旦强制因素解除，村落文化就展现出向传统回归的趋势。

党的十一届三中全会以后，随着社会主义市场经济的确立和发展，农村的物质生产力获得了前所未有的增长。随着家庭联产承包责任制的推行，家庭的生产功能再次得到确认，个体农民从集体的约束下解放出来，农民发展经济的积极性和主动性得到很大的释放，持续的物质增长，逐渐消解了传统村落文化存在的根基。经济增长促使村落文化的变化主要体现在以下几个方面：一是农村经济开始从以农耕为主向农工商多元经济发展；二是大规模的人口流动逐渐突破了传统村落文化封闭的格局；三是与市场经济密切相关的利益观念日益瓦解传统村落文化的礼俗性，能力、财富、地位成为衡量一切的标准。

伴随着市场经济的发展，与市场经济相伴随的消费主义、极端个人主义等观念，在村落社会引发了一系列的社会问题，村庄伦理规范失去约束力，导致"无公德的个人"盛行。重建村落社会的道德系统，是村落文化建设的使命所在。马列主义、毛泽东思想、中国特色社会主义理论体系是村落文化建设的重要指导思想，马克思、恩格斯等经典作家关于文化建设的重要思想对村落文化建设有着重要的指导作用。社会主义初级阶段国情是村落文化建设的重要依据，村落文化建设不能超越或者滞后于社会主义初级阶段。村落文化建设要着重村落文化的主体性、公共性、制度的长效性等方面。

目　录

第 1 章

绪　　论

1.1　问题的提出及研究意义

改革开放四十多年以来，农村的发展天翻地覆，农村已经基本摆脱物质贫困，过上了温饱有余的生活，发达地区的农村甚至已经赶上城市的发展水平。但是在取得巨大物质成就的同时，农村的文化发展却相对滞后，传统的村落在不断消失。村落作为村落文化的载体日益空心化，村民越来越原子化，村庄舆论日益式微，村落组织和舆论对破坏村落的内在秩序的行为无能为力，村落的公共事业因为遭遇钉子户导致建设成本不断攀升。传统村落"扶弱济贫、老幼相扶、尊老爱幼、互帮互助"等优良传统，在市场经济和消费主义的侵蚀下日益消失，村庄舆论对各种失范行为失去了往日的约束力。经济的繁荣与文化的荒漠化形成鲜明的对比，究竟是什么导致村落文化面临这样的困境？对于村落文化，是任其自生自灭，还是发展和继承兼顾？在现代化的过程中，该怎样对待我们的传统？村落文化能否与现代融合？这些问题是以前的研究所没有遇到的，即使有所涉及，但是现在的村落与过去的村落不可同日而语，现在的村落早已摆脱了物质匮乏的时代，现实背景已经天翻地覆，很多问题需要重新研究回答，这也是本书所要解决的问题。

1.1.1 问题的提出

新时代的农村经济处于历史上最好的时期，但是这一时期，农村的生活并不完美，在文化领域存在很多问题，比如城市消费主义文化冲击着农村原有价值观、村庄原有的社会共同体解体、村民原子化等问题。在旧的价值和秩序解体过程中，新的秩序并没有及时建立起来。当前村落文化存在的问题主要是指村落文化的内涵和形式偏离了其本来的功能，呈现出异化的形态，需要发挥政府和民间力量让其回归本质，让村落文化真正成为村民安身立命的价值支持。农村目前的根本问题不在经济问题，而在于文化问题和价值问题，换句话说就是文化失调，社会秩序失衡。当前村落文化自身存在的问题主要表现在以下几个方面。

（1）宗族文化的瓦解使老人的地位日益边缘。在传统的村落社会，个人、家庭、亲缘关系、文化，统统都在祖荫之下，如今这一切都被翻转过来。这一家庭革命始于新中国成立之后的社会主义实践，但真正彻底改变宗族结构的是改革开放以后市场经济的发展。改革开放之前，国家对宗族文化的改造侧重于意识形态领域，但缺乏经济增长的支撑，传统宗族文化赖以生存的物质基础没有明显的变化，人们仍然聚居在一起，仍然以农业为生，生产力没有显著的增长，这一切导致宗族文化在一定范围仍然影响着村民的行为方式和思维方式。党的十一届三中全会以来，市场经济的发展彻底改变了人们的行为和观念，推动了家庭结构的变迁以及个人的崛起。个人崛起的结果使家庭关系趋于平等化、民主化，但也带来了一系列的社会问题，比如老人赡养的问题、农村价值观的混乱与迷茫等问题。正是传统的长辈权力受到政治运动和市场经济的双重削弱，才有年轻一代的崛起，才使个人的权利摆脱家庭的束缚日益突出和重要起来。个人的崛起也带来了价值观念的多元，年轻人对独立自主的追求、反权威的倾向，使人们在每一个问题上都无法形成统一的价值观，更多的价值选择也带来了迷茫和混乱。他们一方面追求着独立自主，另一方面却无条件向父辈索取，在追求自己的利益的同时，很少顾及长辈的利益或者其他人的利益，这种个人主义并不是真正的独立自主，而是极端自私的个人主义。因为对个人权利的强调，并没有带动对他人权利的尊重以及公共生活的负责。极端自私的自我中心观念，使得年轻一代理直气壮地抛开社会责任和对他人的尊重，变成"无公德的个人"。

（2）宗教文化的泛滥对传统村落文化形成冲击。目前在农村宗教信仰当中，基督教最为强势，基督教为了增强传播能力，一方面极力本土化，吸收传统文化，另一方面排斥打压传统的民间信仰。基督教作为一种宗教，有教义、仪式、聚居地、宗教体验，基督教善于利用这些元素进行传播。基督教很善于本土化，宣传信教三大好处：教人学好；保家庭平安；信教开心。传教的人一般说，信基督教后不打人，不骂人，不偷，不抢，和教友关系和睦，等等，传统伦理的有益东西它都会涉及，学好人是做人的终极目的，以此吸引不少的人。大部分村民认为信教是有好处的，且把祖先崇拜定义为信迷信，这与一定的历史背景有关系，但从另一方面警示我们，当老百姓把祭祀祖宗本身当作一种迷信、一种封建落后的东西时，其也就在无意识中与传统文化隔绝。信教的人一方面不再烧香，很多传统祭祀活动被否弃，另一方面又极力排斥传统文化。基督教以一种功能性救世主的面貌出现，满足了农民日常生活中的公共性和私人性需要，通过教义的实践过程，通过把自己神化和合法化，逐渐上升到本体性价值层面，对我国传统文化形成了挑战。

（3）人情异化影响农村公序良俗的建立。当前中国的有些农村深受人情之苦，农民收入大约 1/4 要用于人情开支。农村是一个熟人社会，靠婚丧嫁娶的人情往来达到社会互助的功能，并通过人情往来建构"自己人"，"自己人"认同提高了村庄社会应对社会风险的能力，加强了村民彼此的联系，为村民提供了价值和情感归属。但是现在有很多农村有通过办人情来敛财的现象，酒席越来越多，人情开支越来越高，所有村民为此承担巨大的压力，人情的社会互助功能和情感联系功能日益丧失。人情的铺张浪费现象也非常严重。在华北等地，农民在仪式上展开非理性竞争，甚至办丧事也要请戏班子来提升人气，狂歌劲舞的气氛与丧事的悲伤凝重严重不协调。人情异化反映的是村落传统的价值解体，出现价值荒漠化，社会竞争无序化。人们不知道该怎么活，活着的意义是什么。传统村落，农民活着的意义是传宗接代，光宗耀祖。农民的人生意义围绕着生儿育女而展开，完成传宗接代的人生任务，在实现子孙的绵延的过程中，有限的生命就获得了无限的意义。但当前农村快速的流动、转型，传宗接代的终极价值被当作落后、愚昧的象征而被抛弃。失去了终极价值信仰的农村出现了非常短期化的功利行为，在社会层面上展开了激烈的非理性竞争。比如建房，往往高大无用，并不是用来住的，而是用来攀比，外面装修豪华，里面家徒四壁；买车竞争，有钱没钱都要买车，往往过年回来开一次，平时束之高阁，纯属浪费；索要高彩礼现象越来越严重，女方除了索要高彩礼，还要在城市买房、买车、首饰等物品，农民办一次婚礼，往往欠下巨债。终极价值的解体，带来的是闲暇时间的无意义感。在传统时期，由于生产力低下，农民只有终日劳作才能满足温饱。新中国成立以来，经过70多年的发展，尤其是近十年，农业机械化快速推进，把农民从繁重的体力劳动中解放出来，农忙时间大为缩短，每年农忙时间最多2~3个月，农民第一次拥有这么多的闲暇时间。突然而至的闲暇与千年形成的忙碌的农耕生活形成了鲜明的对比，如何度过闲暇时间成了问题。随着农民终极价值的解体，大量的闲暇时间并没有提升农民的生活品质，反而带来的是闲暇生活的无意义感，导致低俗文化的兴起。

（4）个人主义泛滥导致代际伦理失衡。当前村落家庭伦理文化最突出的问题是极端个人主义的泛滥，权利和义务不统一，只强调个人的权利，却忽略了对家庭的责任。个人主义的扩张导致代际关系严重失衡。一方面，父代的权威、地位日益下降，但责任无限，对子代的付出没有终点；另一方面，年轻一代的地位、自主性日益加强，但责任有限，义务感不强。年轻人在恋爱、婚姻、分家、养老等各方面，他们有权决定一切事情并付诸行动，以个人为中心决定与自己有关的事情，并能毫无顾忌地表达自己的想法。年轻人在家庭生活的各方面享受着优先权，在家庭居住空间的选择方面，占据最大的房间，强调个人的隐私，并以小夫妻为核心；在生育选择方面，完全自主；在财产分割方面，毫无顾忌向父母索取。年轻人的权利意识增强了，但义务感下降了。他们在主张自己权利的同时，却不愿承担本该由自己承担的义务。他们公开地挑战传统的孝道，否定父母的养育之恩，用代际互惠的原则重新界定孝道的内涵。父代的地位、权威下降了，但是责任和义务没有下降，父代对子代无限地付出，子代对父代的支持却在不断减少，代际关系严重失衡。在配偶选择、分家、养老等家庭关系的各个方面，年轻一代的权利不断加强，父代的权利被压缩到边缘，甚至连生存都无法保障，老人地位的边缘化、衰弱化无可挽回。父代与子代的权利和义务关系被重新定义，养老不再天经地义，父母的生养之恩不再神圣。如果认为父母没有完全满足子代的期待，子代就有各种理由不养老。老人地位的衰弱、核心家庭重要性的增加，也促进了生育观念的变化，传宗接代的重要性降低，个人的情感追求、物质的追求、自由的追求日益成为日常生活的组成部分，个人在家庭中的行为不受他人影响，家庭生活以夫妻关系为中心，重视个人幸福和情感体验。家庭的私人化和核心化，反映的实质是个人及个人权利观念的兴起。

但是伴随着个人权利的增长，个人的义务感却日益降低。单纯强调个人的权利，却不承担个人的义务，极端的个人主义泛滥。个人主义的急剧扩张，造就越来越多的"无公德的个人"。极端的个人主义，在家庭层面，引发了越来越多的伦理危机，在社会层面，造成了村落公共性的消解，社会规范崩溃。随着城市化速度的加快，农村的人财物加快向城市流动，导致村庄空心化，村落价值生产的主体缺失，制约和规范村落道德的结构力量解体，引发了很大的社会问题。老年人作为村落社会最弱势的群体，成为各种社会问题的最后承担者，农村高龄老人的生存状况日益恶化，一旦失去自理能力或者生病，得不到有效的照料，这给在村落生活的每一个人都带来非常消极的预期。

为了解决农村文化发展相对滞后的局面，中央在《国家"十二五"时期文化改革发展规划纲要》中要求在"十二五"时期建成覆盖全社会的公共文化服务体系，农村公共文化服务体系建设也是其中非常重要的组成部分。在这样的背景下，政府对农村文化建设进行了大量的财政投入，投入的方向是农村文化基础设施，包括文化广场、文化大礼堂、文化站、农家书屋、健身器材等，资源投入是以项目的方式对接到村庄的。这些文化基础设施的建设，对促进农村文化的发展发挥了重要的作用，但是也存在一些问题。在村落文化建设方面存在的突出问题主要表现在以下几个方面：

（1）农民主体地位缺失。首先，资源投入的方式缺乏自下而上的表达。随着农村经济发展水平的极大提高，文化发展滞后的矛盾日益凸显出来，农村文化建设开始受到格外重视。但是这些文化设施建设过程是以"自上而下"的"项目"方式运作，即由文化行政管理部门进行规划并"送"文化下乡，缺乏农民积极主动的参与，没有明确的瞄准机制，农民很难参与到项目的决策管理中来，农民的文化需求很难表达出来，导致文化产品不适应文化需求，文化设施使用情况很不理想。"项目化"的文化建设，重视财政投入和完成上级的任务，忽略了农民自身的文化需求，农民主体地位缺失的文化建设与农民是疏离的。其次，在文化建设考评方式上，农民角色缺位。现行的文化体制是向上负责，基层文化行政部门以执行上级任务为主要责任，公共服务意识淡薄。在现有文化体制下，乡村文化建设的主体是乡镇文化站，作为行政单位，其面对的是一个科层制的压力型体制和数量化的考评体系，需要落实上级政府下达的各项任务和考核指标，在这个过程中，农民的角色是缺位的。另外，基层政府和文化管理部门也有自身的文化治理逻辑，往往把文化"项目"打包成形象工程，而作为文化需求方的农民却逐步被边缘化。文化考评的"自上而下"机制，使农民无法参与到文化建设的绩效管理中，农民无法"自下而上"地进行反馈，使文化供给失去了创新的能力，导致文化建设陷入形式主义。项目的考核指标是政府的治理的逻辑，农民在文化考评中缺席，政府无法得到自下而上的反馈，农民的文化需求无法表达，文化供需错位，就不难理解农民对文化建设的冷漠和疏离。

村落文化是农民在生产生活中创造出来的文化形态，因此村落文化建设的主体是农民，也只能是农民。新中国成立以来，政府和市场相继在文化变迁中发挥了极大的作用，但是农民往往在村落文化变迁中处于失语状态。在现代社会单靠"自上而下"的力量已经无法完成村落文化重建的任务，必须发挥农民的能动性，使农民参与到文化的重建中来，形成政府、市场、农民之间的合力，共同推动乡村文化的振兴。

（2）村落文化建设功利化。重视文化的教化作用，是中国传统社会治理的优良传统之一。因为特殊的历史时期，人们对"教化"充满误解，导致教化一词一度在治理话语中消失。2014 年党的十八届四中全会通过的《中共中央关于全面推进依法治国若干重大问题的决定》，强调"重视发挥道德的教化作用"，教化一词重新回归人们的视野。在文化建设实践中，基层政府往往重视文化的经济价值，却忽略了文化的教化性、引导性。文化服务产业化，文化的教化内涵逐步丧失。文化的本意应是"寓教于乐"，通过群众喜闻乐见的文化活动传递价值规范。但是当前基层政府热衷于文化服务产业化，例如打造各类休闲旅游、民俗旅游等，文化产业化发展有助于地方政府的经济发展，但是文化建设却逐步失去了公益性，更多地成了商业秀，文化与利益捆绑在了一起，甚至文化等同于活动，文化建设等同于项目建设，乡村文化的教化内涵逐步丧失，成为纯粹的娱乐文化，失去了平静丰厚的内涵，变得和城市文化一样浮躁喧嚣。一些有特色的古村落不是不可以发展旅游，而是要对传统古村落的精神文化价值进行保护性开发，并使其通过旅游业传递出去。当前的古村落开发模式严重雷同，大多数古村落开发以旅游为纲，把原住民赶走，民居变商店，摆上旧家具就开始收钱，编造一些虚假的民间故事吸引游客，长此以往古村落千村一面，精神文化价值丧失，古村落的生命力也就没有了。古村落最宝贵的价值是它的精神文化价值，旅游价值只是其一，旅游不是目的，目的是通过旅游增加原住民的收入，保住了古村落的人，才能保住醇厚的风俗、风气、风貌、风味、风物、风光。"古村落搭台，经济唱戏"这样的文化产业模式虽然能带来经济利益，但是缺乏对古村落的精神文化价值的重视和保护，缺乏传统文化自觉。文化建设的使命是传递价值规范，打造精神家园，而不是一味地追逐经济利益。

（3）重视"送"文化，忽视"种"文化。重视"送文化"，本质上还是把村落文化当作落后文化加以改造，没有充分尊重农民的主体地位。如果"送文化"不能与村落内生文化的发展结合起来，不能发挥农民自身的文化创造性和主体性，村落文化就没有延续性，必然陷入有投入无发展的"内卷化"状态。以往的村落文化建设重视"送文化"，恰恰缺乏促进内生型文化生长的措施，而送下去的文化因为缺乏根基难以形成"集体记忆"。村落文化建设的城市化思维导致重视"送文化"，忽视了"种文化"。重视保护文化及发展文化产业，忽视了内生型文化的生成和延续。各级政府在村落文化建设中，有一项重要的措施就是非物质文化遗产保护，在这种方式下，日常生活的民俗一旦作为非物质文化遗产，就从村民的日常生活中脱离出来，变成被建构的、脱离村民日常生活的文化，反而使村落文化失去了得以延续的生命力。基层政府另一项村落文化建设举措就是发展乡村旅游，把具有乡土特色的文化打造成供城市消费的文化对象，商品属性的急剧膨胀，最终使村落文化发生变异，乡土文化的自身价值难以彰显并逐步消失。原汁原味的乡土生活是村落文化的载体，离开了乡土生活，村落文化就失去了鲜活性。村落文化只有高度融入村民的日常生活中，乡土生活的规则、意义和价值才能得以传承、延续和发展。

唯物主义理论告诉我们，经济基础决定上层建筑，那么农村经济的繁荣为什么没有带来文化的发展？这是一个悖论。村落文化经历了怎样的变迁？为什么会存在这些问题？税费改革以后，国家资源密集下乡，农村文化设施大为改善，村落文化建设投入比以往任何时候都多，但是为什么村落文化建设有投入却效果有限？村落文化建设陷入内卷化，原因何在？怎样才能解决村落文化自身存在的问题？同时，如何在制度上和组织上构建村落文化建设的长效机制？为了解决这些问题，本书从两个方面展开研究，一是采取追溯历史的源头，从村落文化发生巨变的起点开始，分析村落文化变迁的脉络。二是深度剖析当前的经济社会实践，探讨村落文化巨变的原因，从而提出解决问题的对策。

1.1.2 研究意义

城乡的交流和融合是社会发展的大势所趋，亦是走向现代化的必由之路。而在当前城市化的潮流中，城市的发展是以村落文化的日益衰落为代价来换得的。村落文化面临的困境实际上是中华传统文化传承面临的困境，城市化也不一定就必然伴随着传统文化的消亡。在城市化和传承传统文化之间可以通过妥善的处理方式，实现发展和继承传统的平衡。加强村落文化的研究就是寻找村落文化保护、传承和发展的最佳路径，构建既能满足农民需要又能切合建设满足中国特色社会主义文化要求的村落文化。

（1）加强村落文化研究有利于建设中国特色社会主义文化。中国特色社会主义理论有两个理论来源，一个是马克思主义基本原理，另一个就是中国优秀的传统文化。传统文化是我们保持民族特色和民族独立性的关键所在，是区别其他社会制度和道路的标志。村落文化是传统文化的延续和重要组成部分，是中国文化的结晶，在传统农耕社会发挥过重要作用。在今天建设中国特色社会主义的实践中，其仍然值得我们去借鉴和传承，特别是在保持民族文化的独立性、自主性以及现实的道德教育方面意义深远。如果我们在全球化的过程中，丧失了自己的文化主权，变成西方国家的文化附庸，会造成本民族在文化和精神上的分裂和无所适从。亨廷顿曾指出，非西方国家要想实现现代化，必须走自己的道路，要在自己的体制、价值、传统基础上实现现代化，否则只会造成混乱分裂。

村落文化是传统文化的重要组成部分，加强村落文化的挖掘和整理有利于弘扬传统文化。村落文化随着时代的变迁不断的发展变化，同时又具备某种程度的稳定性，是村民生活的思想记忆，是传统文化在地域上的反映。传统文化就是诞生于农业社会的农耕文明，而村落就是这一文化诞生、发展和延续的土壤。村落文化是传统文化的地域载体，弘扬优秀的传统文化，就是要弘扬各具特色的村落文化。村落文化的出现，是中国文明发展历史过程中的一个重要的里程碑，其不但促进了农村社会的规范与稳定，更重要的是在法律体制之外开拓了另一条维系社会稳定的道路。在中国数千年的发展过程中，农村一直处于相对稳定的社会状态中，其中村落文化在其中有着至关重要的作用。从农村生产方式的发展，日常礼仪观念的规制，宗族图谱的崇拜，到人与自然的和谐相处等，这都为当代社会复杂的社会问题处理提供了重要的借鉴。

（2）加强村落文化研究，有利于促进传统村落文化与现代文化的融合。中国特色社会主义文化不仅继承自党的历史传统，而且是继承于中华民族 5000 年的文明史，这充分揭示了中国特色社会主义文化的厚重的历史份量和深刻的历史渊源。历史不能自由选择，中华民族 5000 年的历史是我们深厚的基础和深刻的文化基因，独具中国特色的发展道路是从 5000 年历史中走出来的。研究村落文化，就是要促进优秀的传统文化与现代文化融合，从而形成具有凝聚力的精神和价值力量，为建立符合时代要求和发展阶段的中国特色社会主义文化提供支持。加强村落文化研究，不是把乡村传统文化和现代文化对立起来，而是要加强二者的融合。即使城市化发展到今天，中国人骨子里依然流淌着传统文化的血液，或明或暗地发挥着作用。传统和现代并不决然对立，现代由传统发展而来，传统依旧在现代中延续。比如从农村进入城市的人，既可以接受传统文化，又认同接受现代文化，因此可以通过整合传统文化和现代文化，促进传统文化和现代文化的沟通和交流，整合不同文化的精神和力量，实现文化创新。世界文化的发展趋势就是实现不同文化的交流和融合，文化的创新就是吸收和综合先进的文化因素，从传统文化和现代文化中汲取营养，形成复合型文化，为民族文化的发展注入活力。

（3）加强村落文化研究，有利于乡村文化振兴。在我国快速城市化和社会生活急剧变革的社会背景下，承载着传统农耕文明的传统村落在不断消失。随着传统村落消失的不仅有物质文化，而且还有非物质文化。随着城市化的发展，农村人口流动增加，外出务工人员剧增，城市文化日益冲击着村落文化。以农耕文明为基础的村落文化开始逐步瓦解，越来越多地受到城市消费主义、市场观念的冲击和影响。从衣食住行、婚丧嫁娶、传统节假日、风俗习惯、社会礼仪等领域，传统逐渐退场，村落文化出现衰败的景象。如果只有经济发展而没有文化和社会的建设，农村的发展必然是折腾式的前行。农村始终是中国文明扎根之地，搬不走、抹不掉，是现代化进程中无法回避的议题，我们现在已经拥有足够的国力把财力投入到农村建设上来，弥补农村为中国现代化作出的牺牲，如此，中国经济才会在所有民众都受益的基础上更加健康持续发展。文化建设是乡村振兴的重要内容，在乡村振兴的历史背景下，开展村落文化建设研究，对于推动乡村文化振兴有着重要的意义。

（4）加强村落文化研究，有利于恢复乡村的有序和谐。村落文化依赖于传统农耕社会，在农业文明中逐渐形成的一套文化价值体系，主要是用来处理人与自然、人与人之间相互关系的价值标准，在整个传统文化体系中有着举足轻重的地位。本尼迪克特说："真正把人联系起来的是他们的文化，亦即他们共同具有的观念和标准。"① 村落文化对乡村社会的整合起着异乎寻常的作用，为乡村社会提供稳定的秩序。改革开放以来，国家逐步放松了对乡村社会的控制，释放了一部分空间，与市场经济密切相关的文化观念填补了国家释放出来的空间。在市场主义的冲击下，村落文化的主体地位不断丧失，成了农村人特别是二代农民工急于摆脱的文化印记，成了落后愚昧的代名词。一种文化的优劣与

---

① ［美］露丝·本尼迪克. 文化的模式 ［M］. 何锡章，黄欢译，北京：华夏出版社，1987：12.

否，要站在文化所处的场域来看，要看这种文化是否符合当地人们的生活需要，符合当地需要的就是优秀的文化，否则再先进的文化，若不能帮助人们应对生活中面临的各种问题，就不能称作先进文化。从所在区域人们的生活需要出发，文化就没有优劣之分，只有是否适合之分了。一种文化存在的理由只与特定社区人们的生活方式和生产方式有关，要从文化持有者内部的角度去理解和解释当地的文化现象。"去理解一些别人的贴近感知经验的概念，并将之有效地重铸进理论家们所谓已知的关于社会生活一般知解的遥远感知经验中去，是一种极其设身处地精微细致的任务，即使它不像是魔术那样不可思议，也应像是钻进别人皮层内里一样深入体察。其关键就是别被向你提供信息的当地人把你导入其内在精神的同一对应。或许，应该像我们大多人一样，用他们自己的方式去指称他们自己的心灵，他们毕竟不似有人指称的那样敏锐。最重要的是描述出他们自己是怎么想，怎么做的。"① "处境化理解尽管不是跟文化持有者融为一体，却要求把研究者纳入社区整体进行思考，即研究者是处境其中对社区文化进行理解和阐释，而且把研究者与该社区的人关联起来，不是简单地把二者对立起来或者采取主/客二分的方式去解释。"② 深入到所在特定社区文化结构的内部，从局内人的角度去体验、感知当地的文化，在这个基础上去进行理论阐释，避免戴着有色眼镜去看待村落文化。主张用现代性来改造村落文化，就是把村落文化当作落后文化的一种表现。当然，村落文化建设也不是彻底回归传统，而是面对市场经济和城市化的冲击，重构村落文化的主体地位，恢复乡村的有序和谐。

（5）加强村落文化研究，有利于现代制度在农村的顺利扎根。村落文化是国家在农村推行现代制度的社会基础，影响着农村现代化的进

---

① ［美］克利福德.吉尔兹.地方性知识——阐释人类学论文集［M］.王海龙，张家瑄译，北京：中央编译出版社，2004：74.

② 吴理财.处境化经验：什么是农村社区文化以及如何理解［J］.人文杂志，2011（1）：147.

程。国家自上而下的制度安排能否在农村顺利扎根，在很大程度上取决于制度安排是否契合了村落文化基础。就拿村民自治制度来说，有的地方村民自治做得很好，有的地方流于形式。做得好的地方，就是因为充分考虑到了村落文化的现实影响。制度在运作过程中，结合乡村内生的文化资源，才能使制度顺利进行，否则制度和现实就是"两张皮"，得不到村民的认可，也就无法正常推进。村民自治制度是基层社会行使民主权利的一项重要制度，要想村民自治制度在农村生根，既要遵循民主发展的规律，同时也要契合农村社会的实际。任何脱离农村社会现实的制度，也就实现不了制度既定的目标和功能，也就不能称得上是好制度。我国乡村社会虽然经历了革命和社会主义建设的洗礼，但其仍然是一个村落社会，村落仍然是基层的最基本的单位，在村落范围内形成的以血缘和地缘为核心的村落文化是不会一下子消解的。新中国成立后，国家开始了大规模的对乡村社会的改造。土地改革打破了旧的封建土地所有制，建立了小农所有制，确立了农民对新政权的信任和忠诚。后来又在国家行政力量的主导下，把分散的小农组织起来，建立农业合作社，从互助组、初级社、高级社直到后来的人民公社，正式确立了国家对乡村社会的直接控制，原来的乡村社会结构瓦解，宗族和家族组织一度解体，国家是乡村社会唯一的整合力量。改革开放以来，国家行政力量逐渐从乡村社会退出，宗族势力一度有一定程度的恢复，并对乡村社会的民主进程产生一定的影响。在设计基层民主制度的时候，要结合传统的文化资源，选出既能体现民主原则，又能适应乡村社会结构，内部协调的领导班子，才能保证各项工作的顺利进行。正如钱穆先生所说，"每一制度，必须针对现实……制度须不断生长，又定须在现实环境要求下生长"，"政治制度必然得自根自生。纵使有些可以从国外移来，也必然与其本国传统，有一番融合媾通，才能真实发生相当的作用。否则无生命的政治，无配合的制度，决然无法长成"①，从这一点上说，村落

---

① 钱穆. 中国历代政治得失［M］. 北京：九州出版社，2012：1.

文化资源也是民主制度运行的社会基础，自上而下的制度安排必须要观照现实，利用传统资源的整合力量为民主政治服务。

村落文化有着悠久的历史，并深深植根于现实社会中，因此要想转变村落文化并非易事。经历了革命、战争的洗礼，仍然不能彻底摧毁村落文化的影响，由此可见村落文化的生命力之顽强。我国要想实现社会主义现代化，就不能不正视村落文化的影响，在设计农村社会制度时不能不考虑村落文化对乡村社会潜移默化的影响。要想在农村实现社会主义现代化，就要充分利用村落文化对乡村社会的整合作用，从而使社会主义现代化深深扎根于农村。

1.2 研究现状及评析

1.2.1 国内研究现状

村落文化一直是学界非常关注的问题，学者们从不同视角进行了深入的研究，积累了大量的研究成果。在著作方面，主要有以下三个方面的研究。

一是针对少数民族村落文化的历史、现状、类型以及保护和发展等内容展开研究。比如黄臻编著的《村落文化》、杨宗亮的《云南少数民族村落文化建设探索》、王志清的《语言民俗与农区蒙古族村落的文化变迁》等著作，对少数民族地区村落文化展开了细致的研究，重点考察了村落文化形成的影响因素，其中政治因素、经济、血缘、宗教、社会发展进程等因素对村落文化的形成起着塑造作用。王志清以辽宁省西部一个蒙古族聚居村落为个案，进行了田野调查，分析了蒙古族村落文化变迁的根本原因，探讨文化选择与村落乃至族群文化命运的关系。作者指出，该蒙古族村落在语言和文化传承方面呈现断裂的趋势，出现这一趋势的根本原因是蒙古族人民经济生活的变迁，而不是大量汉族人口的迁入，这无疑是非常有见地的，也有利于化解蒙汉对立，对促进民族团结和文化繁荣有着重要的意义。① 对少数民族村落文化的研究，在研究方法、研究内容上给予本书极大的启发，也为理解汉族主体村落文化提供了比较的视角。

二是从社会学视角分析村落文化对村庄制度变迁、经济发展、政治参与、生育行为等村庄内部变量的影响。比如任映红的《现代化进程中的村落文化——当代温州村落文化研究》一书，以村落为研究对象，从村民的传统、习惯、风俗、经验、常识、宗教、信仰等日常思维和客观的社会事实入手，以温州为个案，分析了现代化进程中村落文化的变迁的轨迹及对当前构建农村和谐社会的影响和意义，描绘了一幅包括了宗族文化、政治文化、宗教文化、伦理文化、人情礼俗文化等多文化因素的村落文化图景，是当前研究村落文化难得一见的精品。② 陈吉元、胡必亮的《当代中国的村庄经济与村落文化丛书：网络、文化与华人社会经济行为方式》《当代中国的村庄经济与村落文化丛书：中国村落的制度变迁与权力分配》等共八本村落文化丛书，从村庄、乡镇、村落文化三个层面对村庄制度变迁、乡镇企业发展、村落文化进行了探讨，得出了一些非常重要的结论。比如，村庄的资源禀赋决定着村庄的发展走向，村庄经商传统、非农就业等传统都是由村庄拥有的相应资源决定的。本书的研究说明了传统文化和现代制度是可以耦合的，传统的血缘、地缘、亲缘关系可以和市场规则融合成一个统一的整体，传统规则与经济理性结合，可以降低市场风险，更便于实现目标。鉴于轻视自己的文化传统，轻视农村、重视城市的趋势，笔者以农村的非正式制度变迁为主线，揭示村落文化与经济社会发展之间的互动关系，并指出中国在文化上与西方存在差异，如果不认真分析这些差异，简单地照搬西方

① 王志清. 语言民俗与农区蒙古族村落的文化变迁 [M]. 北京：中国社会科学出版社，2011.

② 任映红. 现代化进程中的村落文化——当代温州村落文化研究 [M]. 哈尔滨：黑龙江人民出版社，2005：6.

经验是不可能成功的，模仿苏联模式不会成功，模仿欧美同样不能成功。中国目前取得的一切成就是传统力量和新的制度互动的结果，既不是西方经验的照搬，也不是传统的复旧，而是两种力量相互作用的结果。① 只有以自己的文化之根为切入点，借鉴西方的成功经验，实现传统和现代的结合，才能真正促进现代化进程。该类研究探讨了村落文化与村落内部其他变量的关系，对村落文化与现代制度的融合提出了独到的见解。

三是运用人类学的方法，通过生动的个案，对村落进行全方位的细描，展现村庄生活的全貌以及村落社会变迁的图景，该类著作展示了村落文化的某一类型，但对村落文化的整体认识不足。林耀华的《金翼》叙述了两个家族在传统文化和当时不断变动的时代背景下，如何调整适应新的社会规则以求发展，又是如何不适应新形势而衰落的，再现了农村文化图景和经济生活面貌。② 费孝通的《江村经济》则是社会人类学的丰碑之作，该书以功能主义视角，从农民的消费、生产、分配和交易体系四个方面，描述了中国东部太湖南岸开弦弓村的经济体系，以及该体系与地理环境、社区结构的关系。把中国传统农村的基本面貌通过一个村展现出来，讲述了传统的乡村如何在西方的影响下发生变迁。在研究方法、研究视角等方面对社会学、人类学产生了深远的影响。③ 曹锦清在《黄河边的中国》一书中，运用个案访谈、深入交流的方式全方位地呈现了中原地区乡村社会的土地制度、市场机制、血缘人情、乡政关系，以及传统与现代之间的冲突与融合，提出了转型中的乡村社会面临的一系列根本问题，如马铃薯式的农民如何走向联合建立契约社会，如何在依据历史传统和现实国情的基础上走出一条现代化之路，等等。作者指出，合作是农村的唯一出路，但又认为农民不会自发走向合作，

---

① 陈吉元，胡必亮．当代中国的村庄经济与村落文化丛书［M］．西安：陕西经济出版社，1996.

② 林耀华．金翼［M］．上海：生活．读书．新知三联书店，2008.

③ 费孝通．江村经济［M］．北京：商务印书馆，2001.

需要外部的推动。乡村社会的发展存在强大的历史惯性，短时期内改变旧的生活、生产方式是不可能的，所以农村的现代化急不得。① 这些真知灼见到现在仍然对我们认识农村帮助很大，该书采用的研究方法为本书的研究提供了宝贵的借鉴。吴毅的《小镇喧嚣》用讲故事的方式，生动展现了农村基层工作和生活的方方面面，是对当下农村的深度描写，为理解当下农村提供了非常富有启发性的视角。② 阎云翔的《私人生活的变革》则以东北下岬村为调查对象，讨论了独立的个人的发展以及国家在私人生活上的变革。③ 以上著作侧重于通过生动的个案，展现了村落文化的某一类型特征，并不是对村落文化的整体认识，但是为对村落文化进行整体分析提供了丰富的素材。

四是用整体抽象的方式研究村落文化，如费孝通的《乡土中国》则是从具体的乡村社会中提炼出来一系列核心的概念，如差序格局、熟人社会、血缘、地缘等，而正是这些体系支配着基层社会的方方面面。乡土性是中国社会最基础的特性，是中国国民性产生的基础。村落是人们"生于斯，死于斯"的地方，乡村社会是地点固定、时间静止、人际熟悉的社会，但村落之间的关系是隔绝的、孤立的。总之，该书是理解中国传统社会和村落文化的经典之作。④ 费孝通写这本书时，中国还处于民国时期，在此后的近百年时间，中国经历了政权更迭，经历了土改、人民公社、改革开放，中国的农村经历了前所未有的变革，早已经和该书发表时不可同日而语，村落文化在经历了巨大变革之后，呈现出的新变化，亟待重新研究和总结。另外，还有梁漱溟的《中国文化要义》、王铭铭的《社区的历程，社会人类学与中国研究》、苏力的《法治及其本土资源，送法下乡》、张乐天的《告别理想——人民公社制度研究》等，也是该类著作。这类研究都是把村落文化抽象为一类文化类

---

① 曹锦清. 黄河边的中国［M］. 上海：上海文艺出版社，2013.
② 吴毅. 小镇喧嚣［M］. 上海：生活·读书·新知三联书店，2007.
③ 阎云翔. 私人生活的变革［M］. 上海：上海书店出版社，2009.
④ 费孝通. 乡土中国［M］. 北京：北京出版社，2005.

型，为我们提供了村落文化的整体认识。但是，因为各地的经济、政治、历史以及生态环境的差异，在此基础上形成的村落文化也存在显著的差异，因此，还需要对村落文化的区域差异进行深入的探讨，才能更全面地认识村落文化。

此外，贺雪峰的《新乡土中国，乡村治理的社会基础》、罗兴佐的《治水：国家介入与农民合作》、温铁军的《中国农村基本经济制度研究》、曹锦清等的《当代浙北乡村的社会文化变迁》、吴毅的《村治变迁中的秩序与权威》等著作，对于我们理解村落文化提供了宝贵的启示和借鉴，在此不一一赘述。

关于村落文化的研究论文包括以下几个方面。

（1）关于村落文化的研究视角分析。国内对村落文化研究的视角主要集中在以下几个方面：一是从城乡统筹的角度，研究农村文化发展的制度、政策、法规需求，缩小城乡文化发展差距。城乡二元体制很大程度上是一定时期的制度、政策导致的，要想破除二元体制，必须作出制度、政策和法规上的调整。学者在这方面做了很多有价值的研究。比如，高善春在《城乡文化从二元到一体：制度分析与制度创新的基本维度》提出，城乡文化一体化建设，必须推进制度创新，逐步废除涉及城乡关系与城乡发展的二元政策与法规，革除城乡文化一体化发展的制度瓶颈，从制度创新的意义、动力、主体、形式和阻力五个方面论述了城乡文化一体化的理论维度，从管理、共享、互动、投入四个方面论述了制度创新的实践维度。① 徐学庆在《城乡文化一体化发展途径探析》中提出"多予、少取、放活"创新制度，完善农村干部考核机制，推动文化建设的薄弱环节即农村文化的发展，填平城乡文化发展的鸿沟。② 还有的学者指出，城乡文化差距在于农村文化体系不断被边缘，设施、

---

① 高善春. 城乡文化从二元到一体：制度分析与制度创新的基本维度 ［J］. 理论探讨，2012（2）：166 - 169.

② 徐学庆. 城乡文化一体化发展途径探析 ［J］ 中州学刊，2013（1）：102 - 103.

人才、资源、活动都聚集在城市，城乡文化统筹就是建立城乡文化资源共享，让城乡居民享受基本相同的文化权益，使城市的现代文明向农村扩散，同时农村文化的优秀成分被城市文化吸收，城乡相互促进，实现城乡文化的良性互动。还有学者就城乡文化统筹的障碍和途径进行了研究，如文化建设的观念上重城市、轻农村；重农村的经济建设，轻农村的文化建设；农村的经济基础还比较薄弱；城乡互动机制缺乏，等等。从城乡统筹的视角研究村落文化对促进城乡协调发展有着重要的意义，但是也存在一些问题。该视角是把城乡二元结构看作阻碍农村文化发展的制度因素，但事实是城乡二元结构在当前背景下某种程度上也是对农村的一种保护，农村的土地制度和宅基地制度对农民来说是一种底线保障，为进城失败的农民工提供了退路。农村青壮年劳动力可以在城市就业，获得务工收入，机械化的发展使年老农民耕地变得更容易，可以在农村务农，获得务农收入，一般的农民家庭可以通过代际分工获得务工和务农双份收入。城乡二元结构目前对村落文化建设最大的影响就是劳动力的流失使村落价值的再生产受到冲击。

二是从新农村建设的视角提出，研究和发展村落文化，发现村落文化自身价值，实现主体对自身价值的再认可。在城镇化的过程中，村落文化日益边缘化，在城市文化面前，村落文化就意味着落后、愚昧。农村急切地想变得与城市一样，结果是不仅没有与城市一样繁荣，反而更加破败。村落文化如何在城市化的过程中找到自己的位置和价值，对于农民重新找回失落的生命意义非常重要。如何重建农民安身立命的精神家园，学者们进行了大量的研究。张虹提出，要注重城乡文化的共性和个性，城乡文化并无优劣之分，城乡统筹发展是城乡文化相互交融，吸取先进和健康的文化，摒弃病态和落后的文化，实现城乡文化协调发展。[①] 通过文化的平等自由交流，实现主体对自身生存方式和自我价值

---

① 张虹. 城乡文化统筹发展与新农村建设的深化 ［J］. 中共乌鲁木齐市委党校学报，2007（4）：61-64.

的认可。城乡差距的扩大导致农民对自身文化的否定，通过城乡文化统筹发展，实现农村文化主体对自身文化的再肯定，不管城市文化还是农村文化都应该成为生活在那里的人的精神依托。马永强、王正茂则对乡村文化的现代价值进行阐述，他们认为城市文化只有吸取了优秀的具有浓郁民族特色的乡村文化，才能在全球化过程中保持自身的文化个性，才能真正引领时代潮流。民族的，才是世界的，只有立足本民族核心精神和价值，才能在全球化一体化中找到自己的位置。① 以上这些观点无疑是非常有见地的，对当前正确看待城乡文化发展有着重要的启示，同时也让人们看到村落文化的价值。

三是从村落文化保护的角度，对城市化背景下村落文化的生存以及面临的困境展开研究，提出村落文化保护的措施和途径。村落文化在城镇化的过程中迅速消失引起了很多学者的关注，呼吁村落文化保护的重要性。保护村落文化，就是在保护村落文化的个性和多样性。学界就村落文化的保护展开了大量的实证研究，提供了丰富的第一手资料。如吴理财在《城镇化进程中传统村落的保护与发展研究》一文中，通过对五大类型的村落的实地研究，探讨了在城镇化的过程中村落文化的发展趋势，提出了村落文化现代振兴的途径和措施。② 钱正明在《从村民回迁谈古村落文化的保护、传承与发展》中阐述了"空心化"是损害村落文化的主因，保护村落文化的关键在于满足村民的现代需求，吸引村民回迁，提出"有人居住就是最好的保护"的理念。③ 这些研究给我们的启示是生活方式是村落文化的载体，是活态的村落文化，没有村民生活的村落是没有生机的。有的地方把古村落的人腾空去发展乡村旅游，这是断了村落文化发展的源头和"活水"，对村落文化的发展是有害的。

---

① 马永强、王正茂. 农村文化建设的内涵［J］. 甘肃社会科学，2008（6）：75 – 78.

② 吴理财. 城镇化进程中传统村落的保护与发展研究——基于中西部五省的实证调查［J］. 社会主义研究，2013（4）：116 – 123.

③ 钱正明. 从村民回迁谈古村落文化的保护、传承与发展［J］. 前沿，2013（2）：108 – 109.

（2）关于"村落文化"的概念与内涵研究。广义上，村落文化是指生活在村落共同体中的人创造的精神文明和物质文明的总和。狭义上，村落文化仅仅指村落共同体创造的精神文明。本书的研究则是从狭义的角度上来理解村落文化。学者们在探讨村落文化的概念时，虽然略有差异，但有一点是一致的，那就是把村落文化界定为在村落共同体中，以血缘和地缘为基础形成的一整套价值观念和生活方式。例如姚蓓琴在《村落文化和农村两个文明建设》中认为村落文化就是指"农业人口在特定的地域长期生活和劳动过程中形成的集体意识，是信仰禁忌、价值取向、生活方式、风俗习惯等文化现象之总和"①。吴理财在《城镇化进程中传统村落的保护与发展研究》一文中，把"村落文化操作化为村落经济、村落社会、村落文化、村落建筑和土地等因素"②。闫培良在《村落文化的当代价值》一文中，认为村落文化"是依赖于传统农耕社会，在农业文明中逐渐形成的一套文化价值体系，主要是用来处理人与自然之间相互关系的价值标准。它有着丰富的内涵，从日常礼仪、住宅建筑、农业耕作、服饰穿戴到自然崇拜等农村生活的全方位，都隶属于村落文化的范畴"③。王沪宁认为，"生活在同一村落中的农民是一种以地缘为纽带结合而成的社会群体，这一社会群体共同生活中创造出一种以家族、血缘和地缘关系为基础，以社会网络为结构，能反映村落制度特征和传统底蕴的文化形态，这就是村落文化"④。任映红认为，"村落是当今农民最为基础性的社会组织，在这一基本生活空间里，中国的大多数人口以地缘血缘为纽带集合成一定的社会群体，世代繁衍生息，并创造、形成了包括语言、价值观念、风俗习惯、社会心理等在内的村落的文化精神，村落文化是一个由村落宗族文化、宗教文

---

① 姚蓓琴. 村落文化和农村两个文明建设［J］. 社会科学杂志，2000（4）：58–61.
② 吴理财. 城镇化进程中传统村落的保护与发展研究——基于中西部五省的实证调查［J］. 社会主义研究，2013（4）：116–123.
③ 闫培良. 村落文化的当代价值［D］. 吉林大学，2014：1.
④ 王沪宁. 当代中国村落家族文化［M］. 上海：上海人民出版社，1991.

化、人情礼俗文化等多因素构成的集合体"①。对村落文化概念的梳理中，可以看出，村落文化的核心内容就是在村落共同体形成和发展过程中，逐渐形成的以传统习俗、礼仪和道德等为内容的文化体系，调节着村民的行为，规范着村民间的人际关系，违反这些准则就会受到村落社会的惩罚，包括嘲笑、排斥、议论等，社会性的排斥是维持村落社会道德准则的重要手段。

（3）关于村落文化的社会功能研究。村落文化产生和发展于农耕社会，对传统农村社会的架构有着非常重要的影响。从物质方面的搭建到精神价值的追求，村落文化深刻地影响并改变着中国农村的社会架构。那么，村落文化在现代社会是否仍然具有一定的精神和文化价值，大多数学者是持肯定的看法。文化是一个连续的过程，每一个阶段的文化都是诞生于前一阶段的文化中。文化的发展就是一个不断扬弃的过程，它记录了历史的进步，这为我们如何正确看待村落文化与中国特色社会主义道路的关系问题上给我们提供了一条新的思路。村落文化对农民个人而言，具有塑造人格的作用，对村落社会而言，具有整合规范的作用。村落文化蕴含着中华民族绵延千年的传统美德和健康习俗，如淳朴善良、勤劳坚韧、尊老爱幼、热情本分、崇尚礼仪、邻里和睦等美德根植于人们的观念，这些美德和习俗应该说与社会主义倡导的核心价值观是基本一致的，所以村落文化可以成为社会主义精神文明的一个组成部分。姚蓓琴认为，村落文化有导向和规范、整合和沟通、传承和教育等功能，在缓解和解决村民冲突、调和矛盾、规范行为、倡导信仰和观念、丰富农民的精神生活等方面起了不少作用。② 人们在看到村落文化积极的一面，也看到了村落文化的消极作用，比如农村的重人情轻法制、问卜占卦封建迷信等现象与社会主义精神文明的要求格格不入。曹

---

① 任映红. 现代化进程中的村落文化——当代温州村落文化研究 [M]. 哈尔滨：黑龙江人民出版社，2005.

② 姚蓓琴. 村落文化和农村两个文明建设 [J]. 社会科学杂志，2000（4）：58－61.

锦清在《黄河边的中国》一书中，指出"不以曲直而是以亲疏论是非"的现象在村落社会很普遍，情感因素成了判断是非的根据，这对于建立现代法治社会是非常不利的。① 因此，有的学者认为要对村落文化的消极方面进行现代化的改造、整合，使其符合现代社会的发展要求。

（4）村落文化的现状和困境分析。多数学者认为，伴随着经济的市场化、政治的民主化，中国社会经历了剧烈的变革。社会转型在中国农村带来的直接结果就是村落文化的衰落。马航认为，"在城市化和全球化的过程中，经济结构的深刻变化给传统村落施加了很大的负面影响，普遍的、单调的形式不断侵蚀着传统村落，许多中国村落已经失去它们的原有特色，在村落的发展中经历了所谓'文化的丧失'"②。吴理财认为，"传统村落的不断消逝是伴随着现代化、城镇化和工业化的步伐而发生的，由于国家城乡建设的非均衡性、务工潮带来村庄空心化、城镇化挤压村庄生存空间、村庄管理无序化、保护部门缺位化、村民保护意识缺失等原因，传统村落发展面临重大困境，既是几千年中国传统文化传承遭遇重大困难，也是中国农村全面发展、推进社会主义新农村建设的重大障碍"③。

1.2.2　国外研究现状

国外汉学家对农民，特别是对中国农民、农村、农业的研究，为研究中国农村文化问题带来了新的研究方法、研究视野和研究理论，得出不同的研究结论，这些都大大丰富了中国的农村文化研究，也为我们理解村落文化提供了宝贵的启示。总体上，国外的研究偏向专题研究，不属于对中国村落文化的整体认识。但在研究方法和研究视角上对当前村落文化的研究提供了宝贵的借鉴。

---

① 曹锦清. 黄河边的中国［M］. 上海：上海文艺出版社，2013.
② 马航. 中国传统村落的延续与演变［J］. 城市规划学刊，2006（1）：102 - 106.
③ 吴理财. 城镇化进程中传统村落的保护与发展研究——基于中西部五省的实证调查［J］. 社会主义研究，2013（4）：116 - 123.

美国学者斯科特的《农民的道义经济学——弱者的武器》写的是马来西亚农民通过偷懒、装糊涂、开小差、假装顺从、偷盗、装傻卖呆、诽谤、纵火、暗中破坏等日常的反抗方式，对抗那些从他们身上榨取劳动、食物、税收和利益的人，这些方式虽然平淡无奇，但持续坚韧有效，并最终使政策无法推行。一点点的蚕食政策，而不是公开的、直接的对抗当局，从而避免公开反抗的集体风险。[①] 在中国近代以来对农民有一个很重要的结论就是，农民当中蕴藏了巨大的能量，但单纯的农民革命无法成功，除非被外来组织或先进阶级所领导，农民革命才能取得成功。斯科特的研究更加关注农民那些微不足道的反抗，而我们更加重视农民大规模铤而走险的行动，研究结论也截然不同，这些都为我们理解中国农民的行为和文化提供了宝贵的比较视角。

黄宗智的《华北小农经济与社会变迁》研究了清初以来华北小农经济的特点、结构以及演化历史，并提出一个重要的概念：内卷化，即随着劳动投入的增加，边际效益递减。[②] 他在另一本著作《长江三角洲的小农家庭与乡村发展》中研究了中国农村经济最发达的地方——长江三角洲，提出了过密型商品化和过密型增长两个核心概念，即"近代中国的乡村社会经济属于过密型增长，即无发展的增长类型；中国农村的商品化进程是过密型商品化；伴随着国际资本主义而来的加速商品化带来的是小农经济的进一步过密化；过密化在集体化与农业部分现代化之下持续；20世纪80年代的改革中，随着农村经济多样化而来的是农业生产的反过密化"[③]。在这两本书中，黄宗智独创的分析模式、研究方法、研究思路以及结论为我们理解中国的农业提供了重要的启示。

杜赞奇的《文化、权力与国家》借助"文化的权力网络"分析中

---

① ［美］斯科特. 农民的道义经济学：东南亚的反叛与生存［M］. 程立显译，南京：译林出版社，2001.

② ［美］黄宗智. 华北小农经济与社会变迁［M］. 北京：中华书局出版社，2000.

③ ［美］黄宗智. 长江三角洲的小农家庭与乡村发展［M］. 北京：中华书局出版社，2000.

国近代国家政权建设和乡村之间的关系演变，并提出了"国家政权内卷化"的概念，揭示了在外国入侵和国内政治运动的双重影响下，国家政权向乡村渗透所引起的政治、文化和社会关系的改变。① 该书为我们理解乡村社会的政治、文化关系在国家政权的渗透下发生的变化提供了借鉴。

施坚雅在《中国农村的市场和社会结构》一书中，将市场作为分析中国农村经济活动和社会控制的基本面。该书以市场交易为核心阐述村民的经济文化实践图景。将基层市场作为商品和劳务输入和输出的起点和终点，描述了低级市场和高级市场的关系，观察不同的社会阶层是怎样实现交流和社会控制的。② 施坚雅站在古典经济学的视角预设了每一个村民是一个理性经济人，作为个体，追求利益的最大化本无可厚非，但每个人的行为都受本民族文化的影响。在中国农村，差序格局的"家本位"思想使每个村民不能单凭借个人的意愿行事，而要在家庭关系和宗族利益的指导下来行动的，忽略了中国传统文化道义的市场分析需要反思和修正。

弗里德曼在《中国东南的宗族组织》一书中讨论了中国东南地方宗族的结构、宗族之间的关系、宗族和国家之间的关系以及宗族与社会之间的关系。弗里德曼指出，中国东南地区宗族和村落明显地重叠在一起，即以"单亲亲属组织"存在。同一个姓氏的村民聚集一个村落，形成一个宗族，宗族的成员有一个共同的祖先。宗族之间有明显的划分界限，即是否是一个祖先。宗族成员的身份，以参与宗族祭祀，确立宗族谱系而表现出来。弗里德曼认为，宗族是一个控产机构。宗族内部成员拥有共同的财产。宗族作为一个集体，有明确的成员制度，并能够拥有财产。宗族的财产，控制在某个祖先的名义之下。宗族与宗族之间既

---

① ［美］杜赞奇. 文化、权力与国家［M］. 王福明译，南京：江苏人民出版社，2010.

② ［美］施坚雅. 中国农村的市场和社会结构［M］. 史建云等译，北京：中国社会科学出版社，1998.

联合又斗争，处于弱势的宗族与其他宗族联合共同对抗强势的宗族。弱宗小族被强宗大族剥削是麻烦产生的根源。弗里德曼提出，绅士是宗族中的领导者，而且能够代表宗族的利益同国家谈判。[①] 在本书中，弗里德曼运用人类学的方式对东南宗族进行了描述，人类学主张自下而上地看国家，研究要贴近生活。弗里德曼所构建的东南地区的宗族结构对于中国东南的宗族研究具有极其重大的贡献。

珀金斯在《中国农村的发展》一书中，系统地梳理了中国1368～1968年期间的农业生产力、制度等发展变迁的历史。根据珀金斯的研究，在集体化时期，虽然存在对农村的过分管制和僵硬的计划经济的问题，但是农业仍然实现了每年增长2.3%的成绩，这个成绩远远高于最近10年年均2%的增长。[②] 这个研究打破了我们对集体经济和计划经济的刻板认识，计划经济确实存在压制农民生产积极性的弊端，但是不能否认集体经济在适度规模经济中的优势，以及在农田水利建设和公共服务方面的显著成绩，另外还有廉价普及的教育和医疗，这些成绩不能因为存在"大跃进"这样的极端现象而被全盘否定。

裴宜理在《华北的叛乱者与革命者（1845～1945）》一书中，从自然环境的角度分析了农民起义发生的社会机制。[③] 因为自然贫瘠，生活条件恶劣，能够接受教育的人不多，村落缺乏半正式的乡绅阶层调解和处理村落纠纷，导致村落社会失序，容易出现激烈对抗的矛盾。新中国成立后，淮北地区开展了大规模的兴修水利建设，影响农业生产的自然条件已经大为改善，经过数代人的努力，困扰该地区的水患问题已经彻底解决。但是这部分地区的农民仍然没有摆脱贫困，所以单从自然条件

[①] ［英］莫里斯·弗里德曼. 中国东南的宗族组织 ［M］. 刘晓春译，上海：上海人民出版社，2000.

[②] Perkins, Dwight and Shahid Yusuf. 1984, *Rural Development in China*, Baltiore, Marylang: The Johns Hopkins University Press.

[③] Perry, Elizabeth J. 1980, *Rebels and Revolutionaries in North China*, 1845 – 1945, Stanford University Press.

的视角解释一个地区的秩序问题存在着局限性，除了自然条件，地方文化和社会结构的因素也是不容忽视的。

从以上对国内外研究现状的梳理中可以发现，这些研究都从不同侧面对村落文化展开了研究，但是没有针对村落文化专题展开实证研究，村落文化被淹没在更宏大的课题中，它的重要性被忽略了。而且，在新的历史条件下，村落文化经历了一系列的社会变革后发生了重大改变，需要重新进行研究、总结，才能更好地继承和创新村落文化，从而推动农村政治、经济、社会的全面协调发展。

1.3 研究方法、思路及创新点

1.3.1 研究方法

本书主要以实证研究为主，辅以规范研究，在方法论层面属于归纳逻辑的方法，试图从各种性质的研究资料中提取和推导一般性或概括性的理论。在研究类型和层次上，本书的研究属于描述性研究和解释性研究相结合，辅之以预测研究，描述和梳理所叙述时段村落文化演进脉络，深入探究与挖掘其发展逻辑、运作机制与方式，使实证材料与理论分析有机交融在一起。同时，本书的研究运用了区域比较研究方法。中国是一个区域差异极大的国家，从学术上全面认识中国是很困难的，而要从个案上升到区域，再从区域上升到整体，超脱个案和区域，达到对村落文化的整体认识。

（1）文献法。在考察村落文化发展的历史，梳理相关理论资料时，文献法是主要使用的方法。文献资料主要有三类：一是公开出版的正式文献，一般是学术研究机构编著的，以及各个历史时期编纂的专著类史料著作；二是地方文献档案，地方志、村志等基层原始文献资料；三是参与观察和回忆类著作。

（2）历史研究方法。把村落文化建设放在社会主义初级阶段的视阈下，考察社会主义制度建立以后在不同的历史阶段中国共产党村落文化建设的价值目标及其实际状况，揭示村落文化变迁的动力与机制，总结村落文化建设的经验与教训。同时，根据中国共产党村落文化建设的历史资料，结合马克思主义经典作家文化建设理论，提出社会主义初级阶段村落文化建设的基本目标、基本内容、指导方针，为构建契合社会主义初级阶段国情与群众需要的村落文化提供理论指导。

（3）实地研究法。本书的研究资料主要是定性资料而非定量资料，对村落文化的现状进行分析和论述时，非结构式访谈和参与式观察是主要用到的资料收集方法。非结构访谈法先列出与本书研究主题相关的若干开放式问题，然后与访谈对象进行无选项设定的面谈，并适时对访谈主题作出相应调整，根据研究的需要和访谈对象的特点，分别选取重点访谈、深度访谈和客观陈述法。参与式观察法则是选取有特色的、代表区域类型的不同村庄，通过参与观察更加近距离地体会村庄的人文环境和村落的社会关系现状。本书的实证资料来自笔者参与的武汉大学中国乡村治理研究中心在全国各地展开的系列调查，选择的调研点有广东、广西、陕西、山东、河南、四川、浙江等地的 14 个农村，每个村驻村调研 20 天，形成了 70 多万字的调研报告，为本书的写作打下了坚实的基础。这些农村在地域分布上涵盖了东西南北中各个区域，因此非常具有代表性，能够反映当前我国村落文化的全貌。

（4）区域比较研究法。该研究方法就是指从特殊性的调查材料中提炼和挖掘出一般性来，从一个个典型性的个案研究中达到对社会整体的一般性理解，将宏观分析与微观分析结合起来，在宏观与微观之间寻找到一个最佳的结合点，立足于个案研究，但又超越特殊性并挖掘出一般性出来，并获得村落文化区域性和整体性认识。以村庄为基点的自下而上的研究，关注基层社会的微观变动和普通民众的日常生活，探寻不同样式的历史事实，进而获致对村落文化更为多样化、多层面的理解和认识。

我国幅员辽阔，各地风土人情、历史、地理、经济发展水平差异较大，村落文化因此呈现出明显的区域差异性。"农村区域差异"是武汉大学中国乡村治理研究中心团队在多年的研究中形成的一个理论观点，该理论认为，由于自然生态和历史文化等因素的影响，中国农村内部社会结构存在区域差异。贺雪峰在《南北中国：村庄社会结构视角的中国区域差异》一文中提出："从村庄社会结构上看，有三类相当不同的村庄，一是以江西宗族村庄为代表的团结型村庄；一是以皖北小亲族村庄为代表的分裂型村庄；一是以湖北荆门原子化村庄为代表的分散型村庄""村庄社会结构的类型分布有明显区域特征。华南地区的江西、福建、广东、广西、海南、湘南、鄂东南、浙江温州等，大都是宗族型的团结型村庄，时至今日，农民仍然聚族而居，村庄仍然有比较强的宗族意识，村民具有较强的一致行动能力""华北地区，尤其是河南、山东、河北，淮河流域的苏北、皖北，乃至西北地区的陕西、山西农村，村庄内大多存在多个竞争性的以血缘关系为基础的小亲族群体，村庄多为分裂型村庄，不同小亲族之间合众连横成为影响地方秩序的基本力量""长江流域，从上游的云贵川渝，到中游的湖北、湖南、安徽，再到下游的江浙地区，大部分地区村庄中都缺少强有力的超出家庭的以血缘认同为基础的行动单位，村庄结构是原子化程度很高的分散型村庄"，原子化村庄还包括东北地区的村庄。① 团结型村庄又称宗族型村庄，分裂型村庄又称小亲族型村庄，分散型村庄又称原子化村庄，区域差异理论很好地揭示了农村内部的社会结构，同时有力地解释了为什么同样的国家政策、制度、法律会在不在地区的村庄造成不一样的结果。区域差异理论也是深深扎根于中国本土的经验形成的理论，为认识当前中国农村提供了一个独特的视角，也为我们理解村落文化提供了分析框架。从田野调查获得的资料来看，也再次印证了区域差异理论。团结型村落以

---

① 贺雪峰. 南北中国：村庄社会结构视角的中国区域差异 [J]. 华中科技大学学报，2013 (3)：20 – 22.

血缘关系为主导，自己人认同涵盖整个熟人社会；分裂型村落混合了血缘和地缘，自己人认同在"小亲族"范围内；分散型村落以地缘关系为主导，在熟人范围内有着松散的认同。区域差异比较研究法是本书研究村落文化的基本的方法。

1.3.2 研究思路

（1）文献分析—制定方案—制定访谈提纲，通过对既有国内外研究文献的分析和党和政府有关文件和政策的阅读，制定研究的实施方案。

（2）实地调查—个案分析—提出理论解释，通过解剖麻雀，深入了解新中国成立以来村落文化的发展变迁，探讨二者的相关性，并对村落文化的核心精神和当代价值进行挖掘。

（3）点面结合—分类比较，通过对不同地区的个案进行定性分析，归纳总结村落文化的类型，对村落文化的区域差异性进行分析。村落社会结构是研究村落文化的基本视角，是理解不同地区村落文化差异性和相似性的基础。

1.3.3 主要创新点

（1）在研究视角上，把村落文化放在社会主义初级阶段的视域下进行研究，以村落文化建设为视点，研究村落文化建设的历史、现状和未来，总结村落文化建设的实践经验和理论成果，展望村落文化的未来发展。

（2）在研究方法上，实证研究和规范研究相结合，以实证研究为主，综合运用比较研究、历史研究等研究方法。既有对村落文化的整体概括，又有对村落文化区域差异的比较和分析；既有对村落文化变迁历史的梳理，又有对村落文化现状的剖析，多层次地呈现村落文化。

（3）在研究内容上，梳理村落文化建设的理论资源和回顾村落文化建设的历史，总结村落文化建设的历史规律和经验教训，分析村落文化的现状，梳理当前村落文化存在的问题，为建构与社会主义初级阶段相适应的、切合农民需要和农村发展的村落文化，提出理论指导和经验借鉴。

（4）在研究层次上，描述研究和解释研究相结合，辅之以预测研究，既对村落文化进行全景式的展示，同时对村落文化变迁的内在动力、逻辑、机制进行学理性分析，并提出村落文化建设的基本策略。

（5）提出了一个分析村落文化的逻辑框架，把村落文化定义为在农民世代聚居形成的生产、生活互助共同体范围内，形成的一套生活方法，属于村民共享和遵守的价值、规范、观念、意义、习俗、信仰等综合体，并把村落文化操作化为村落宗族文化、村落宗教文化、村落人情礼俗文化、村落伦理文化四个方面，并从这四个方面分析村落文化的演变、问题、原因和建设对策。

1.4　核心概念的界定

1.4.1　文化

关于"文化"的定义古今中外就有一百多种。在生活中我们通常把一些现象称为文化，但到底什么是文化，对文化的理解不同，对文化的定义也不一样。一方面，人们把在认识自然和改造自然的过程中创造的一切成果，凡是打上人类烙印的东西都叫文化。什么现象都可以纳入到文化当中来，比如饮食文化、娱乐文化、旅游文化、居住文化，甚至饭桌上喝酒的规则我们也称呼它为酒文化，文化成了可以包罗万象的语言。但另一方面人们又把精神形态的创造产物称为文化，特指观念、价值、心理等精神层面的现象。"文化"一词，在中国古代是"文治与教化"的意思。西汉的刘向说："凡武之光，为不服也，文化不改，然后加诛"，晋束皙说"文化内辑，武功外悠"，这里的教化，是人对自身和自然不断创造和改造的过程，使人从动物状态中提升出来的过程。人类活动所创造的成果和对人自身的改造，这才是文化。① 英语当中"Culture"的意思有耕种、居住、练习、敬神诸义，在法文中有性情陶冶和道德培养之意。人类学家马林诺斯基认为"文化是指那一群传统的器物、货品、技术、思想、习惯及价值而言的，这概念实包容着及调节着一切社会科学"。② 英国人类学家泰勒认为，文化"是指这样一个复合整体，它包含了知识、信仰、艺术、道德、法律、习俗以及作为一个社会成员的人所习得的其他一切能力和习惯"。格尔茨认为，泰勒式的大杂烩方法把文化概念带入困境。克拉克洪在《人类之境》一书中用了近27页的篇幅把文化界定为：（1）"一个民族生活方式的总和"；（2）"个人从群体那里得到的社会遗产"；（3）"一种思维、情感和信仰的方式"；（4）"一种对行为的抽象"；（5）就人类学家而言，是一种关于一群人的实际行为方式的理论；（6）"一个汇集了学识的宝库"；（7）"一组对反复出现的问题的标准化认知取向"；（8）"习得行为"；（9）"一种对行为进行规范性调控的机制"；（10）"一套调整与外界环境及他人的关系的技术"；（11）"一种历史的沉淀物"；最后，或许出于绝望，他转而求助比喻手法，把文化直接比作一幅地图、一张滤网和一个矩阵。格尔茨认为，"文化就是这样一些由人自己编织的意义之网，因此对文化的分析不是一种寻求规律的实验科学，而是一种探求意义的解释科学"。③ 梁漱溟先生认为"文化就是吾人生活所依靠之一切""文化之本义，应在经济、政治，乃至一切无所不包"。④ 庞朴先生则把文化区别为三个层面"物质的、制度的、心理的"。⑤ 张岱年认为，"文化有复杂的内容，包括哲学、宗教、科学、技术、文学、艺术、教育、风俗等，

---

① 张岱年，程宜山. 中国文化精神［M］. 北京：北京大学出版社，2015：3.
② ［英］马凌诺斯基. 文化论［M］. 费孝通译，北京：华夏出版社，2002：2.
③ ［美］克利福德·格尔茨. 文化的解释［M］. 韩莉译，南京：译林出版社，1999：4-5.
④ 梁漱溟. 中国文化要义［M］. 上海：上海人民出版社，2011：7.
⑤ 王锦贵. 中国文化史简编［M］. 北京：北京大学出版社，2004：2-3.

是一个包含多层次、多方面内容的统一体系”，包含三个层次，一是思想、意识、观念等，二是文化的实物，三是制度、风俗条例、规矩等。① 任映红认为，“除了物质和制度层面之外的东西都应当归入文化范畴，同时，文化也是人的一种生存方式、行为模式、思维形式，文化还是人之所以为人的立身安命的根据，一个人可能没有知识，但他必有文化”。② 关于文化的定义还可以一直列举下去，由此可见，文化的概念是非常丰富多彩的，不是一句话就能解释清楚的。有的从广义上看待文化，有的则从狭义的角度理解文化，上述对文化概念的讨论有助我们理解什么是文化，从而给文化下一个恰当的定义。

综合上述对文化的论述，本书对文化的认识建立这样的基础上：文化是一种社会生活方法，指导我们处理与周围人、家庭、社会、国家之间的关系，包括规范、意义，信仰、风俗、习惯、道德的综合体。

1.4.2　村落

村落是什么？费孝通认为，村落是中国乡土社会的单位，由农民世代聚居而成。农民为什么要聚居？“一是每家耕地面积小，所谓小农经营；二是需要水利的地方，他们有合作的需要；三是为了安全，人多容易保卫；四是土地平等继承，兄弟分别继承祖上的遗业，使人口在一个地方一代一代地积起来，成为相当大的村落。”③ 村落是农民基本的生活空间，是农村社会中最为重要的社会组织。农民的一生都是在村落中度过的，即使外出打工也是为了在村落内更好地生活。村落是非官方的，产生于农民共同生活需求而自发形成的维护自身利益的社会组织。曹锦清在《黄河边的中国》一书中，介绍过关于村落性质的三种学说：一种是马克思的“马铃薯”说，该学说认为，集居在同一村落内的各

---

① 张岱年，程宜山．中国文化精神［M］．北京：北京大学出版社，2015：4.

② 任映红．现代化进程中的村落文化：当代温州村落文化研究［M］．哈尔滨：黑龙江人民出版社，2005：45 – 46.

③ 费孝通．乡土中国［M］．北京：北京大学出版社，2012：13.

农户在生产与生活条件上十分相似，他们各自主要与土地相交换，很少发生横向的经济联系，自给自足，村落只是各独立农户的集合村；一种是阶级分化说，这一学说其实是我们进行土地革命的理论依据。该学说把村落内各农户分成若干阶级，各阶级彼此间开展阶级斗争；一种是共同体说，解放前的梁漱溟先生力主此说。① 李银河认为，"村落是世代生活居住繁衍在一个边缘清楚的固定地点的人群，其典型形态是自然村"。② 总的来说，村落是农民生于斯、长于斯的地方，在血缘和地缘的基础上自然形成的生活共同体。村落的边界很稳定，即使在农村人口流动很频繁的今天，村落的规模和范围基本保持不变，除了依靠行政手段推动的合村并组，自然形成的村落会长期保持在一定的范围内。综上所述，村落是这样的一个地方，由农民世代聚居自然形成的生产、生活互助共同体，是血缘和地缘的结合，是农民从事生产生活的最基层组织。

1.4.3 村落文化及其操作化

什么是村落文化？与文化的定义一样，人们对村落文化的定义也有很多不同的看法。有的学者给村落文化下了个泰勒式定义，认为村落文化就是在村落共同体范围内，形成的行为模式、习俗、价值观念、思维等的综合体。有的根据文化的广义和狭义之分，也把村落文化区分为广义和狭义的两方面，狭义的村落文化就是指在村落的生产生活中形成和发展起来的精神形态的文化，包括习俗、信仰、道德等。广义的村落文化则是指在长期的共同的生产生活中创造的一切物质文明和精神文明的总和。不过在大多数情况下，学者们多是从狭义的角度看待村落文化的内涵。"村落文化，是以村落为依托，以处于同一生活方式下的人群为对象，以人们普遍认同的社会价值和行为方式为准绳而形成的典章制度、约束机制、行为规范、审美理想等的文化综合体，是各民族在千百

① 曹锦清. 黄河边的中国 [M]. 北京：上海文艺出版社，2000：73-74.
② 李银河. 生育与村落文化 [M]. 呼和浩特：内蒙古大学出版社，2009：65.

年的生产、生活实践中经过不断沉淀积累起来的生活习惯、风俗观念、宗教信仰、语言文字、文学艺术、生产技术等方面的总和，是中国传统文化的重要组成部分，亦是中国社会基层传统文化的集中体现；其所拥有的浓厚乡土气息和原汁原味的文化风貌，充满着'原生文化'的魅力；研究者们给予它的定位是：村落文化是中国乡土文化的载体，也是研究和鉴赏乡土文化最主要的对象，它反映了千百年来乡村社会历史的变迁，体现了先民对人文环境与自然环境相融合的思考和追求，蕴藏着丰富的文化内涵和独特的人文理念，吸引着人们去鉴赏、发掘并探寻。"① 李银河认为，村落文化就是"村落中的一套行为规范和价值观念"，其主要特征为："（1）村落的规模以一般人相互熟知为其极限；（2）村落成员的流动性不大；（3）村落中的人有相互竞争的倾向；（4）村落中的成员在生活的各个方面有趋同的压力。"②

总之，村落文化就是指在农民世代聚居形成的生产、生活互助共同体范围内，形成的一套生活方法，属于村民共享和遵守的价值、规范、观念、意义、习俗、信仰等综合体。村落文化不是一个抽象的概念，而是村民实实在在的生活方式，在一个区域共同体范围内，人们一代一代积累起来的帮助那些生活在这里的人如何生活的规矩集合体，包括宗族文化、宗教文化、人情礼俗文化、伦理文化，等等。村落文化以血缘和地缘为基础，是在长期的生产生活中积淀而成的一套价值体系。人们的行为模式、习俗、价值观念、思维等是人们在村落共同体范围内一切生活的反映。传统村落秩序的维护，在很多方面跟现代社会是不同的。在现代社会，人与人之间的关系是靠法律来维持的，法律靠权力来推行。在传统的村落社会里，秩序是靠约定俗成的规则维持的。当然前提是，这些规则可以有效地应对生活中的问题，这是村落产生秩序的前提。但是在一个流动的社会中，传统习俗的效力是无法保证的。不管这些约定

---

① 黄臻编著. 村落文化 [M]. 昆明：云南教育出版社，2006：10.
② 李银河. 生育与村落文化 [M]. 呼和浩特：内蒙古大学出版社，2009：57 - 60.

俗成的规则如何有效，只要环境一变，旧的方法无法应付新问题。所以，村落文化有一定的适用范围，是一种地方性知识，超出了村落社区的范围，就不能解决生活中的问题。在城市化迅速发展的今天，村落人口的流动速度、规模前所未有，村落文化也受到部分冲击，某些传统呈现解体的局面。但是，村落文化在一定程度上仍然保持着相对稳定，村落的边界基本固定，流出去的人只是短暂出去谋生活，最终还要回到村子，能在城市站稳脚跟的毕竟是少数精英。在存在大规模人口流动的村落，人口流动会把外面的元素带回村庄，从而形成新的传统，并逐渐被所有村民接受、遵守。

根据研究的需要，本书把村落文化操作化为村落宗族文化、村落宗教文化、村落人情礼俗文化、村落伦理文化。村落文化对村落成员的行为和观念具有强制性、规范性，由全体村落成员共享，具有鲜明的公共性。村落文化对村民的行为具有控制作用，如果村民不能遵守村落文化，则会受到惩戒，并会被边缘化。村落文化的惩戒手段具有非正式性，主要方式有规劝、嘲讽、议论、羞辱等。村落是一个熟人社会，人们彼此认识、熟悉，每个人都处在其他村民的注视和检视中，在这样的共同体范围内，闲言碎语对维持村落共同的规范非常有效，可以惩戒那些不符合村落文化的行为。研究表明，在一个熟人社会中，当一个人被人耻笑、议论，他就会修正自己原来的意见，并服从共同体的规范。规范性和强制性，是本书研究村落文化的两个根本属性，而属于村民私性的娱乐文化就不包括在本书研究的范围内。

村落宗族文化是指以自然村落或者行政村为范围形成的家族关系以及由此产生的结构、行为、观念和心态。宗族文化是中华传统文化的组成部分，在传统中国和近代以来的中国社会中一直扮演着非常重要的角色。村落宗族文化以血缘关系为基础形成稳定的宗族结构，根据每个人在血缘结构中的位置决定他的权利和义务，以血缘结构中的等级为依据确定权力和权威，辈分和年龄与权力高低密切相关。因为受到政治变革和经济发展的影响，当前宗族文化与传统的宗族文化已经大不相同，而且主要分布在华南各省，在广大的中西部地区宗族文化已经非常淡薄了。

村落宗教文化，是指在村落范围内，村民对超自然力量或实体产生的敬畏和崇拜，并由此产生的信仰认知以及仪式体系，体现出的是一种精神寄托。在很长的历史时期，我国村落范围的宗教文化形成了以祖宗信仰为核心，以民间鬼神信仰为辅的信仰体系，即使佛教传入中国以后，也融入了中国祖宗信仰体系中，并没有冲击村落原有的信仰体系。但是近代基督教传入中国以来，形成与村落原有的宗教信仰体系排斥和竞争的局面。基督教虽然强势入侵，但是直到新中国成立前，基督教对农村的影响都是非常有限的。基督教获得极大的传播空间是在改革开放以后，祖宗信仰在历经新中国成立后的政治运动遭到削弱之后，基督教才获得迅速扩张的机会。基督教对农村基层政权、信仰体系、传统文化的冲击，需要我们进行控制和引导。

村落人情礼俗文化是指在村落范围内，村民在人生的重要阶段举行的仪式及其人情来往的规则体系，包括生老病死、婚丧嫁娶等重要事件的一系列仪式和规则。人情礼俗文化是村落社会人际关系建立和互动的重要途径，集中体现在各种宴席场合。人情礼俗文化经过历史和现实的洗礼后，在不同地区展现出不同内容和形式。

村落伦理文化是指村落社会内部处理家庭关系的准则，包括代际伦理和代内伦理，代际伦理指的是父代与子代的关系准则，代内伦理包括夫妻关系和兄弟姐妹关系相处准则。所谓"父慈子孝，兄友弟恭"是传统伦理文化处理代际关系和代内关系的基本准则，经历了政治运动和市场经济的双重洗礼之后，村落伦理文化已经发生了重大变化。

1.4.4　社会主义村落文化建设

社会主义村落文化建设是指以马列主义、毛泽东思想和中国特色社会主义理论体系为指导，以社会主义初级阶段国情为依据，以社会主义村落文化建设的政策和法规为保障，提高农民的思想道德素质和科学文化素质，培养社会主义新型农民，培养社会主义新风尚，建设社会主义新农村，用爱国主义、集体主义、社会主义思想和健康、文明、进步风尚占领农村阵地，建立切合农民需要和社会主义初级阶段国情的社会主义村落文化。

新中国成立以来，中国共产党就非常重视对传统村落文化的改造和转化问题。1956 年在完成三大改造后，我国正式进入了社会主义社会。但是，在农村还保留了大量封建的东西，特别是文化层面，还需要从文化、意识形态和观念上建设社会主义。毛泽东曾说，"文化是反映政治斗争和经济斗争的，但它同时又能指导政治斗争和经济斗争。文化是不可少的，任何社会没有文化就建设不起来"①。新中国一穷二白，不仅没有工业基础，而且文化水平不高，80% 是文盲，主要集中在农村。一个文盲充斥的社会，是不可能建成社会主义的。因此，社会主义建立以后，不仅要发展生产，改善人民的物质生活，还要发展社会主义文化，帮助人民摆脱愚昧状态，改善人民的精神生活。在农村进行社会主义文化建设，也是巩固社会主义政权、巩固工农联盟的重要途径。不建立社会主义文化，不扫除封建文化，就无法巩固工农联盟，就不能建立巩固的社会主义。因此，对农村存在的根深蒂固的封建主义文化必须加以根除。社会主义改造虽然完成，但农民仍然聚居在村落里，依然依赖土地生活，传统的宗族文化、宗教文化、人情礼俗文化和伦理文化仍然影响着农民的观念，血缘和地缘仍然是村落文化的核心，族权、神权、夫权、父权仍然在村落文化中占主导地位，这与建立社会主义村落文化的要求是相违背的。社会主义村落文化要反映社会主义的经济、政治，要为社会主义服务。但是，后来在建设社会主义村落文化时，忽略了中国农村生产力发展水平的实际，片面追求"一大二公"，片面强调通过政治强制和阶级斗争的方式解决思想意识问题，忽略了文化发展的基本规律，导致政治强制一结束，传统的村落文化就重新浮现。因此，村落文化建设要符合社会主义初级阶段国情，既不能滞后也不能超越这个阶段。

---

① 毛泽东文集（第 3 卷）［M］. 北京：人民出版社，1996.

1.4.5　村落文化与乡村文化、农村文化的区别与联系

村落文化首先是一种地方性文化，属于特定社区的人们共同的价值规范。不同的村落有不同的价值规范。在特定的村落社区内，人们享有共同的地方性经验。村落文化包括现代村落文化和传统村落文化。传统的村落文化是指 1949 年新中国成立以前，建立在血缘和地缘基础上，聚居在村落共同体范围内的人们，在生产生活中形成的价值、观念、伦理、习俗等的集合体。现代的村落文化是指新中国成立以后，经过土改、合作化、人民公社、改革等一系列的政治、经济变革后形成的村落文化，既有传统村落文化的元素，又有社会主义和西方消费主义的深刻影响。现代的村落文化继承了部分传统的村落文化，同时增加了现代的因素，比如引入了正式的法律、法规，建立了正式的行政组织，生活资源主要来源于非农业收入，人口流动频繁，等等。乡村文化相对于都市文化而言的，它在外延上比村落文化更广。乡村文化包含了农村文化、乡镇文化、村落文化等，除了城市文化以外的所有文化都可以包含在乡村文化范围内。农村文化则是建立在农业基础上的文化。人们日常生活主要围绕着农业生产发生的。人际间的交往、行为规范、风俗、习惯等，都是为了从农业那里获取资源，满足人们的生活需要。农村文化一定属于乡村文化的范畴，但是乡村文化不一定是农村文化。在三个概念中，乡村文化的外延最大，包含了村落文化和农村文化的概念。

其次，村落文化满足生活在同一个村落人们的生活需要，与所在村落的生产方式和生活方式相适应。处于不同物质条件的村落，村落文化也不一样。掌握了特定村落的文化，就掌握了特定村落的生活方法，就能自然而然地在这个村落生活。理解了特定村落的文化，对这个村落的经济发展水平、产业类型，也就有了基本把握。农村文化则是跟农业的发展水平相关，是为了满足农业的生产需要和依赖农业生存的人们的生活需要。建立在传统农业基础上的农村文化和建立在现代农业基础上的农村文化是不一样的，人们在价值观念、互助方式和生产方式上有着截

然的差别。农村文化与农业的物质条件密切相关。

最后，村落文化与村民的日常生活相关，是村民日常生活经验的表征。但是村落文化一旦形成，就拥有一定的独立性。这种独立性是相对于个体而言的。个体的生活受制于村落文化，同时影响着村落文化的结构，个体一旦脱离村落，就不再受制于村落文化，但是一旦回到村落这个处境来，就得遵守村落文化。农村文化与农业的生产实践相关，是一套与农业相关的经验知识，维系着农业的生产和再生产。一旦不再从事农业生产，与之相适应的经验就不再适用。

总之，村落文化与区域相关，是特定社区的文化，农村文化则是与产业相关，与农业的生产实践联系在一起的。乡村文化是相对于都市文化而言的，除了城市文化以外的所有文化都属于乡村文化。在这个意义上说，村落文化和农村文化都包含在乡村文化之内。三个概念在现实中往往不是截然分开的，而是相互交织，你中有我，我中有你，既相互区别，又相互联系。

第 2 章

社会主义村落文化建设的相关理论

马克思主义经典作家都非常重视文化建设问题，重视文化的反作用，梳理经典作家们的文化思想，对于指导当前农村的村落文化建设具有非常重要的指导意义。社会主义初级阶段国情是村落文化建设的重要背景和条件，把握社会主义初级阶段理论有利于明确村落文化建设的方向、路径以及基本任务。

2.1 马克思主义关于文化建设的理论

马列主义、毛泽东思想、中国特色社会主义理论体系关于文化建设的理论和实践是社会主义村落文化建设的指导思想，对这些理论及其实践进行梳理，有利于明确社会主义村落文化建设的基本方向。

2.1.1 马克思、恩格斯的文化理论

马克思、恩格斯的文化理论的核心内容可以概括为四个方面，即社会存在决定社会意识，文化是以人为主体的活动，文化具有阶级性，文化对经济、政治、社会有反作用。

（1）马克思、恩格斯文化理论的主要内容。首先，唯物主义思想贯穿于马克思、恩格斯文化理论。马克思、恩格斯从"现实的个人"

和"他们的物质生活条件"这些经验前提出发，概括了社会意识依赖于社会存在的原理，"意识在任何时候都只能是被意识到了的存在，而人们的存在就是他们的实际生活过程"，"不是意识决定生活，而是生活决定意识"。① 这一原理为考察和描述人类文化和历史找到了现实的依据，也在文化理论领域确立了唯物主义原则，阐发了文化产生于社会生活的理论原则。首先，文化是社会生活的产物，文化现象是社会生活在观念中的体现。"人们的观念和思想是关于自己和关于人们的各种关系的观念和思想"②，文化是人的现实活动和人与人关系的反映，是有意识的生产和生活的反映。即使是虚幻的意识表现，也是由他们的物质生活方式的局限性造成的。其次，文化根源于生活，来源于人们的生活过程，并随着社会生活的变化而变化。"那些发展着自己的物质生产和物质交往的人们，在改变自己的这个现实的同时也改变着自己的思维和思维的产物。"③

其次，马克思、恩格斯文化理论以人为主体，把文化看作人改造自身和自然的产物。物质资料的生产是人生存的前提条件，也是文化产生的前提条件。"在再生产的行为本身中，不但客观条件改变着……而且生产者也改变着，炼出新的品质，通过生产而发展和改造着自身，造成新的力量和新的观念，造成新的交往方式，新的需要和新的语言。"④因此，文化随着人的实践活动的变化而不断变化，文化的变化体现着人类社会实践的变化。文化的发展过程体现在人类不断变化的实践中，人类实践是文化产生的根源和基础。"历史思想家在每一科学领域中都有一定的材料，这些材料是从以前的各代人的思维中独立形成的，并且在这些世代相继的人们的头脑中经过了自己的独立的发展道路。"⑤ 文化产生的内在逻辑在于文化不能随心所欲地创造，而是在前一阶段创造的

①③　马克思恩格斯选集（第 1 卷）［M］. 北京：人民出版社，1995：72 – 73.

②　马克思恩格斯全集（第 3 卷）［M］. 北京：人民出版社，1960：492.

④　马克思恩格斯全集（第 46 卷）（上）［M］. 北京：人民出版社，1979：494.

⑤　马克思恩格斯选集（第 4 卷）［M］. 北京：人民出版社，1995：696 – 727.

文化的基础上进行创造。每一阶段的文化既是前一阶段文化发展变化的结果，也是后一阶段进行文化创造的材料。

再次，马克思、恩格斯的文化理论认为文化是有阶级性的，意识形态是阶级社会中的主流文化，是统治阶级在阶级实践中产生的阶级意识。"统治阶级的思想在每一时代都是占统治地位的思想。这就是说，一个阶级是社会上占统治地位的物质力量，同时也是社会上占统治地位的精神力量。支配着物质生产资料的阶级，同时也支配着精神生产的资料，因此，那些没有精神生产资料的人的思想，一般地是隶属于这个阶级的。"① 因此，精神生产的产物就其本质而言是统治阶级的思想，统治阶级不仅控制物质资料的生产，而且还控制着精神资料的生产，统治阶级的思想是统治阶级在物质关系占统治地位的反映。统治阶级为了自身的利益，把体现自身利益的意识形态灌输给全社会，而社会大多数成员对其合理性也深信不疑。"以观念形式表现在法律、道德等中的统治阶级的存在条件，统治阶级的思想家或多或少有意识地从理论上把它们变成某种独立自在的东西，在统治阶级的个人意识中把它们设想为使命等；统治阶级为了反对被压迫阶级的个人，把它们提出来作为生活准则，一则是作为对自己统治的粉饰或意识，一则是作为这种统治的道德手段。"② 统治阶级一方面通过把意识形态作为统治阶级的自我意识把整个阶级组织起来；另一方面，统治阶级把自己的意识形态以代表全社会利益的名义灌输给其他阶级和广大的社会成员，使其成为全社会的共同意志和共同的信念，从而达到维护阶级社会秩序的目的。

最后，马克思、恩格斯的文化理论非常重视文化的反作用。马克思在《〈政治经济学批判〉序言》中指出："人们在自己生活的社会生产中发生一定的、必然的、不以他们的意志为转移的关系，即同他们的物

---

① 马克思恩格斯选集（第 1 卷）［M］. 北京：人民出版社，1995：143.
② 马克思恩格斯全集（第 3 卷）［M］. 北京：人民出版社，1960：492.

质生产力的一定发展阶段相适合的生产关系。这些生产关系的总和构成社会的经济结构，即有法律的和政治的上层建筑树立其上并有一定的社会意识形式与之相适应的现实基础。"① 从这段论述中可以看出，马克思把整个社会结构分成了三个相互联系的结构，即经济基础、上层建筑和社会意识。经济结构是人们在物质生产中产生的生产关系总和，经济结构是一切社会活动的根本和前提。上层建筑建立在经济结构基础上。社会意识是经济基础和上层建筑的现实反映。经济基础决定上层建筑和社会意识，社会意识和上层建筑反作用于经济基础，有时还会影响整个社会的发展结果。

（2）马克思、恩格斯的文化理论对社会主义村落文化建设的启示。

首先，经济、政治、文化等要素之间交互作用共同影响社会发展进程，政治、文化等诸要素在其中起着重要作用，有时还会影响社会发展的结果。因此，社会主义初级阶段村落文化建设要树立整体视野，从经济、政治、文化交互作用的战略高度全方位地推进农村的文化建设，解决农村社会发展中"重经济、轻文化"的问题。人类社会是一个由各个环节构成的且各个环节之间互相依存的社会机体。农村作为人类社会的一个重要组成部分，同样包含着经济、政治、文化等各个领域，各个领域交互作用共同构成了一个有机的整体。农村村落文化的构建，就是要把握好农村建设中经济、政治、文化三者之间的互动关系，从整体视角推进农村村落文化建设，抵制单纯的经济发展观。同时，也不能就文化谈文化，要在社会系统中推进村落文化建设。

其次，文化建设要以人为主体，把文化看作人类实践活动中一种生成的、未完成的存在，人类改造世界和改造人本身的活动是文化的源泉和基础。因此，社会主义初级阶段村落文化建设要增强农民的文化主体意识。文化是人通过自己的实践活动创造的，村落文化无疑是农民群众创造的，农民才是村落文化建设的主体。一方面，要用先进的理论武装

---

① 马克思恩格斯选集（第2卷）[M]. 北京：人民出版社，1995：32.

农民，加强农民群众的理论素养。另一方面，要重视农民作为村落文化
建设的主体作用。在加强村落文化建设的过程中，要把文化建设与农民
的生产、生活联系起来，真正地使广大农民受益，充分发挥其积极性与
主动性，培养农民文化建设的主体意识，进而实现文化自觉。只有培养
广大农民的文化主体意识，通过挖掘整理丰富的农村文化资源，才能促
进农村村落文化的良性发展。

再次，文化是有阶级性的，意识形态是统治阶级在阶级实践中产生
的阶级意识，是阶级社会中的主流文化。社会主义初级阶段村落文化建
设要用社会主义核心价值观引领村落文化建设。马克思恩格斯认为，阶
级社会的主流文化只能是统治阶级的阶级意识，我国社会的主流文化是
中国特色社会主义文化，主流价值观是社会主义核心价值观。在全球化
的背景下，我国的农村文化格局也日益呈现出多元化的特点。面对这种
现实，我们一方面要重视社会主义核心价值观的主导力和凝聚力；另一
方面要正视的现实是，在日常生活中发挥主要作用的农村文化是与农耕
生产方式相适应的村落文化。现有村落文化的形成既有几千年历史的沉
淀，同时也有社会主义文化和西方文化的多重影响。在发挥社会主义文
化引领性的同时，要包容其他文化的发展，使不同的文化相互促进，相
互融合，促进不同文化的交流。

最后，唯物主义是马克思恩格斯的文化理论的核心。因此，我们要
以实事求是的态度做扎实的调研，增强农村村落文化建设的实效性。在
马克思恩格斯看来，文化是人们意识到了的"人们的实际生活过程"，
"思想一旦离开利益，就一定会使自己出丑"[①]。文化建设不能脱离农民
实际生活，否则必然陷入形式主义，导致文化供给错位。所以村落文化
建设要从农民的实际文化需要出发，摒弃"假大空"等一切形式主义
的东西，村落文化建设才能取得实效。

---

① 马克思恩格斯全集（第 2 卷）［M］．北京：人民出版社，1957：103．

2.1.2　列宁的农村文化建设理论

十月革命后，列宁从俄国的实际出发提出了一系列发展社会主义文化的方针和政策。在新经济政策时期，列宁提出，随着政治革命和政治变革的任务结束，文化建设的任务应成为俄国社会主义建设的重要内容。俄国是传统的农业大国，俄国农村实行的是村社制，与我国的村落有很大的不同。从形式看，俄国的村社制经历了三个阶段：一是自然生长阶段的原始村社；二是沙俄时期国家建构的地方性村社；三是苏联时期的集体农庄。三种类型尽管在性质和内容上有所不同，但都强调整体性、一元性、一致性、平均性。这种特性一直延续到苏联解体。村社有以下特征：土地公有，并定期重分来保持社员之间的平均占有；国家税赋以村社为单位，贫欠富补，达到平摊负担；村社鼓励共同耕作；村社强调集体本位。集体主义和平均主义是村社的两大基本原则和行为规范，具有原始共产主义特性。村社被俄国人视为"特殊的俄罗斯精神"。漫长的村社生活孕育了俄国集体主义、平均主义和专制主义的文化传统。俄国农民对村社生活的依恋，农民的村社情结却是俄国社会转型道路上不可忽视的障碍。中国村落是由一家一户自由的小农构成，自由、独立的小农家庭构成中国的村落，家庭是维系整个村落的基本力量。俄国的村社与中国的村落有以下差异：一是村社的财产单位是村社，村落的财产单位是农户；二是村社的纳税单位是村社，村落的纳税单位是农户；三是村社是地方自治单位，具有行政功能和地方权威性，村落是农户基础上自然形成的自然村，主要是家族自治。①

（1）列宁的农村文化建设理论的主要内容。苏维埃政权建立后，文化建设提上日程。为了改造传统的村社，建立社会主义文化在农村的主导地位，列宁提出了一系列改造农村、发展农村文化的战略和政策。

---

① 徐勇. 中国家户制传统与农村发展道路：以俄国、印度的村社传统为参照［J］. 中国社会科学，2013（8）：102－123，206－207.

列宁的农村文化建设理论主要包括以下几个方面：

第一，把在农村进行文化工作放在举足轻重的位置上。列宁指出，"在农民中进行文化工作"是摆在党和政府面前的"两个划时代的主要任务"之一。首先，从生产力方面，要想实现农村合作化，要发展农村文化工作。列宁认为，要想实现农业现代化，农业的合作化非常重要，有着不可估量的意义。而要实现合作化，就要不断地改善农业技术生产设备和提高农民的文化技术水平。列宁认为，只有农民具备学习和掌握知识的本领，才能真正地增长见识，才能善于和能说会算的商人打交道，灵活处理合作社的买卖业务，才能为"完全合作化"奠定坚实的基础。① 其次，从提高城乡居民文化生活水平的角度来看，缩小城乡之间存在的经济、生活和文化上的差别，要发展农村文化工作。消灭城市与农村、工业与农业之间的差别，需要革新农业部门的技术设备和农业生产方法，而解决这些问题，需要全面发展农村文化。再次，从精神文明和社会进步的角度来看，满足农民的精神需求，要大力发展农村文化。农村文化与其他文化都是上层建筑的组成部分，由经济基础决定，同时也会对经济基础起着推动或阻碍的作用。发展农村文化，培养具有良好的思想道德素质和较高科学文化水平的农村居民，为农村经济发展奠定文化根基，可以推动农村经济的快速发展。最后，从全社会的发展来看，农村文化是社会主义文化的重要组成部分。农村文化是农村生产生活方式的反映，是农民生产生活实践的产物。文化建设的目的是建设适应生产力发展的社会主义农村文化，这是社会各领域协调发展的重要途径。

第二，提出了农村文化建设的基本方针和主要举措。苏维埃政权成立以后，农村文化建设迅速开展起来，取得了显著成绩。为了发展农村文化，列宁制定了一系列的基本方针和重要措施。一是加大经费支持力度，加强督促检查农村的巡视工作。列宁认为，农村文化建设是建设社

---

① 列宁选集（第 4 卷）[M]. 北京：人民出版社，1995：773.

会主义、实现共产主义的重要内容，有不同于其他文化建设的特殊性，因此，党和政府应高度重视农村文化建设工作，经常到农村了解基层的情况和农民的思想看法，检查并督促此项工作的开展是非常好的一种形式。二是重视城市的援助作用，建立城乡文化联盟。列宁认为，俄国的农村具有自己的特点，过早在农村推行共产主义，是极不现实的。城市不仅拥有经济资源等方面的优势，而且拥有文化资源等方面的优势。密切城乡的联系，搞好城乡文化交流，关系到"我们的整个革命"成功与否。因此，列宁主张城市支援农村，消灭城乡之间的差别的策略方针，并采取一些具体措施。例如，在村镇兴办国家出资的普通教育学校，支持和鼓励合作社自筹资金兴建学校，派出农业专家和技术人员去村镇普及农业生产和思想宣传教育相关的教育，争取和发挥国民教师的引导和支柱作用；在城市党支部、工会成立形式多样的工人团体、志愿者组织等，成立农村文化与城市文化交流的中转站。三是加强农村文化活动内容和方式的针对性。在农村开展的一切文化活动应与农民的文化需求、日常生活密切相关，调动广大农民的兴趣和参与性。建立农村文化馆、图书馆和俱乐部等文化机构和活动场所。农民们可以浏览感兴趣的与农业生产相关的书籍、报纸，也可以观赏喜欢的剧团演出和晚会表演，可以收听关于党和政府最新的会议和提高农作物和蔬菜产量的措施方法的讲座等。即便是朗诵表演、电影宣传活动，都应有农业生产方面的内容。四是加强农村文化的人才队伍建设。农村文化工作人员通过组织大量群众文化活动，把党和政府的各项方针决议传达到劳动人民中去。高素质的农村文化人才队伍在群众文化活动中发挥着引导作用，并根据时代特征和农民自身需求，创新传统的农村文化，建设社会主义精神文明。

列宁在理论上继承、捍卫和发展了马克思主义；在实践上把社会主义由空想变成现实，成功地在俄国建立了世界上第一个社会主义国家，开辟了人类历史的新纪元。列宁的文化建设思想是马克思主义的重要内容，体现了辩证唯物主义和历史唯物主义的基本原理。列宁文化建设思想是在列宁把马克思主义的文化思想与俄国的具体实际相结合的基础上逐渐形成和发展起来的。它与马克思恩格斯文化思想是一脉相承的。

（2）列宁的农村文化建设理论对社会主义村落文化建设的启示。苏维埃俄国和当今中国在实行市场经济和改革开放的条件下进行文化建设的政策措施有很多不同的地方，但是两者都是在社会主义国家前提下，在文化建设上必然会有某些相通之处，所以列宁关于农村文化建设的论述对于我国农村文化建设仍具有重要的启示和意义。

首先，以政府为主导，加强农村公共文化服务，稳定充裕的资金投入和政策支持是前提。列宁一再强调，文化工作者和文化活动应常"下农村"，"对于下农村这类措施"，要多给予经费的支持和关注，而不是"在几乎完全属于旧历史时代的国家机关上白花钱"[①]。国家和政府在正式预算外，多做有益农村文化发展的事情。提高农民的文化技术素质和思想道德水平，受到世界各国和政府的重视。如韩国在20世纪60年代初，成立主管农民现代义务教育的省乡村发展局，在20世纪90年代建立16个农民教育研究所。美国在19世纪60年代建立农学院，发展农业教育。德国政府则给予接受职业教育、获得"绿色证书"的农民国家政策支持和优惠贷款。我国是农业大国，农民人口一直占据全国总人口数的多数，改革开放以来，我国农村文化建设取得显著的成绩，农民的思想文化素质和科学技术水平得到不断的提高。

其次，建立城乡文化联盟机制，调整城乡文化资源配置。马克思恩格斯非常重视城市与乡村之间建立联盟的重要意义，列宁继承和发展了马克思和恩格斯的这一思想。列宁认为，城市是现代文化交流和文化创新的主要场所，俄国有传统农业的社会背景，文化的重心一直在城市，城市在社会文化变迁中起着主导作用。在农村文化建设中，必须充分发挥城市文化对农村文化的牵引作用。城市作为政治经济、文化生活的中心，应充分发挥其应有的文化资源等优势，为农村文化建设提供支持。

---

① 列宁选集（第4卷）［M］. 北京：人民出版社，1995：765.

列宁的城乡文化共建思想启示我们，在农村文化建设的过程中，要建立城市文化与农村文化的共建机制，尤其要重视实现城乡文化联盟、文化共建和充分发挥城市工厂企业尤其是大中型工厂企业的帮扶作用。推动城乡文化交流和联盟，并不只是文化主管部门的事情，需要城市工厂企业的共同努力和配合。城市工厂企业除了资金支持和投入外，利用工厂企业的人才技术优势，完善农村公共文化服务设施和体系。列宁的城乡文化共建思想，对当前推动村落文化建设有着重大启示意义。

最后，实施人才培训计划，加强农村文化队伍建设。文化人才队伍是农村文化建设的基本要素。数量和质量皆备的文化人才队伍，关系到农村文化建设能否长期持续地发展。立足实际，开展农村文化活动，满足农民日益增长的文化需求。文化活动以文艺作品为载体，向民众提供积极的服务。阅读是人类认识世界的重要活动，阅读是人们交流思想和储存知识的基本途径，也是文化建设的重要实现形式和举措。推进全民阅读活动，对提高整个社会的文化水平和国家竞争力有着重要的作用。

2.2 中国共产党的农村文化建设思想

重视农村文化建设是中国共产党一以贯之的传统。在以农村为中心的革命年代，以无产阶级思想为指导，加强对以农民为主体的革命队伍建设，使中国共产党的思想文化牢固扎根在农村。在社会主义建设时期，社会主义文化在农村的发展经历了不同的阶段，但始终坚持马克思主义方向，用社会主义新文化塑造农村、改造农村。

毛泽东关于农村文化建设的重要论述。毛泽东一直非常重视农民的文化教育问题。毛泽东认为，农民应该接受新思想的熏陶，对农民实行教育，一方面是为了促进农村经济发展，另一方面也是为了从思想上解放农民。虽然在不同时期，历史任务不同，农村文化工作也在不断调整，但是有些特征却是贯穿始终的。

第一，政治性是毛泽东村落文化建设思想的一个鲜明特征。毛泽东强调，在文化建设中，政治是第一位的，文化要服务于政治，要服务于革命和建设。文化工作政治化也是共产党一贯的传统。1929 年的古田会议把文化建设与组织群众和武装斗争结合起来，文化要为消灭反对势力和建立无产阶级政权服务。土地革命时期，改造传统村落，要与革命结合起来，在农村进行文化建设要为革命目标服务。毛泽东认为，农民是农村文化的创造者，"人类创造的物质财富和精神财富的总和就是文化。文化是由人创造出来的，它来源于人，同时也反作用于人，包括为了满足人类生存和发展需要所创造的物质产品及其所表现的物质文化和人类在从事物质文化基础上产生的一种人类所特有的精神文化。人民群众在从事物质资料生产的过程中产生了精神文化，文化艺术直接反映了劳动人民的生活和实践活动"，"中国历来只是地主有文化，农民没有文化。……农村里地主势力一倒，农民的文化运动便开始了"[①]。1931 年，中国共产党的《湘鄂赣省工农兵苏维埃第一次代表大会文化问题决议案》首次提出了文化建设的目的、指导方针及具体内容。主要内容为："铲除旧的封建思想、传统宗教习俗，建设无产阶级文化事业，巩固新政权；在苏区范围内进行群众教育，提高人民大众的政治思想，发动群众开展阶级斗争，推翻军阀，推翻国民党统治；在苏区开展社会娱乐文化事业，培养和吸收大批的工农干部到苏维埃政府中来；对帝国主义的文化侵略要坚决反抗；注意苏联社会文化活动情形以及苏联文化建设的介绍。"[②] 1934 年 1 月，毛泽东在《中华苏维埃共和国中央执行委员会与人民委员会对第二次全国苏维埃大会的报告》中指出，"苏维埃文化教育的总方针在于以共产主义的精神来教育广大的劳苦民众，让文化教育服务于革命战争与阶级斗争；苏维埃文化建设的中心任务是开展

---

① 毛泽东选集（第 1 卷）[M]. 北京：人民出版社，1991：39.
② 中央教育科学研究所编. 老解放区教育资料（一）[M]. 北京：教育科学出版社，1980.

义务教育，消灭文盲，更为广泛地发展社会教育，从农民中培养大量的革命干部"①。

在抗战时期，毛泽东提出，通过发展文化来促进政治经济建设，扩大和巩固抗日根据地。② 通过发展根据地的文化建设，启发和提高工人和农民阶级的政治觉悟。《解放日报》《新中华报》等报刊在抗日根据地发挥了极大的影响，对启发人民群众民族意识和抗争意识起到了重要的作用，极大地调动了抗战的潜力。毛泽东主张把农村打造成政治、经济、文化、军事都很强的革命根据地，其中，农村文化建设是指农民的思想政治教育、科技文化教育和文体活动等。在1940年1月9日的陕甘宁边区文化协会第一次代表大会上，毛泽东作了名为《新民主主义的政治与新民主主义的文化》的演讲，毛泽东提出了新民主主义文化建设问题，封建主义文化是新中国文化建设的障碍，必须消除封建主义文化的影响，才能确立新民主主义文化。

第二，大众性和普及性是毛泽东村落文化思想的另一特征。毛泽东认为，社会主义文化建设，必须通俗易懂，要向农民宣传阶级斗争思想和土地革命思想，对农民进行革命教育和革命动员。新中国成立后的农村文化建设的一项重要工作，就是要扫除文盲。1949年12月，第一次全国教育工作会议在北京召开，这次会议确立了新民主主义教育的方针，即借鉴苏联和旧中国的教育经验，在老解放区的教育经验基础上发展教育。以普及教育为主，重点教育工农群众，开展识字运动。对旧的教育制度逐步进行改革，精简课程，在普及的基础上进行科学技术和政治教育，加强人民群众的政治学习。在阶级社会，文化艺术和学校教育都是带有阶级色彩的，社会主义农村教育事业要在党的领导下坚持社会主义方向，把农村的教育权夺过来，建立社会主义农村文化。在对农民进行教育时，要注重文化的大众性和普及性。为了提高农民的整体素

---

① 聂捷. 毛泽东农村文化建设思想研究［D］. 湘潭大学，2013：7.
② 毛泽东选集（第2卷）［M］. 北京：人民出版社，1991：424.

质，各地农村开办夜校和识字班，各级共青团负责管理。只有扫除了文盲，农民的文化素质提高了，才能改变农村的落后面貌。农民有了识字能力后，就可以学习科学技术知识。1940 年，毛泽东在《新民主主义的政治与新民主主义的文化》中提出的新民主主义文化所具有的三大特征即民族化、科学化和大众化，在实践中得到大力推广。在农村开展文化建设的方式非常具有针对性，紧密结合生产和生活，比如开办记工学习班，学习本地的地名、人名、农具名，开展丰富多彩的文体活动，寓教于乐，又达到了政治目标，影响重大且深远。要想对农民群众进行大规模的有成效的政治动员，就必须适应并迁就农民文化，才能达到理想的效果。在形式上，运用农村文化的形式，内容上对农村文化内容进行改造。"毛泽东的文化建设思想是，以传统的农村文化形式来传播现代革命文化。"① 毛泽东自身就很崇尚中国传统文化，熟悉中国古典著作，可以熟练运用传统文化的形式来阐释马克思主义经典。新中国成立后，经过一系列的政治运动把马克思主义文化渗透到农民生活的各领域，成为农村社会的主要意识形态。公有制、集体主义取代传统的村落文化，规范着农民的行为。

第三，把对农民的思想教育放在非常重要的地位。进行思想上的改革，有利于中国实现政治、经济、文化、社会发展目标。新中国成立初期，广大农民积极投身社会主义建设，为工业化做出了巨大贡献，这与对农民的社会主义教育和思想政治教育的作用是分不开的。土地改革变地主所有制为农民所有制。农民有了土地虽然可以避免饥饿的威胁，却不可能让农民实现共同富裕，更不可能为现代化和工业化提供市场和原材料。因此，毛泽东认为，只有走合作化和集体化的道路，才能带领农民走上共同富裕。② 不仅要对农民进行思想政治教育，还要对农民进行

---

① 陈晋，王均伟. 毛泽东邓小平江泽民与中国先进文化［M］. 广州：广东教育出版社，2006：38.

② 毛泽东文集（第 6 卷）［M］. 北京：人民出版社，1999：418.

科技文化教育，学习先进的科学技术。对农民的技术培训，要与扫盲工作结合起来，培养知识性农民，建设社会主义新农村。

在传统中国，农民思想上安于现状，缺乏积极进取的精神状态，居住分散、封闭，日出而作日落而息的生活方式长期保持不变。土地是农民赖以生存的基础，几乎是农民唯一的生活来源，土地就是农民的生命。因为土地的缘故，农民安土重迁，一辈子附着在土地上，很少迁徙流动。"皇权不下县"，农村社会秩序是靠士绅和宗族维持的。在婚姻方面，"父母之命，媒妁之言"决定着人们的婚姻大事，自由恋爱是绝对禁止的。在信仰方面，农民有病不吃药而看神，热衷于算命、看相、请神、驱鬼等活动。毛泽东农村文化建设思想的一个根本目的就是彻底消除封建思想文化和帝国主义殖民文化对中国农民的严重禁锢，确立社会主义新文化主导地位。由于中国封建统治阶级和帝国主义的愚民政策以及奴化教育，严重束缚着广大农民，只有清除旧思想、旧观念对农民群众的束缚，才能为新制度、新体制的建立做铺垫。为达到此目的，新中国成立后，通过运动持续不断地把革命的意识形态灌输到村落，革命的词语、概念、观念、思想渐次地冲击、改变和重塑村落文化，使农村形成一种浓郁的革命文化氛围。

邓小平关于农村文化建设的重要论述。

在改革开放的实践中，邓小平非常重视农村文化在农村发展中的作用。

第一，服务于经济建设的大局，是邓小平文化建设的出发点。邓小平一方面强调以经济建设为中心，同时非常重视精神文化建设，邓小平提出，"我们要在建设高度物质文明的同时，提高全民族的科学文化水平，发展高尚的丰富多彩的文化生活，建设高度的社会主义精神文明"①。以经济建设为中心是根据社会主要矛盾的发展变化提出来的。在革命年代，取得革命的胜利是压倒一切的革命任务，因此毛泽东提出

① 邓小平文选（第2卷）［M］. 北京：人民出版社，1994：208.

了文化要为政治服务的思想。社会主义革命胜利后，社会的主要矛盾是人民群众日益增长的物质文化需要与落后的生产力之间的矛盾，但在"文革"期间，发展生产力的任务被忽略。党的十一届三中全会以后，全党工作重心转移到以经济建设为中心上来，其他工作要服务于中心工作，文化建设的任务是为经济建设提供智力支持和方向保障。

第二，加强文化建设，发展社会主义精神文明，保证社会主义发展方向，是邓小平文化建设思想的核心。改革开放以后，邓小平关心的主要问题是如何在发展市场经济的情况下坚持社会主义。文化建设的核心使命是建设与社会主义初级阶段相适应，能够团结凝聚全国人民的社会主义精神文明。文化建设的主要内容是加强思想道德建设，要加强对农民的理想教育、社会主义和爱国主义教育，加强纪律教育和法治教育。进入改革开放以后，农民物质生活水平不断提高，逐步摆脱了传统封闭的思想状态，但是在城市文化的冲击下，农村文化也出现了很多不符合社会主义精神文明的现象，思想观念领域出现了迷茫、混乱、道德滑坡等现象。解决思想领域里的迷茫、混乱，必须加强精神文明建设。因此，邓小平要求各级政府加强农村文化建设，推动农民思想道德素质和科学文化素质向现代化方向转变。邓小平非常重视农村的"安全阀"和"蓄水池"的作用，农村安定团结对整个国家安定团结至关重要。没有农村的安全稳定，城市建设得再漂亮也没有用。因此，邓小平要求基层干部要依法办事，维护农村的稳定，同时积极开展文化教育活动，激发农民的参与意识，使民主、平等的观念深入人心。

第三，邓小平提出了文化建设的主要措施。首先是要激发农民的文化创造性和主体性，要建设什么样的文化，什么样的文化形式更受农民欢迎，需要什么样的文化，只有农民自己知道，因此要尊重农民的创造性。农民的积极性和主动性一旦激发出来，农村的文化就活了。改革开放以来，农村的好多改革都是来自农民的创造，然后才推广到全国。其次是狠狠地抓社会风气。从具体事件抓起，典型处理好了，效果就大。社会风气的转变具有长期性，不会因为一两句话就会转变过来，所以要持续的消除思想观念领域的不良现象。

第四，邓小平文化建设的主要内容是弘扬爱国主义和培育"四有新人"。爱国主义是中华民族的优良传统，是中国人不断前进的精神动力。正是有了这样的民族精神，我们在遭受西方列强的侵略时，仁人志士们才会前仆后继，抛头颅、洒热血，为民族独立贡献全部的力量。爱国主义在不同的时代有不同的内容，爱国主义与社会主义在本质上是一致的，在社会主义时期，爱国主义就是为了建设社会主义强国而努力。培育"四有新人"关系到国家和民族的团结，关系到社会主义事业的延续，关系到党和国家发展目标的实现。党的百年目标的实现，关键是人，人的素质问题。人的思想道德素质和科学文化素质的高低关系到能否完成民族复兴的任务。人的思想道德素质还关系到未来接班人的问题，什么样的人来接班，这关系到社会主义事业的延续问题。培育"四有新人"，邓小平特别强调理想和纪律，要想做成一番事业，人的团结最重要。人的团结主要靠理想和信念，过去就是靠理想和信念把人团结起来的，因此我们一定要加强理想信念教育，并坚定理想信念。

江泽民关于农村文化建设的重要论述。

以江泽民为代表的中国共产党人提出了先进文化的思想，丰富和发展了马克思主义文化观。

第一，阐明了发展先进文化的思想。在庆祝中国共产党成立八十周年的"七一"讲话中，江泽民提出要发展先进文化的思想。在党的十六大报告中，江泽民强调，"发展先进文化，就是发展面向现代化、面向世界、面向未来的，民族的科学的大众的社会主义文化"，"坚持为人民服务、为社会主义服务的方向和百花齐放、百家争鸣的方针，弘扬主旋律，倡导多样化。"①

第二，强调农民教育的重要性。改革开放以来，农村物质文化获得极大发展，但思想工作有所削弱，导致农村出现了道德价值混乱、个人

---

① 十六大报告辅导读本［M］. 北京：人民出版社，2002：34.

主义横行、集体主义观念淡化等表现，甚至影响了农村的和谐稳定。为此，江泽民指出："越是搞改革开放和社会主义市场经济，越要重视对农民特别是青年农民进行爱国主义、集体主义、社会主义思想教育。农村的思想文化阵地，先进的正确的思想和优良社会风尚不去占领，落后的错误的思想和不良社会风气就必然去占领。"① 江泽民认为要经常性地用农民喜闻乐见的形式对农民进行爱国主义、集体主义和社会主义教育，用科学的知识和法律知识武装农民的头脑，占领农村的文化阵地。

胡锦涛关于农村文化建设的重要论述。

胡锦涛非常强调和谐文化和科学发展观教育。

第一，首次提出发展和谐文化的思想。在改革发展的攻坚阶段，胡锦涛提出了发展和谐文化的思想。在党的十六届六中全会上，胡锦涛指出："建设和谐文化是构建社会主义和谐社会的重要任务。社会主义核心价值体系是建设和谐文化的根本。必须坚持马克思主义在意识形态领域的指导地位，牢牢把握社会主义先进文化的前进方向，弘扬民族优秀文化传统，借鉴人类有益文明成果，倡导和谐理念，培育和谐精神，进一步形成全社会共同的理想信念和道德规范，打牢全党全国各族人民团结奋斗的思想道德基础。"② 在党的十七大上，全面部署了社会主义和谐文化建设，为社会主义文化大发展大繁荣指明了方向。

第二，强调加强农村和谐文化建设。在党的十六届五中全会上，胡锦涛提出建设社会主义新农村，必须按照"生产发展、生活宽裕、乡风文明、村容整洁、管理民主"的总要求，推进社会主义新农村建设。在党的十七大报告上，提出要推动社会主义文化大发展大繁荣，培育文明风尚，建设和谐文化，重视区域协调发展，特别是发展偏远地区、农村地区的文化。党的十七届三中全会提出要繁荣发展农村文化。坚持用先

---

① 江泽民文选（第 1 卷）［M］. 北京：人民出版社，2006：276.

② 中共中央关于构建社会主义和谐社会若干重大问题的决定［EB/OL］. 新华网，2006 – 10 – 18.

进的社会主义文化占领农村阵地，用爱国主义、集体主义和社会主义思想教育农民，促进农村社会主义文化大发展大繁荣，满足农民群众日益增长的精神文化需求。

习近平关于农村文化建设的重要论述。

党的十九大提出和阐述了习近平新时代中国特色社会主义思想，就其理论组成包括文化思想。党的十八大以来，习近平同志对于文化问题发表了一系列重要讲话，对文化领域的问题做了深刻的全面的阐述和回答。

第一，坚持马克思主义先进文化的指导地位和引领作用不动摇。当下的中国社会处于急剧的社会转型时期，文化领域暗流涌动，各种社会思潮激烈碰撞，对马克思主义在文化领域的指导地位造成极大的冲击。因此，为了巩固党的执政基础，强化全国人民共同的理想，必须巩固马克思主义在意识形态领域的指导地位，这对于实现民族复兴意义重大。首先，要重视意识形态工作，在集中进行经济建设的同时，不放手意识形态工作。重视马克思主义理论的学习，用科学的理论武装全党。在实践中发展马克思主义，推动马克思主义的理论创新。马克思主义理论是方法，不是教条，马克思主义是开放和发展的理论，不是一成不变的，要在发展中不断丰富经典作家的观点和论断。其次，要巩固马克思主义在学术体系、学科体系中指导地位。另外，要加强马克思主义理论的宣传工作，扩大马克思主义在人民群众中的影响。

第二，坚持以弘扬民族精神为主线继承中华优秀传统文化。习近平既是一位马克思主义者，又是中华民族优秀文化的继承者。他关于中国传统文化的一系列讲话在海内外引起了广泛的影响。这表明，习近平在强调坚持马克思主义指导地位的同时，非常重视保持民族特色和民族主体性，他多次阐述中华民族博大精深的传统文化是国家软实力的重要组成部分的观点，并把弘扬优秀的传统文化与提高国家软实力紧密联系起来。对于如何弘扬传统文化，习近平提出"创造性转化、创新性发展"这个重大的文化方针，"两创"方针的提出，必将对中华文化走向新辉煌发挥强有力的指导和推动作用。中华民族深厚的文化传统，"是推动中国特色社会主义道路生成发展的强大精神力量，为在新形势下坚持和拓展中国特色社会主义道路提供了必要的思想文化基础和依据"①。要重视继承优秀的传统文化，创造有民族特色和民族主体性的文化。习近平在孔子诞辰 2565 周年国际学生研讨会暨国际儒学联合会上的讲话指出："优秀传统文化是一个国家、一个民族传承和发展的根本，如果丢掉了，就隔断了精神命脉。我们要善于把弘扬优秀传统文化和发展现实文化有机统一起来，紧密结合起来，在继承中发展，在发展中继承。"② 善于继承传统文化，我们才能创造出有特色的文化，才能对人类文化发展做出贡献。不同民族创造出有特色的文化，人类文化才能更加丰富多彩。要重视传统文化的创新转化问题。传统文化是我们宝贵的财富，我们要善于继承，但是我们对传统文化也要有总体上的反思，才能面对现代世界对我们提出的挑战。只有正确评价传统文化，正视传统文化的优点和缺点，不一味地贬低或者吹捧，注意传统文化的创新转化，才能真正弘扬传统文化。

第三，坚持以和谐包容的态度构建人类文化命运共同体。习近平在不同场合总是不断地强调开放的重要性，强调多元文化发展交流的重要性，强调文化宽容和共享的重要性。不同种族、肤色、宗教、价值观，共同组成世界，共同构成命运共同体、和而不同、和谐社会是中国文化的核心，理应成为不同文化和睦相处的基础。不同文化之间应相互学习、彼此借鉴，对其他文化要包容，要善于从其他文化中汲取智慧，去应对人类面临的共同挑战。应该以积极的心态、开放的胸襟，学习一切先进的、积极的人类文明成果，一句话就是"洋为中用"。长期以来，中华民族一直海纳百川、兼容并蓄，积极吸收一切积极的文明成果，正

---

① 孙成武. 论习近平文化建设思想的三重向度［J］. 思想理论教育导刊，2017（7）：55－58.

② 习近平谈治国理政（第二卷）［M］. 北京：外文出版社，2017：313.

因为如此，中华文化才获得绵绵不绝的生命力。学习西方文化要有批判性，要以文化自信为前提。学习西方文化，既要海纳百川，兼收并蓄，又要坚持文化自信，这是文化平等交流的前提。没有了文化自信，在西方文化面前，就无法建立有主体性的民族文化，文化的软实力就无从谈起。

2.3 社会主义村落文化建设的目标、方针和内容

社会主义村落文化建设的基本目标就是要紧紧围绕"培养什么的农民、建设什么样的农村"两个根本问题进行，要用什么样的文化占领农村的阵地，这是社会主义初级阶段村落文化建设必须明确的目标和方向。

2.3.1 社会主义村落文化的基本目标

社会主义村落文化建设要为农民服务，为社会主义服务，必须要用社会主义新风尚占领农村的文化阵地。

第一，培养社会主义新型农民。农民是村落文化建设的主体，要建设社会主义新农村，首要的一点就是要提高农民的思想道德素质和科学文化素质。加强农民的思想道德建设就是要倡导和发扬爱国主义、集体主义、社会主义的思想和精神，提倡有利于改革和开放的思想和精神，倡导有利于民族团结、社会进步的思想和精神，提倡一切用诚实劳动创造美好生活的思想和精神。提高农民的科学文化素质就是要通过教育和培训，推广科学的种植技术、饲养技术，使农民成为有文化、有技术、会经营的新型农民。

面对农村的道德滑坡现象，村落文化建设要发挥资源整合、人心凝聚的作用，调动农村的一切力量，形成合力，对农村的丑恶现象开展斗争。这就要求文化工作者多创造出反映群众的生产、生活、感情、愿

望，弘扬真善美的文艺作品，揭露和批判一切危害群众利益及权利的黑暗势力和丑恶现象，树立正气、正义、正能量的农民形象。在农村开展移风易俗活动，塑造良好的精神风貌，提高农村的文明程度。加强环境的整治力度，解决农村的脏乱差现象，加强农村的卫生建设，促使农民养成良好的卫生习惯，与不良生活方式做坚决斗争。坚决遏制恶性的人情竞争和违背基本人伦的行为发生，提高农村的道德水平。引导农民发扬团结友爱、扶贫济困的精神，建立正确的发展观、市场观和利益观；培养农民的法治观念、民主观念、契约观念，建立适合农村现代化建设需要的思想道德和价值观念。

在新时期加强农民的思想道德教育，不能靠简单的说教，而要与发展农村生产力、提高农民幸福指数结合起来。要关心农民，尊重农民，提高农民生活水平，满足农民群众日益增长的物质文化生活需要，让发展的成果惠及农民和农村，尊重和保护农民的各项权益，为农民创造公平公正的社会环境。改革开放以来，农民生活逐渐改善，从温饱到总体上小康，再到全面小康，随着生活水平的提高，对精神、文化、道德的追求就会越来越强烈，更加期待看到好的文化作品，好的电影、好的电视剧、好的图书，更加期盼讲道德、尊重道德的社会生活，更加期盼好的社会风尚和文明素质。

第二，培养社会主义新风尚。1994 年 9 月，党的十四届四中全会指出："做好农村思想政治工作，普及科学文化教育，提高农民素质，摆脱封建迷信等愚昧落后观念和资产阶级腐朽思想，用爱国主义、集体主义、社会主义思想和健康、文明、进步风尚占领农村阵地。"① 这是改革开放以来，中国共产党出台的较早提出的关于农村文化建设的文件，此后，在历次党的重要会议和文件中被不断赋予新的内容和涵义。

培育社会主义新风尚有两个文化来源，一是优秀的传统村落文化；

---

① 中共中央文献研究室编．改革开放三十年重要文献选编（上册）［M］．北京：中央文献出版社，2008：778.

二是新中国成立以来形成和发展的社会主义文化。优秀的传统的村落文化当中本身蕴含着丰富的伦理道德资源。经过几千年的孕育、积淀，经历了党领导的革命、建设、改革的洗礼，植根于中国特色社会主义实践的优秀的传统村落文化，现在仍然能够对村落社会起着良好的维系作用，可见，优秀的传统村落文化有着完全的生命力。在农村建立公序良俗，优秀的传统村落文化仍然可以提供必要的支撑。加强社会主义初级阶段村落文化建设，就要弘扬优秀的传统村落文化，这样可以增强村落社会的凝聚力，从而可以应对更大的挑战，抵御风险，克服阻力，解决矛盾。在新时期，对于那些传统的村落文化保存得比较完整的地区和农村，要注意继承、保护、提倡、强化、巩固，防止它们在全球化、城市化的浪潮中被淹没。在当今时代，各种文化激烈竞争，丢弃传统将导致很严重的后果。文化传承是对优秀的传统文化的弘扬，是对传统文化的推陈出新，从而促进传统文化的发展。文化创新离不开文化传承，丢掉传统，创新就是空谈。丢掉传统，文化创新就是无源之水，无根之木。文化创新是为传统注入活水。因此，培育社会主义新型的村落文化，必须立足农村实际，尊重传统，注重传统的村落文化对农村的整合作用。

培育社会主义新风尚，就要弘扬以社会主义核心价值观为主体的社会主义文化。培养社会主义新风尚就要以马列主义、毛泽东思想、邓小平理论、"三个代表"、科学发展观、习近平新时代中国特色社会主义思想为指导思想，宣传党的路线、方针、政策，进行集体主义、爱国主义和社会主义教育。每一个国家，每一种制度，都有属于自己的主流意识形态和主流文化，我国社会主义建设各个时期产生的新思想是属于我们全社会的精神财富，是改造主观世界的强大的思想武器，也是决定村落文化建设的社会主义方向的关键所在。主流思想的历史使命就是要在全社会形成统一的思想信念，引导人们树立正确的世界观和方法论，为经济社会发展提供精神动力和智力支持。随着全球化的发展，国际上各种文化和意识形态之间的竞争将会越来越激烈，如何迎接全球化的挑战，也是社会主义初级阶段村落文化建设必须面临的挑战。在对外开放的条件下，外来思想和意识形态对村落社会的价值系统产生了不以人的意志为转移的冲击，极端个人主义、利己主义等在村落社会传播，对农民的思想认识产生了极其不良的影响。在这种情况下，我们更需要加强马列主义在村落文化建设中的主导地位，坚持马列主义的主导地位，最重要的就是要用最新的马克思主义理论成果武装和教育农民群众。

习近平新时代中国特色社会主义思想是最新的马克思主义理论成果，为社会主义村落文化建设指明了方向。习近平在党的二十大报告中深刻地阐述了文化和文化建设的作用，指明了要用什么样的立场和态度对待文化，用什么样的思路发展文化，朝着什么样的目标推进文化建设等一系列重大问题。文化兴，国运兴，文化强，民族强，没有文化的复兴，就没有中华民族的复兴。一个民族要想屹立于世界民族之林，离不开文化的引领和支撑。要推动社会主义文化的兴盛，实现中华民族的伟大复兴，必须付出艰辛的努力，才能更好地振奋全国人民的斗志和信心，朝着社会主义现代化强国奋进。

第三，建设社会主义新农村，实现乡村社会的全面振兴。2005 年党的十六届五中全会通过的《中共中央关于制定国民经济和社会发展第十一个五年规划的建议》，对新农村建设的内容进行了阐述，就是 20 字方针，"生产发展、生活宽裕、乡风文明、村容整洁、管理民主"。社会主义新农村建设是一个系统的概念，不是某一方面的发展，而是全面的发展，当然包括文化方面的发展。"乡风文明"就属于文化建设的范畴，乡风文明是社会主义新农村村落文化建设的重要目标。没有先进的文化，就失去了灵魂的依托，社会就失去了凝聚力和生命力。加强村落文化建设，就是要建设一个有灵魂、有价值、有生活意义的社会主义新农村。2017 年党的十九大提出了乡村振兴的总要求，即"产业兴旺、生态宜居、乡风文明、治理有效、生活富裕"，新的 20 字总要求反映了时代的变化，体现了要按照"五位一体"的总体布局推动农村经济、政治、文化、社会、生态的全面协调发展。当前，农民的物质生活水平得到了很大的提高，农村经济落后的局面得到了根本扭转，但是精神生活贫乏、价值规范紊乱、伦理道德滑坡现象日益严重。因此，抓好乡风建设，弘扬社会主义核心价值观，传承乡土文化，打造农民的精神家园，是乡村文化振兴的紧迫任务。

随着经济发展和农民生活水平的提高，农民的物质生活已经明显改善，生存问题已经不再是困扰农民的主要问题了，但是，文化生活缺相当匮乏，不能满足农民日益增长的文化需求，文化建设和文化贫困已经成为制约农村发展的一大难题。社会主义新农村建设涉及政治、经济、文化等方面，需要政治、经济、文化等领域共同推进。在当前，经济建设已经深入各级领导干部的观念之中，但是文化建设还没有引起足够的重视。文化是上层建筑，是社会发展水平的一个重要标志，可以为社会发展提供社会资本。文化建设关系着农村社会的方方面面，文化是社会的黏合剂，是凝聚人心，规范社会的重要途径，大力发展健康、文明的村落文化，抵制腐朽、落后的村落文化，为乡村振兴注入生机、活力和希望。

2.3.2 社会主义村落文化建设的指导方针

党和国家在各个时期推出的建设精神文明的方针政策确立了社会主义村落文化建设指导方针。这些不同时期的方针政策既有内在的统一性，又反映了不同时期农村文化建设的具体要求，既体现了传承性，又体现了时代性。

第一，坚持马克思主义的主导地位，确保社会主义村落文化建设的社会主义方向。1986 年 9 月，党的十二届六中全会通过了《中共中央关于社会主义精神文明建设指导方针的决议》（以下简称《决议》），《决议》指出：以马克思主义为指导的社会主义精神文明，是社会主义社会的重要特征，是具有中国特色的社会主义不可缺少的一个重要方面。建设社会主义精神文明，是解决社会主义社会主要矛盾、实现社会主义根本目的的要求，是我们坚持社会主义道路，进行现代化建设的重要保证之一。我们的社会主义精神文化建设应当有利于坚持四项基本原则，推动社会主义现代化建设，促进全面改革和对外开放。社会主义精神文明建设的根本任务，是适应社会主义现代化建设的需要，培养有理想、有道德、有文化、有纪律的社会主义公民，提高整个中华民族的思想道德素质和科学文化素质。[①]《决议》明确了社会主义精神文明建设的战略地位、根本任务和指导方针，是改革开放以来中国共产党最早对精神文明建设进行部署的重要决议。改革开放以来，随着全球化趋势的愈演愈烈，国际上各种文化和意识形态对我国文化领域产生极大的冲击，农村文化建设应该如何应对全球化的影响，这是社会主义初级阶段村落文化建设面临的首要问题。全球化让价值观念和思想文化日益多元，在各种思想观念的斗争和冲突中，要坚持马克思主义在文化建设中的主导地位，这是确保我国文化建设社会主义方向的根本方针。

第二，坚持"双为""双百"的指导方针。1942 年毛泽东在延安文艺座谈会上提出，"为了什么人的问题，是一个根本的问题"，我国是人民当家做主的社会主义国家，为人民服务，为社会主义服务，这是精神文明建设的必然要求。为人民服务，为社会主义服务，要求文化建设必须反映人民的生产、生活、情感、需求，要深入人民的生活，汲取文化创作的灵感和力量，创造人民喜闻乐见的文化产品。文化的发展需要一个宽松自由的环境，要能够独立的思考、创作，独立的发表意见并能坚持自己的意见。文化问题要用文化的手段来解决，用辩论和讨论的方式解决，而不是用行政手段来解决文化领域出现的问题。为此，20 世纪 50 年代，中国共产党提出了"百花齐放，百家争鸣"的文化建设方针。2011 年 10 月，党的十七届六中全会专门研究社会主义文化建设，会议通过了《中共中央关于深化文化体制改革，推动社会主义文化大发展大繁荣若干重大问题的决定》（以下简称《决定》），是新时期建设社会主义文化强国的指导性纲领，再次强调了社会主义文化建设的"双

---

① 中共中央文献研究室编. 改革开放三十年重要文献选编（上册）[M]. 北京：中央文献出版社，2008：430.

为""双百"的指导方针。《决定》提出：我们坚持解放思想、实事求是、与时俱进，不断推进马克思主义中国化时代化大众化，形成和发展了中国特色社会主义理论体系，为开辟和拓展中国特色社会主义道路、确立和完善中国特色社会主义制度提供了科学理论指导；坚持推进社会主义核心价值体系建设，用马克思主义中国化最新成果武装全党、教育人民，用中国特色社会主义共同理想凝聚力量，用以爱国主义为核心的民族精神和以改革创新为核心的时代精神鼓舞斗志，用社会主义荣辱观引领风尚，巩固了全党全国各族人民团结奋斗的共同思想道德基础；坚持为人民服务、为社会主义服务的方向和百花齐放、百家争鸣的方针，发扬广大人民群众和文化工作者的创造精神，推动优秀文化产品大量涌现，丰富了人民的精神文化生活；坚持推进文化体制改革，创新文化发展理念，解放和发展文化生产力，推动文化事业全面繁荣、文化产业健康发展，大幅度提高了人民基本文化权益保障水平，大幅度提高了文化在经济社会发展中的地位和作用；坚持发展多层次、宽领域对外文化交流格局，借鉴吸收人类优秀文明成果，实施文化走出去战略，不断增强中华文化国际影响力，向世界展示了我国改革开放的崭新形象和我国人民昂扬向上的精神风貌。①

　　第三，坚持"两手抓，两手都要硬"的方针。党的十一届三中全会后，邓小平在总结我国和其他国家社会主义事业兴衰成败的历史经验教训时，多次提出要"两手抓"的辩证思想。所谓的"两手抓"就是一手抓物质文明建设，一手抓精神文明建设。"两手抓，两手都要硬"的方针蕴含了深刻的唯物史观和辩证法思想。这一方针的侧重点就是告诉人们，在搞好经济建设的同时把精神文明建设搞上去。经济是社会发展的决定性力量，同时经济与文化发展有不可分割的联系，二者是决定与反映，作用与反作用的辩证关系。1997 年 9 月，党的十五大提出了

---

① 中共中央文献研究室编. 改革开放三十年重要文献选编（上册）［M］. 北京：中央文献出版社，2008：868.

经济建设、政治建设、文化建设"三位一体"的发展格局。社会主义
现代化应该有繁荣的经济，也应该有繁荣的文化。建设有中国特色社会
主义经济、政治、文化的基本目标和基本政策有机统一，不可分割。党
的十五大报告指出：有中国特色社会主义的文化，就其主要内容来说，
同改革开放以来我们一贯倡导的社会主义精神文明是一致的。只有经
济、政治、文化协调发展，只有两个文明都搞好，才是有中国特色的社
会主义。党的十五大报告提出的中国特色社会主义文化的基本纲领是：
建设有中国特色社会主义文化就是以马克思主义为指导，以培育有理
想、有道德、有文化、有纪律的公民为目标，发展面向现代化、面向世
界、面向未来的，民族的科学的大众的社会主义文化。中国特色社会主
义文化建设的基本内容是：在全社会形成共同理想和精神支柱，是有中
国特色社会主义文化建设的根本；发展教育和科学，是文化建设的基础
工程；发展文学艺术、新闻出版、广播电视等事业，是文化建设的重要
内容；营造良好的文化环境，是提高社会文明程度、推进改革开放和现
代化建设的重要条件。①

2002 年 11 月，党的十六大再一次强调了经济建设、政治建设、文
化建设"三位一体"的建设目标，党的十六大报告从根本上确立了文
化在国家体制、发展战略中的重要地位。报告指出：当今世界，文化、
经济与政治相互交融，在综合国力竞争中的地位和作用越来越突出。文
化的力量，深深熔铸在民族的生命力、创造力和凝聚力之中。②

2007 年 10 月，党的十七大进一步提出要推动我国文化大发展大繁
荣，并指出：当今时代，文化越来越成为民族凝聚力和创造力的重要源
泉，越来越成为综合国力竞争的重要因素，丰富精神文化生活越来越成
为我国人民的热切愿望。要坚持社会主义先进文化前进方向，兴起社会

---

　　① 中共中央文献研究室编. 改革开放三十年重要文献选编（上册）［M］. 北京：中央文
献出版社，2008：889.

　　② 中共中央文献研究室编. 改革开放三十年重要文献选编（上册）［M］. 北京：中央文
献出版社，2008：1240.

主义文化建设新高潮，激发全民族文化创造活力，提高国家文化软实力，使人民基本文化权益得到更好保障，使社会文化生活更加丰富多彩，使人民精神风貌更加昂扬向上。①

2012 年 11 月，党的十八大明确提出了建设社会主义文化强国的目标和要求，提出：应从加强社会主义核心价值体系建设、全面提高公民道德素质、丰富人民精神文化生活和增强文化整体实力和竞争力等方面来加强文化建设。②

2017 年 10 月，党的十九大报告指出：文化是一个国家、一个民族的灵魂。文化兴国运兴，文化强民族强。没有高度的文化自信，没有文化的繁荣兴盛，就没有中华民族伟大复兴。要坚持中国特色社会主义文化发展道路，激发全民族文化创新创造活力，建设社会主义文化强国。发展中国特色社会主义文化，就是以马克思主义为指导，坚守中华文化立场，立足当代中国现实，结合当今时代条件，发展面向现代化、面向世界、面向未来的，民族的科学的大众的社会主义文化，推动社会主义精神文明和物质文明协调发展。要坚持为人民服务、为社会主义服务，坚持百花齐放、百家争鸣，坚持创造性转化、创新性发展，不断铸就中华文化新辉煌。③ 从党的历次大会对文化建设重要性的阐述可以看出，文化建设的重要性日益凸显，文化建设是经济社会全面发展的重要一环，没有思想道德文化素质的提高，就没有经济社会的全面可持续发展，农村文化建设是中国特色社会主义文化建设的重要组成部分，同样要坚持"两手抓，两手都要硬"的方针。

2022 年 10 月，党的二十大报告指出：全面建设社会主义现代化国

---

① 中共中央文献研究室编．改革开放三十年重要文献选编（上册）［M］．北京：中央文献出版社，2008：1712．

② 中共中央文献研究室编．十八大以来重要文献选编（上）［M］．北京：中央文献出版社，2014.45．

③ 本书编写组编．党的十九大报告学习辅导百问［M］．北京：党建读物出版社，2017：32 - 35．

家，必须坚持中国特色社会主义文化发展道路，增强文化自信，围绕举旗帜、聚民心、育新人、兴文化、展形象建设社会主义文化强国，发展面向现代化、面向世界、面向未来的，民族的科学的大众的社会主义文化，激发全民族文化创新创造活力，增强实现中华民族伟大复兴的精神力量。我们要坚持马克思主义在意识形态领域指导地位的根本制度，坚持为人民服务、为社会主义服务，坚持百花齐放、百家争鸣，坚持创造性转化、创新性发展，以社会主义核心价值观为引领，发展社会主义先进文化，弘扬革命文化，传承中华优秀传统文化，满足人民日益增长的精神文化需求，巩固全党全国各族人民团结奋斗的共同思想基础，不断提升国家文化软实力和中华文化影响力。

2.3.3　社会主义村落文化建设的基本内容

1996 年 10 月，中共十四届六中全会审议通过了《中共中央关于加强社会主义精神文明建设若干重要问题的决议》。该决议指出：社会主义精神文明建设的指导思想是以马克思主义、列宁主义、毛泽东思想和邓小平建设有中国特色社会主义理论为指导，坚持党的基本路线和基本方针，加强思想道德建设，发展教育科学文化，以科学的理论武装人，以正确的舆论引导人，以高尚的精神塑造人，以优秀的作品鼓舞人，培育有理想、有道德、有文化、有纪律的社会主义公民，提高全民族的思想道德素质和科学文化素质，团结和动员各族人民把我国建设成为富强、民主、文明的社会主义现代化国家。[①] 从该决议的论述可以看出，加强思想道德建设和科学文化建设是社会主义精神文明建设最基本的内容。

第一，加强思想道德建设。爱国主义、集体主体、社会主义教育是思想道德建设的核心内容。1994 年 9 月，党的十四届四中全会明确指

---

① 中共中央文献研究室编．改革开放三十年重要文献选编（上册）[M]．北京：中央文献出版社，2008：868.

出：做好农村思想政治工作，普及科学文化教育，提高农民素质，抵制和摆脱封建迷信等愚昧落后观念和资产阶级腐朽思想，用爱国主义、集体主体、社会主义思想和健康、文明、进步风尚占领农村阵地。[①] 爱国主义是中华民族的核心，是中国人民团结奋斗的动力，加强爱国主义教育对于振奋民族精神、增强民族凝聚力具有重要的意义。对农民进行爱国主义教育，应包括以下内容：对农民进行社会主义建设成就和目标教育，坚定农民走社会主义道路的信念；中国近现代史教育和中共党史教育，让农民明白中国近代以来追求民族独立和发展的艰辛历程；国情教育，让农民明白我国政治、经济、社会发展现状，以及在国际上的历史方位；民族团结教育，让农民明白党的民族政策，各民族和睦共处，共同促进中华民族伟大复兴。集体主义是社会主义道德的核心，没有集体主义价值观，利己主义横行，民族凝聚力就低，就无法成就伟大的事业，国家也就一盘散沙，失去竞争力。农民要实现共同富裕，仅靠个人也是无法实现的，所以必须进行集体主义教育。集体主义教育让农民明白，集体主义鼓励个人获得正当利益，集体主义与个人利益并不矛盾，二者相互促进。农村土地实行集体所有和以家庭为单位的分散经营，就是集体主义和个人主义协调发展、相互促进的鲜明例子。但是市场经济激烈的竞争，使农民把个人利益放在首要的地位，对集体主义价值观产生了冲击。集体主义思想不会在人们头脑中自动产生，需要教育和灌输。社会主义的本质简单地说就是消灭剥削、消灭两极分化，实现共同富裕。对农民进行社会主义教育，就是要农民明白社会主义道路是历史和人民的选择。鸦片战争以来，面对空前严峻的民族危机，仁人志士前仆后继探索国家和民族的出路，但是这些探索相继失败。中国共产党把马列主义与中国革命实践相结合，指导中国革命取得胜利，建立了新中国，彻底实现了民族的独立，为社会主义建设奠定了坚实的基础。同

---

① 中共中央文献研究室编.改革开放三十年重要文献选编（上册）［M］.北京：中央文献出版社，2008：778.

时，社会主义教育让农民明白只有社会主义可以发展中国，可以实现民族复兴的伟大梦想。正是社会主义制度的优越性让中国从一个一穷二白的农业国变成经济总量跃居世界第二的、在国际上有相当竞争力和影响力的国家。

　　对农民进行社会公德、职业道德、和家庭美德教育。"三德教育"分别对应着社会公共活动领域、职业活动领域和家庭生活领域，涵盖了人们活动的所有领域，是公民道德教育的着力点和落脚点。在现代社会，人们相互交往日益频繁，社会公德是处理人与人、人与社会、人与自然关系的基本准则，在维护公共秩序、公共利益和保护公共环境方面发挥着重要的作用。随着农村社会的发展，公共交往范围越来越大，对社会公德的需要也就越来越迫切。农村社会公德水平的高低影响着整个社会的社会风气和精神文明水平。在农村开展社会公德教育，应包括以下内容：文明礼貌、助人为乐、爱护公物、保护环境、遵守公共规则等。文明礼貌是指言行文明、遵守礼仪、遵守秩序等。文明礼貌不仅是一个人教养的基本要求，也是一个文明社会对公民的基本道德准则，是一个民族和社会发展进步的主要表现。助人为乐是指在别人需要帮助时给予帮助并感到快乐，体现的是尊重他人、关心他人，在农村就是关心那些老弱病残，为他们生产生活提供帮助，形成扶贫济困、帮助弱小的社会氛围。爱护公物，就是爱护国家、集体所有的公共物资和设施，体现的是主人翁的责任感。爱护公物是公民道德情操的一个重要表现。爱护环境就是保护我们赖以生存的自然环境和社会环境，注意环保和资源节约，减少对环境的伤害，并敢于自觉地与破坏环境的行为作斗争。遵守公共规则就是指在公共场合要自觉遵守公共场所的规则，不违反规章制度，不破坏公共秩序。职业道德是指在从事的职业活动中遵守相关的职业规范和准则。不同的职业有不同的职业规范，加强职业道德教育就是要加强从事职业者的职业责任感和事业心，干一行爱一行，追求精益求精的职业精神。对农民进行职业教育包括爱岗敬业教育、诚实守信教育等。爱岗敬业是社会主义职业道德的最基本的要求，无论从事什么职业，都要兢兢业业、勤勤恳恳地对待自己的本职工作。诚实守信既是对待职业的基本态度，也是为人处世的基本原则，在传统的儒家文化中，诚实守信是立政之本、立人之本。诚实经营、信守承诺，是市场经济下职业伦理的一条基本准则。家庭美德是家庭成员之间的规则和规范，以家庭成员之间相互关心、相互支持爱护、平等和谐为基本特点。对农民进行家庭美德教育包括夫妻平等互爱、尊老爱幼、团结邻居、勤俭持家等内容。家庭是社会的细胞，是联结个人与社会的桥梁，家庭的和谐与稳定影响着社会的和谐与稳定。家庭美德是调节家庭内部成员的行为规范，进行家庭美德教育对整个社会的文明水平具有重要的意义。家庭对个人的健康成长和生活幸福至关重要，家庭对个人的品格、心灵的形成有着重大的影响，进行家庭美德教育对公民个人以及全社会都有着重要的积极意义。

对农民加强法制教育。法制建设是村落文化建设的重要组成部分，村落文化建设中要引导农民在参与市场经济活动时自觉遵守法律，为树立新的道德风尚创造社会氛围。首先，农村发展的新形势，需要一批懂法律的农民。随着新农村建设的加快，农村面临新的一轮大发展，产业结构、剩余劳动力面临着重大调整，新的形势需要新型的农民，农民只有了解法律、懂得法律才能参与到市场经济活动中，否则农村就无法顺利实现大发展。其次，增强集体意识需要对农民进行法制教育。家庭联产承包责任制实施以来，经济的分散性使农民的独立意识大大增强，而集体意识有所淡化，再加上市场经济的冲击，农民的金钱本位思想越来越严重，阻碍了农村的顺利发展。随着国家资源下乡的增多，农村本该迎来更大的发展，但是在国家资源下乡的过程中，普遍面临"最后一公里"的问题。有些农民把国家资源下乡看作一次可以捞取好处的机会，纷纷充当钉子户捞取个人利益，导致项目落地困难。解决农村"最后一公里"问题，除了要动员农民、组织农民起来以主人翁的姿态和责任感投入到家乡建设中来，还要对农民加强法制教育，实行依法治村，以法律的形式确定国家、集体、个人的权利与义务边界。另外，随着农村的发展，各种矛盾不断出现，加强对农民的法制教育也是农村和谐稳定的需要。随着农村日益卷入现代化和城市化的进程中来，农村社会出现了新的矛盾和纠纷，这些新的矛盾和纠纷错综复杂，既掺杂着血亲关系，又深陷利益关系之中，这些靠传统的礼俗观念和旧的工作方式无法应对，农村必须迎法下乡，综合运用多种治理手段才能保证农村的和谐与稳定。

第二，加强科学文化建设。科学文化既是物质文明发展的条件，也是精神文明的根本条件，没有科学文化的发展，物质文明和精神文明都无法快速发展。

加强科学文化建设，首先，要大力发展农村基础教育。教育是提高科学文化水平和培养人才的基础，这是全社会的共识。基础教育是各类教育的基础，基础不牢地动山摇，要培养新型农民，建设社会主义新农村，必须夯实基础教育。改革开放以来，农村基础教育取得了显著的成就，从 2007 年期全国农村实现义务教育，并以法律的形式保障教育经费的投入；普及九年义务教育成效显著，儿童入学率和教师待遇都大幅提高；农村教育设施得到根本的改善。在取得成就的同时，基础教育也存在一些问题，体现在以下几个方面：一是对教育的认识还不够深刻，对教育的重视程度还不够。"读书无用论"在农村还较为流行，过分功利地看待教育使很多农村学生过早辍学，过早地去赚钱。二是农村教育的投入还需要加大。虽然农村的办学条件已经大为改善，但是与城市相比，农村教育资源投入还是严重不足，优质的教育资源主要集中在城市，农村优质的教育资源还是较为匮乏，特别是缺乏优质的教师队伍。三是农村教学质量还有待提高。现在农村仍然有学校教师队伍数量不足，教师质量不高，人才流失现象严重。发展农村基础教育需要做好三个方面的工作，一是转变观念、提高认识，深刻认识到基础教育对农村发展的作用。加大宣传力度，促使农村各个群体教育观念的转变。各级领导要更加重视教育，家长和学生要树立长远意识，消除"读书无用论"的影响，老师要坚守职业道德，传道授业解困，做好农村学生的引路人。二是加大农村教育的投入力度，改善农村学校的办学条件。提高农村教师的待遇，让献身农村教育的教师获得更多的社会支持，让农村能够吸引人才并留住人才。有了好的教师队伍，是提高农村教育水平的关键。改善农村学校硬件设施，给学生一个良好的学习环境，让学生在更好的条件下更快地成长。三是加大农村教育政策支持力度。农村基础教育仍然是整个教育中的薄弱环节，还需要国家在政策方面给予更多的支持，例如乡村教师专项培训计划、师范生回农村当老师学费免费计划等，这些计划已经在实施，但还远远还不够解决农村学校教师队伍稳定问题，还需要更多优惠政策让农村教师可以扎根农村。

其次，加强农村的职业教育。发展农村职业教育是培养农村应用型人才的主要渠道，主要是向农民提供生产知识、技术和能力，直接关系到农村生产力水平的提高。同时，提高农民的职业技术水平，有利于提高农民的素质，为社会主义新农村建设提高人才支撑。然而我国农村职业教育还存在很多薄弱的地方亟待改进，例如对农民职业教育还不够重视，存在形式主义、培训责任不清等问题；农民职业教育的经费缺乏保障；缺乏长远规划；缺乏长期稳定的培训教育基地；重视理论，轻视实践，脱离实际等。为了解决农民职业教育存在的问题，需要从以下几个方面努力：一是要提高农民职业教育的质量，办学层次和办学形式多样化。既要做好长期培训，也要做好中短期培训。建立多元培训主体，开展校企合作、工学结合、半工半读、半农半读等制度，多渠道提高农民的职业技术水平。二是创办高质量的综合性的农民职业教育中心，在人才培养、生产示范、经营服务等方面发挥重要作用。三是完善农民职业教育内容，提高农民的科学文化素质。以就业为导向，以服务为宗旨，从农村实际出发，针对不同地区、不同对象选择不同的培训内容。培训内容要充分考虑到县域经济的发展，以及农村劳动力转移的现实情况，有针对性地提高农民的科学文化水平，提高农民的就业能力和收入水平。四是调动各种社会力量，筹措农民职业教育经费。各级政府要重视农民职业教育的经费投入，同时农民职业教育也要向市场化方向发展，扩展资金筹措渠道，增强农民职业教育的经费保障。

第三，加强农村文化设施建设，开展农村文化活动，促进农村文化作品创作，丰富农民文化生活。党和政府在各个时期颁布了指导农村文化建设的纲领性文件，为开展农村文化活动、丰富农村文化生活提供了重要的指导。1998 年，文化部颁布了《关于进一步加强农村文化建设的意见》，从以下八个方面为农村精神文明建设提供了政策指导：提高认识、明确指导思想，努力实现农村文化建设的目标；加快文化设施建设，巩固农村文化阵地；积极开展文化活动，丰富农民文化生活；繁荣农村文艺创作，为农民提供优秀的文艺作品；搞好重点文化建设活动，推动农村文化事业发展；采取特殊政策和措施，促进少数民族地区文化事业发展；稳定和提高农村文化队伍；深化文化体制改革，增强农村文化事业活力。

2001 年 1 月，文化部下达了《文化部关于贯彻落实"三个代表"重要思想，进一步加强农村文化工作的通知》指出：随着农村经济和社会的不断发展以及改革开放的日益深入，农村出现了大量新情况、新问题。在一些地方，特别是西部边疆地区和少数民族地区，文化设施比较落后，缺乏开展文化工作的基本条件，广大农牧民看戏难，看电影难、看书难的问题还没有从根本上得到解决，文化生活仍很贫乏。各级文化部门要深刻认识贯彻"三个代表"重要思想，进一步加强农村文化工作的重要性和紧迫性，采取措施，切实推进农村文化建设。

2005 年 11 月，中共中央办公厅、国务院办公厅发布了《关于进一步加强农村文化建设的意见》，该意见指出：加强农村文化建设，是全面建设小康社会的内在要求，是树立和落实科学发展观、构建社会主义和谐社会的重要内容，是建设社会主义新农村、满足广大农民群众多层次多方面精神文化需求的有效途径，对于提高党的执政能力和巩固党的执政基础，促进农村经济发展和社会进步，实现农村物质文明、政治文明和精神文明协调发展，具有重大意义。

2005 年 10 月党的十六届五中全会首次提出：建设社会主义新农村

是我国现代化进程中的重大历史任务，要按照"生产发展、生活宽裕、乡风文明、村容整洁、管理民主"的要求，扎实稳步地加以推进。2005年12月，中共中央发布了《关于推进社会主义新农村建设的若干意见》，提出：按照"生产发展、生活宽裕、乡风文明、村容整洁、管理民主"的要求，协调推进农村经济建设、政治建设、文化建设、社会建设和党的建设。

2017年10月党的十九大报告提出了乡村振兴战略，2018年中央一号文件再次系统阐释了乡村振兴战略。乡村振兴战略的20字总要求，即"产业兴旺、生态宜居、乡风文明、治理有效、生活富裕"，是乡村振兴的主要内容和抓手，是农村现代化的方向。当前，要完善强化支农政策，建设现代农业，稳定发展粮食生产，积极调整农业结构，加强基础设施建设，加强农村民主政治建设和精神文明建设，加快社会事业发展，推进农村综合改革，促进农民持续增收，确保社会主义新农村建设持续发展。2022年10月党的二十大报告再次强调，要加快建设农业强国，扎实推动乡村产业、人才、文化、生态、组织振兴。

税费改革以来，国家对农村的资源投入越来越大，极大地改善了农村的经济面貌，但农民的精神文化生活仍然匮乏，加强农村社会主义精神文明建设，丰富农民的精神文化生活，仍是当前农村工作的一项重要任务。一些地方封建迷信活动抬头，腐朽思想蔓延，少数地方非法宗教活动猖獗，"黄、赌、毒"等社会丑恶现象沉渣泛起。用爱国主义、集体主体、社会主义思想和健康、文明、进步风尚占领农村文化阵地，是社会主义初级阶段村落文化建设的迫切需要。

进入新时代以来，农业机械化水平的大幅提高，把农民从沉重的体力劳动中解放了出来，农民休闲时间空前增多，一年当中有一大半时间处于农闲时间。如何让农民更好地更健康地休闲是村落文化建设必须解决的问题。用积极的、健康的、和谐的、符合社会主义核心价值观的村落公共文化生活充满农民的休闲时间，是树立文明乡风的必由之路。

第 3 章

新民主主义革命和社会主义革命
时期改造村落文化的探索

鸦片战争以来，由于帝国主义的长期侵略和国内军阀混战、自然灾害的影响，中国的乡村日益破败，动荡不安。土地荒芜、经济崩溃、饿殍遍地、农民流离失所，社会矛盾达到空前尖锐的程度。在这种情况下，社会各阶级、各阶层都在思考中国特别是农村的出路问题。总的来说，不外乎改良和革命两种方法。中国共产党采取的是革命的方法，在党控制的地方建立农村根据地，开展土地革命，走"农村包围城市"的道路。而一批知识分子倾向一种温和的、渐进的改良主义道路，于是，各种改良思潮纷纷出笼。在新民主主义革命和社会主义革命时期，中国共产党对传统村落文化进行改造的探索，为社会主义制度建立后的村落文化建设积累了丰富的经验。

3.1 新民主主义革命时期中国共产党
改造村落文化的探索

十月革命的一声炮响给中国送来了马克思主义，为救亡图存，一批马克思主义学者和革命家为了推动中国乡村的发展做了大量的调查研究，为马克思主义的中国化做出了重大的贡献。对农村的调查研究分两个部分，一部分是以毛泽东为首的共产党人在根据地对乡村展开的调查研究，另一部分是以国统区的马克思主义学者所做的调查研究。

3.1.1 新民主主义革命时期中国共产党村落文化建设的理论探索

1. 毛泽东及其他中共领导人对村落文化建设的理论探索

毛泽东在青少年时期，就非常重视对中国农村社会开展调查研究。1917 年暑假，毛泽东就和同学一起，以游学的方式，徒步行走一个月，考察了湖南境内五个县的农村。1918 年，毛泽东与蔡和森一起考察了湖南洞庭湖周围的农村，鼓励农民联合起来与土豪做斗争，摆脱贫困。参加革命后的毛泽东，反对照搬照抄马列主义经典和苏联经验，主张马列主义原理与中国实际相结合，走适合国情的革命道路。在半殖民地半封建的中国，发展极不平衡，农民占了大多数，分布在辽阔的农村，中国革命能否取得成功，关键看革命能否争取到农民的支持。农民是否支持革命，关键在于革命是否能够解决农民的问题。为了对付党内对农民运动的发难，毛泽东回到湖南，实地调查了湖南五县的农民运动，得出结论是农民运动"好得很"，不是"糟得很"，农民打倒土豪劣绅的行为完全是革命行动。大革命失败后，毛泽东带领部队上了井冈山，并建立了第一块革命根据地。在此期间，毛泽东进行了一系列的调查研究，如宁冈调查、永新调查、寻乌调查、兴国调查、东塘调查等，这些调查非常广泛深入，使毛泽东对农村的土地状况和农民的土地诉求有了充分的了解。这些翔实的调研资料为毛泽东土地革命思想的诞生以及党在农村的方针政策提供了重要的实践依据。抗战时期，毛泽东提出了"反对本本主义""没有调查，没有发言权""中国革命斗争的胜利要靠中国同志了解中国情况""用马克思主义的基本观点，即阶级分析方法，作几次周密的调查是了解情况的最基本的方法"等立场和主张，高度重视调查研究的重要性。1941 年 9 月，毛泽东发表了《关于农村调查》的讲话，指出调查对于认识世界和中国革命的重要性。调查要详细地占有材料，抓住要点。在毛泽东的号召下，中国共产党成立多个调查团，分赴不同地区，开展广泛的调查研究工作，形成了一系列的调查报告，如《绥德、米脂土地问题初步研究》《兴县十四个自然村的土地问题研究》《米脂县杨家沟调查》《贺家川八个自然村的调查》等调查报告。①

　　毛泽东及共产党其他领导人对农村的调查研究，采取的是马克思主义的阶级分析方法，调查的内容主要是关于农村各阶级的现状，各阶级对革命的诉求以及各阶级对革命的态度，调查结论和职业社会学家得出的结论自然有所不同。中国共产党根据马克思主义阶级分析方法对农村的调查得出一系列关于对中国社会认识和对中国革命认识的重要结论。中国是半殖民地半封建社会，帝国主义和封建主义是中国一切灾难的总根源，在帝国主义和封建主义的双重压迫下，中国百姓政治上的不自由和经济上的极端贫困程度世界罕见。中国以农立国，农业是中国主要的国民经济，中国80%的人口是农民，农民的核心要求是土地，"农民是中国革命的主力军，农民的土地问题，就是中国革命的首要问题。解决好农民的土地问题，就是动员农民支持革命的重要武器，农民就是革命的力量源泉，有了农民的支持，中国革命才有胜利的希望"②。那么，怎么才能解决好农民的土地问题，满足农民的土地要求，实现乡土社会的重建呢？在外无民族独立、内无政治民主的中国，要想实现"耕者有其田"的目标，只有一个方法，那就是武装斗争。依据革命的武装，在根据地开展土地革命，加强根据地建设，推翻旧制度，建立新政权，即"武装斗争、土地革命、根据地建设"三位一体，走农村包围城市的革命道路。这些基本观点，是毛泽东思想的重要内容，对中国革命和社会主义建设都产生了重要的指导作用。

2. 其他马克思主义学者对村落文化建设的理论探索

　　以薛暮桥、吴半农、陈翰生等为代表的马克思主义学者，常常以《中国农村》杂志为阵地，发表自己的学术观点，他们因此也被称为"中国农村派"。陈翰生创办了《中国农村》杂志，曾留学美国、德国等国，

①②　徐杰舜．乡土人类学研究回顾［J］．湖北民族学院学报，2007（6）：15－31.

1924 年回国，任教于北京大学，受到了李大钊等共产党员的影响，加入了共产党。1927 年大革命失败，陈翰生被迫流亡苏联，在苏联从事农民运动研究工作，从此开始关注农村和农民研究。从苏联回国后，受到蔡元培的赏识，担任中央研究院社会科学研究所副所长。[①] 当时学界发生了关于中国社会性质和农村社会性质的论战，为了研究中国社会性质，陈翰生组织了大量的经济调查，如 1929 年对无锡 55 个村落的调查，1930 年对保定 11 个村庄的 2 000 多户农民进行了重点调查，1931～1934 年对广东 16 个县、10 个典型村进行调查，还对安徽、河南、山东以及黄河、长江、珠三角近 20 个县 100 个村进行了调查，足迹遍及大半个中国。经过广泛深入的调查，他们认识到土地所有和土地的使用之间的矛盾是中国土地问题的核心。中国农村土地分配不均，地主豪强占据大量土地，并以地租、高利贷、商业等形式剥削贫雇农，导致他们迅速赤贫。[②] 这些调查，为认识当时中国社会的性质和社会其他状况提供了宝贵的第一手资料，也聚集了一大批秉持马克思主义立场的学者。他们依据调查获得的资料，在《中国农村》杂志上发表了大量的论文，在国统区产生了很大的影响。

这些农村派学者认为，一切生产关系的总和是社会的基础结构，农村的生产关系是农村问题的核心，农村问题的解决得从生产关系即农村的社会结构着手。这一点与经济派学者不同，经济派学者认为，农村的核心问题是生产力问题，即人与自然的关系问题。[③] 解决农村问题的核心是发展农业生产力，把农村问题的核心看作一个技术问题。针对这一点，农村派学者指出，"生产力是生产资料和劳动力的总和。生产资料如不与劳动力结连在一起，便不能生产，当然亦不能发展生产力——这是任何社会中都是相同的原理。但劳动力与生产资料相结合的社会条件却因所处社会之不同而完全相违异"[④]。因此，农村派学者认为，在不

①②③　徐杰舜. 乡土人类学研究回顾［J］. 湖北民族学院学报，2007（6）：15－31.
④　陈翰生等编. 解放前的中国农村（第 2 辑）［M］. 北京：中国展望出版社，1987：80－90.

改变现存社会制度的前提下的一切乡村改良运动，不能从根本上解决中国社会面临的问题，都是不会取得成功的，解决中国农村问题的办法是革命。只有通过革命，彻底变革农村的生产关系，才能解放农村的生产力。"农村派"指出，"在反帝国主义运动上争取民族独立，在反封建势力运动上变更土地关系，是中华民族复兴的出发点，同时也是中国农村复兴的出发点"①，并对当时开展的乡村改良运动提出了批评。千家驹在《中国农村的出路在哪里》一文中，这样评价梁漱溟的乡村建设运动，"由于他不了解乡村中的阶级关系，他把乡村视为抽象的整体，而不是把它看成是由各种利害不同的地主农民组成；他只看到了乡村之外部矛盾，而看不见乡村之内在的矛盾，所以他是根本不想改变乡村之内部的生产关系。惟其如此，他的整个乡村是抽象空洞的东西，即使在表面上在所谓乡长和村长领导之下组织起来，然而农民们明白这种乡长与村长既是从前的乡绅和地主，他们多是收租的，而不是纳租的，多数是放债的，而不是欠债的，由他们主持下的乡学和村学，和从前的'自治协会'并没有本质上的差别。而且一般贫困农民的经济地位既不变更，他们对乡学村学也采取一种漠不相关的态度，他们只把乡学与村学当为新的政府玩意或新的花样，他们决不会把乡学与村学看成是自己的东西，看成代表他们具体利益的政权。事实上只有当乡学与村学变质为代表贫农利益这样的政权时，农民们才会以必死的决心拥护它，才会对他发生真正的兴趣而'必忠必信，生死以之'。但这又不是梁先生的所谓'乡学'与'村学'了。梁先生的'乡学'与'村学'，不过是旧日豪绅政权之变相，只是披上了一件美丽的梁先生的外衣而已。"② 孙晓村在《中国乡村建设运动的估价》一文中，对当时的乡村建设运动评论道："知识分子肯深入农村去接近农民，不

① 陈翰生等编. 解放前的中国农村（第 1 辑）[M]. 北京：中国展望出版社，1985：512.

② 陈翰生等编. 解放前的中国农村（第 2 辑）[M]. 北京：中国展望出版社，1987：421.

论成绩怎样，总是值得我们尊敬的；而且这一切的努力，也不能说没有相当的成绩"，但是"目前虽然有这样多的人士在为乡村工作努力，然而无论他是从教育入手，从自卫入手，从改革县政入手，从合作社入手，从推广优良品种入手，对中国农村的根本病症，还少有确切的诊断，所以他们入手的那几点尽管有相当的成功，而大多数农民的吃饭问题仍不见有根本的改善。"① 农民没有饭吃，是因为土地分配不公，以及帝国主义的侵略导致农村手工业的破产，但是乡村建设运动对这些主要的问题都没有触及。② 孙冶方在《为什么要批评乡村改良主义工作》一文中说道，"一切乡村改良主义运动，不论它们的实际工作是从哪一方面着手，但是都有一个共同的特征，即是都以承认现存的社会政治机构为先决条件；对于阻碍中国农村，以至阻碍整个中国社会发展的帝国主义侵略和封建残余势力的统治，是秋毫无犯的"③，尽管知识分子的主观好意是拯救崩溃的中国农村，但是客观上对解决农村的根本问题起的作用是有限的。从"农村派"对"改良派"的批评中，可以明显看出，"农村派"学者以鲜明的马克思主义立场、观点和方法来分析和认识中国农村④，与毛泽东及其他中共领导人对中国农村的出路问题看法是一致的，就是要改变现存的社会制度，推翻帝国主义和封建势力的统治，建立新的政权，农村才有出路。

3.1.2 新民主主义革命时期中国共产党村落文化建设的实践经验

梁漱溟曾经认为，中国的农民非常散漫，只有个人，不成阶级，农民只要有地种，不管如何劳苦，绝对不会革命。⑤ 传统的乡村社会治理

---

① 陈翰生等编.解放前的中国农村（第2辑）［M］.北京：中国展望出版社，1987：445.

②④ 徐杰舜.乡土人类学研究回顾［J］.湖北民族学院学报，2007（6）：15－31.

③ 陈翰生等编.解放前的中国农村（第2辑）［M］.北京：中国展望出版社，1987：654.

⑤ 梁漱溟.我们政治上的第二个不通的路［M］.济南：山东人民出版社，1992：272－273.

是官方的行政体系和民间的乡绅体系合力完成的。国家政权只关注乡村的赋税和治安，而其他事务是由乡村权威来完成的。地主、宗族首领、地方士绅控制着乡村的权力，家族组织在农村非常普遍，宗族组织往往承担着维持社会治安和教化乡民的责任，他们不仅掌握族权，还掌握神权，对农民进行思想上的控制。如何打破旧秩序，构建全新的革命政权体系，就必须削弱原有的社会控制体系，改造基层的运作体制。新民主主义革命时期，中国共产党在农村进行的政治、经济革命，以及对农民思想观念的教育和改造，极大地调动了农民参与革命的热情，并最终依靠农民的参与取得革命的胜利。在新民主主义革命的不同时期，党对传统村落文化改造的经验主要体现在以下几个方面：

第一，在经济上，实行土地革命，使农民迅速地分清了国共两党的优劣，并极大地动员了农民加入革命的队伍中来。给农民看得见的物质利益，是党争取农民的重要途径。中国共产党提出土地革命的主张，促进了农民阶级的转变，土地革命成为连接党和农民的纽带。[①] 闽西政府是在 1929 年开始分田的，经历了分谷分田两个步骤。当时青黄不接，农民对粮食的需求非常迫切，闽西特委提出分谷子的口号，以此来发动农民。谷子一分，农民相信了共产党是为了穷人。分谷斗争结束，斗争就转到分田上来。为了发动、教育农民，各地在打土豪的过程中，惩治民愤极大的土豪，把土豪的财物分给农民，并在戏台上开千人群众大会，这些斗争的胜利，不仅使农民分得了粮食、田地，而且提高了阶级觉悟，激发了农民群众的阶级情感。[②] 在土地革命时期、抗战时期、解放战争时期，党的土地革命具体操作方式有所差异，但一直把解决农民土地问题作为各个时期的重要任务，以发动农民配合完成当时党的革命中心工作。

---

① ［美］马克·塞登. 他们为什么获胜——对中共与农民关系的反思［M］. 北京：档案出版社，1993：612.

② 钟日兴. 乡村社会中的革命动员［M］. 北京：中国社会科学出版社，2015：85.

第二，在政治上，在中国共产党控制的区域建立了革命政权，用先进革命政权取代传统的乡村政权体系。土地革命时期，党在控制的区域建立苏维埃政权。在抗战时期，为了配合国共合作抗日的战略任务，不再称为苏维埃，而称边区政府，解放战争时期，在解放区建立人民政权。建立政权，是对乡村社会进行改造的重要途径。以苏维埃政权为例，1931 年 11 月中华苏维埃共和国成立，层级简单，机构简单，只有乡级苏维埃和区级苏维埃，体现了精简高效的原则。各级苏维埃的最高权力机构是各级苏维埃代表大会，由选举产生，苏维埃 16 岁以上的公民皆有选举权和被选举权。苏维埃的本意是工农代表大会，通过代表大会制度，把政权与人民结合起来，使苏维埃成为能动员农民以适应革命和建设的机关。正是因为有了健全和完善的代表大会制度，吸收了大量的工农积极分子参与苏维埃工作。通过苏区的民主政治建设，在农村中建立起了有利于革命动员的政治新秩序，提高了农民的政治觉悟和政治参与程度，学会了行使民主权利。苏区政权为农民提供平等权利与尊严，使农民第一次走入社会政治活动并成为主导者。

第三，在思想上，用革命思想代替传统的宗法思想。土地革命期间，一批革命的知识分子回到家乡，秘密建立和扩大党组织。他们以贴近农民日常生活的语言来宣传马列主义，解释共产党的土地革命主张，领导农民在乡村开展革命活动。这些革命知识分子以开办学校和私塾为掩护，在农民当中进行革命宣传，给农民输入新思想，产生新意识，从而改变了农民的行为。先进的、革命的党组织对农民的教育和灌输，使农民在世界观和价值观上发生了新的变化，阶级观念不断增强。[①] 何友良认为，农民加入革命，除了贫困的原因之外，主要是因为有先进的组织向农民灌输了革命的意识形态。革命者利用宗族内部的分化作为发动阶级斗争的切入口，揭开隐藏在宗族关系下的阶级关系，使农民意识到地主的剥削和压迫。那些远离宗族权力中心的人最容易接受阶级意识而

---

① 何友良. 中国苏维埃区域社会变动史［M］. 北京：当代中国出版社，1996：53.

参加革命。党非常重视宣传的作用，粉刷和张贴标语是宣传马克思主义和中国共产党政治主张的重要途径，起到了宣传革命思想、壮大革命力量、瓦解敌人的重要作用。

第四，在组织上，建立基层党组织，发展群众团体建设，把孤立、分散、封闭的农民组织起来，聚集在不同群体中，共同协助革命政权去完成革命任务，提高了革命政权的工作能力。早在国共合作期间有志青年纷纷加入中国共产党，并回乡开展工农运动，把革命的火种带回乡村。北伐战争唤醒了潜在的革命力量。由于共产党的组织和宣传，北伐得到了沿途工农群众的支持，军事战争的胜利也把工农革命推向新阶段。北伐所到之处，军队当中的共产党员与地方党组织紧密配合，建立了一批基层党组织。在农民运动讲习所毕业的党员也随北伐军回到家乡，建立党组织，并公开宣传三民主义和马克思主义。[1] 党在农村建立农会等群众团体，并举办农民运动骨干培训班，学员毕业后成为农民运动骨干。到 1927 年，江西赣南的农协成员达到 30 万人。[2] 组织起来的农民在村里扬眉吐气，强迫地主实行减租，废除高利贷，烧毁契据，有力地打击了土豪劣绅。农会在农村开办夜校，组织农民学习文化，提倡婚姻自由，禁止封建迷信，清除宗法观念。在土地革命时期，党在乡村建立的群众组织主要有工会、贫农会、女工农妇代表会、反帝同盟大会、互济会、儿童团、劳动互助组、信用社、托儿所、识字运动委员会等。这些组织中，以工会和贫农会最重要。工会是工人群众进行革命斗争的组织，在乡有工会支部，村有工会小组，活动是参军、宣传工人阶级要领、帮助有困难的工会会员。到 1933 年底，苏区工会会员达到 11 万人，占工人总数的 95%。[3] 贫农团是农民群众进行革命斗争的组织，是在分田运动中建立起来的，承担的任务非常重，包括反富农、优待红

① 钟日兴. 乡村社会中的革命动员 [M]. 北京：中国社会科学出版社，2015：16.

② 夏道汉、陈立明. 江西苏区史 [M]. 南昌：江西人民出版社，1987：49.

③ 中央革命根据地史料选编（下册）[M]. 南昌：江西人民出版社，1982：317.

军家属、扩红、开荒、参加土地分配、修路、架桥、春耕、参加选举
等。贫农团在打土豪、分田地，配合红军作战方面，发挥了重要作用，
保障了党土地革命的果实在农村的落地。基层党组织和群众组织在抗战
时期和解放战争时期同样功不可没，这里就不一一赘述了。

3.2 社会主义革命时期中国共产党对传统村落文化改造的实践及其经验

1949 年中华人民共和国的成立，标志着中国新民主主义革命已取
得基本胜利，中国的历史翻开了新的一页。中国革命的胜利，不仅彻
底改变了以往的政治秩序，也是整个社会的转型与重建，其中就包括
文化的转型与重建。传统的村落文化是构成农村社会生活的一个重要
方面，引导着农民的生老病死观，并与马克思主义意识形态相对立、
相冲突。怎么把传统村落文化改造成符合社会主义意识形态的文化
呢？怎么改造农民，让他们成为社会主义经济建设的主力军呢？中国
共产党从土地入手，变革封建的土地所有制关系，引导农民走上了合
作化道路，构建了以公有制为基础的农村经济基础，建立了社会主义
上层建筑。

3.2.1 社会主义革命时期中国共产党对传统村落文化改造的实践

"变革旧的土地制度，也是建立新秩序的条件。不改变土地所有制
度，就不可能变革旧的乡村秩序，新的社会制度就无法建立起来。"[①]
传统的村落文化与村落土地私有制度密切相关，村落文化的礼俗性、封
闭性、血缘性和地缘性都渗透着土地所有关系。变革土地制度，就是变

① 柯芳. 毛泽东时代村落文化改造的基本路径及其成就 [J]. 毛泽东思想研究，2017
（1）：20－27.

革传统村落文化的经济基础。

1. 土地改革：变地主所有为农民所有

划分阶级成分是土地改革的前提。阶级成分是根据村落内土地占有
情况进行划分的，这是一件非常复杂的工作。[①] 1950 年 8 月 4 日，中央
人民政府政务院第四十四次政务会议通过了《政务院关于划分农民阶
级成分的决定》。决定规定，地主是指"占有土地，自己不劳动，或
只有附带的劳动，而靠剥削为生的叫地主"；"富农一般占有土地。但
有自己占有一部分土地，另租入一部分土地的。也有自己全无土地，
全部土地都是租入的。一般都占有比较优良的生产工具和活动资本，
自己参加劳动，但经常依靠剥削为其生活来源的之一部或大部"；"中
农许多都占有土地。有些中农只占有一部分土地，另租入一部分土
地。有些中农并无土地，全部土地都是租的。中农自己都有相当的
工具。中农的生活来源全靠自己劳动或主要靠自己劳动。中农一般不
剥削人，许多中农还要受别人小部分地租、债利剥削"；"贫农有些占
有一部分土地与不完全的工具。有些全无土地，只有一些不完全的工
具。一般都须租入土地来耕，受人地租、债利与小部分雇佣劳动的剥
削"；雇农"一般全无土地与工具"。[②] 阶级成分划定后，开始了土地
的没收、征收和分配过程。没收地主的全部土地，地主在土改后，仅获
得能够保证生存的最低限度的土地，征收富农出租的土地，贫下中农在
土改中获利最多，土地占有增加。[③]土地改革消除了村落社会的贫富差
别，原先最富有阶层的财产被无偿分配给农民，他们在土改中彻底没
落，而贫下中农的生活得到很大的改善。土改剥夺了地主的社会权力，
他们从村庄的上层阶级跌落到底层。土改没有让贫农发家致富，但是他
们的政治地位从底层跃居到村落社会的上层，他们成为党在农村最坚定

---

①③　柯芳. 毛泽东时代村落文化改造的基本路径及其成就 [J]. 毛泽东思想研究，2017
（1）：20 - 27.

②　于建嵘主编. 中国农民问题研究资料汇编（第 2 卷）上册 [M]. 北京：中国农业出
版社，2007：1047 - 1049.

的支持者。① 党在村落社会推动的变革，因为广大农民的忠诚和支持而得以顺利推动。

土改不仅仅是改变了土地所有关系，而且是新的村落文化的确立过程。"土改过程，在经济上虽然是财产的再分配过程，但在社会政治方面，是用阶级划分取代血缘辈分等级划分，用阶级组织取代宗族组织，用马列主义意识形态取代传统的村落家族观念"，"当然土改以后，村内的祠田全部被征收分配掉了，祠堂大多移作集体公用，宗谱大抵消失，同族的共同祭典活动也中断了。有形的宗族组织瓦解了。宗族组织原有的举办公共事业、调解纠纷、救贫济弱等社会职能移入到乡村正式组织。一句话，宗族制度通过土改解体"②。土改瓦解了有形的宗族制度，但是宗族观念还存在于人们的观念中，在革命话语的狭缝中还在或明或暗地发挥作用。

2. 合作化运动：变土地私有为土地公有

土改没有改变土地的私有性质，只是从地主所有变成农民所有，土改之后，在新的起跑线上开始了新的家庭竞争。土改结束不久，农户就开始了新的一轮土地兼并和新的租佃关系。有的因为没有工具，有的因为没有劳动能力，有的因为没有资金，土地兼并的旧循环在新的起点上开始了。在土改中，中农没有受到冲击。贫农全无家底可言，土改之后仍然在竞争处于劣势地位。土改虽然改变了地主所有关系，但是土地私有的性质没有改变。家庭经营、自给自足的经营模式没有改变。落后的生产工具，传统的农业生产方式，依然照旧。土地兼并发生作用的条件仍然存在，新的一轮土地兼并和贫富分化就不可避免地开始了，这与党的政治理想背道而驰。推翻封建制度，实现社会平等和共同富裕，实现社会主义工业化，是党的初心和使命，也是中华民族百年期盼。因此，

---

① 柯芳. 毛泽东时代村落文化改造的基本路径及其成就 [J]. 毛泽东思想研究，2017 (1): 20 - 27.

② 曹锦清、张乐天、陈中亚. 当代浙北乡村的社会文化变迁 [M]. 上海：上海远东出版社，2001：45 - 46.

让土改的成果付诸东流，是党和政府绝对不会允许的。改造传统小农，是在打倒了地主阶级以后，党面临着的最迫切的政治任务。[①]

1953 年 2 月 25 日，中共中央正式通过了《关于农业合作生产互助合作的决议》，指出：“要克服很多农民在分散经营中所发生的困难，要使广大贫困的农民能够迅速地增加生产而走上丰衣足食的道路，要使国家得到比现在多得多的商品粮食及其他工业原料，同时也就提高农民的购买力，使国家的工业品得到广大的畅销，就必须提倡‘组织起来’。”[②] 为了顺利推动合作化，各地加大了宣传力度。宣传的作用在于教育农民，让农民懂得互助合作比单纯的、孤立的个体经济有着更大的优越性。同时，对孤立的、个体经济进行批判，并让农民明白，个体经济是封建经济的基础，是非常脆弱的。另外，在政策上给予合作社一些好处，比如参加合作社的农民，在贷款和出售农产品方面，可以获得政府的帮助。

合作社是由低级到高级逐步推进，依次是互助组、初级社、高级社。互助组阶段，农户拥有权利自己安排作物种植面积。土地仍归农户所有，以换工方式实现农户之间的合作。互助组一般有 3 ~ 5 人的领导班子，有明确的领导。但是，互助组难以克服土地使用权和土地权属家庭私有之间的矛盾。农业的季节性很强，下种时间的早与晚，对产量影响很大。因此，组员都想早点耕种自己家的土地，争执常常发生，在其他领域的摩擦也常常发生。如何解决这些矛盾，方法是过渡到初级社。在初级社阶段，统一调配劳动力和生产资料，统一安排作物种植计划。土地所有权和使用权分离，统一管理，统一经营，统一收益分配。互助组与村落传统相一致，但是，初级社则超越了村落传统。不过，初级社仍然没有解决土地家庭所有和统一生产、统一经营之间的矛盾，把合作

① 柯芳 . 毛泽东时代村落文化改造的基本路径及其成就 ［J］. 毛泽东思想研究，2017（1）：20 - 27.

② 于建嵘主编 . 中国农民问题研究资料汇编（第 2 卷）上册 ［M］. 北京：中国农业出版社，2007：1123.

推向更高的阶段就是必然的。更高阶段就是高级社，生产资料归合作社集体所有。高级社不仅实现了土地的集体所有，而且主要生产资料也归集体所有。高级社的规模，远远大于自然村的范围，而和行政村的规模相吻合。高级社实行计划经济，政府掌握着种植面积、收益分配的决定权。统一生产，统一分配，土地分红取消。到 1954 年底，全国有 48 万个初级社，到 1956 年底，87.8% 的农户参加高级社。[①]

通过合作化，分散的小农转变成了合作的小农；个体经济转变为集体经济；农民加入了集体组织，摆脱了对家族血缘组织的依赖；国家计划经济吸纳了个体农业；农田水利建设由单个农户无法完成，现在由合作组织承担。生产关系的变革使传统村落文化发生了一系列的变化，比如，削弱了家庭的生产功能，超血缘关系的合作组织取代了家庭，并承担生产功能，生产功能的弱化也削弱了家族的权威。[②] 在合作化过程中，一种新的权威——行政权威得以建立。

3.2.2　社会主义革命时期中国共产党村落文化建设的经验

社会主义制度建立以前，中国共产党对传统村落文化的改造进行了大量的探索，也积累了宝贵的经验。其中，有两种经验在社会主义制度建立以后，在全国范围内得到推广。

1. 变革土地制度

通过变革土地制度，改变传统村落文化的经济基础，是中国共产党改造传统村落文化的一个重要经验。这一经验在社会主义制度建立以后，得以继续。中国共产党根据中国社会的特点，把中国革命与农民联系在一起。因为在 80% 人口是农民的中国，如果不发动农民，没有农民的支持，革命要想取得胜利是不可能的。要想发动农民支持新民主主

---

① 金春明. 建国后三十三年 ［M］. 上海：上海人民出版社，1987：68，71.

② 柯芳. 毛泽东时代村落文化改造的基本路径及其成就 ［J］. 毛泽东思想研究，2017（1）：20－27.

义革命，不变革封建土地制度，不解决农民的土地问题，也是不可能的。基于这一点，毛泽东在 1939 年指出："因为强大的帝国主义及其在中国的反对同盟军，总是长期占据着中国的中心城市，如果革命的队伍不愿意和帝国主义及其走狗妥协，而要坚持地奋斗下去，如果革命的队伍要准备继续和锻炼自己的力量，并避免在力量不够的时候和强大的敌人作决定胜负的战斗，那就必须把落后的农村造成先进的巩固的根据地，造成军事上、政治上、经济上、文化上的伟大的革命阵地，借以反对利用城市进攻农村区域的凶恶敌人，借以在长期战斗中逐步地争取革命的全部胜利。在这种情形下面，由于中国经济发展的不平衡（不是统一的资本主义经济），由于中国土地的广大（革命势力有回旋的余地），由于中国的反革命营垒内部的不统一和充满着各种矛盾，由于中国革命主力军的农民的斗争是在无产阶级政党共产党领导之下，这样，就使得在一方面，中国革命有在农村区域首先胜利的可能。"[①] 因此，中国共产党把革命与土改结合起来。革命胜利后，变革封建土地所有制关系，既是巩固工农联盟的无产阶级政权的需要，也是由农业社会向工业社会过渡的需要。此后又进行了合作化运动和人民公社运动，都是从土地制度开始的。变革旧的土地制度，也是建立新秩序的条件。不改变土地所有制度，就不可能变革旧的乡村秩序，新的社会制度就无法建立起来。村落文化是跟一定的土地制度联系在一起的，村落文化的血缘性、地缘性、礼俗性、封闭性都渗透着土地所有关系。因此，要想动摇传统文化的根基，非改变土地制度不可。

2. 变革宗法观念

在传统的乡村社会，宗族制度及其相适应的一套文化体系是父权、夫权得以维系的文化力量。宗族规范保证父亲和丈夫在家庭中的绝对权威，儿子必须无条件地服从父亲，孝敬父亲，妻子必须顺从丈夫。除了宗规族约，民间的信仰体系也有助于父权和夫权的维系。在宗族文化的

---

① 毛泽东选集（第 2 卷）[M]．北京：人民出版社，1991：635．

笼罩下，村落里的穷人和富人得到很好的调适，农民毫不怀疑血缘、辈分决定的社会等级。阶级意识是由外部输入的，这一输入的过程并不轻松，即使在暴风骤雨的革命年代，传统村落文化的惯性也在消解阶级观念。阶级意识是通过以下方式灌输给农民的，一是瓦解宗族意识的经济基础，土地是农业社会最重要的生产资料，是传统家庭制度得以建立的经济基础。土地制度变革，使建立在土地私有制度基础之上的家庭伦理秩序难以为继。二是宣传教育。开办农民学校、农民书报社、农民剧社等教育机构，开展识字教育、政治知识教育，成效显著。编写农民识字教材，普及生产知识；办通俗报纸，提高农民的民族觉悟；开展戏剧、歌咏运动，用大众化的艺术启发农民的革命意识，《白毛女》就是这类作品的代表。开展冬学运动，农民夜校大量出现，广受欢迎。正如毛泽东所说，"很简单的一些标语、图画和讲演，使得农民如同每个都进过一下子政治学校一样，收效非常之广而速"①。

① 毛泽东选集（第1卷）［M］. 北京：人民出版社，1991：35.

第 4 章

社会主义制度建立以后的村落文化变迁

中国的历史源远流长，在漫长的发展过程中，农业始终占据着重要的地位，在以农耕为基础的自然村落内形成的村落文化始终是中国文化的重要组成部分。从远古到 20 世纪初，乡村社会始终以自给自足的自然经济为基础，因此也就没有产生能够足够撼动村落文化根基的物质生产力，村落文化也就没有发生根本性的变革。直到 1956 年以后，随着社会主义革命的完成和社会主义制度的正式建立，前所未有地改变着村落文化。中国共产党在村落文化领域的改造和重建，不仅破除了愚昧落后的思想观念，而且确立了马克思主义在国家意识形态中的指导地位。[①] 社会主义、共产主义、集体主义等观念进入村民生活。

4.1 社会主义制度确立后中国共产党对村落文化改造的途径和方式（1956～1978 年）

几千年以来，中国一直是封建专制社会，经济发展迟缓。1840 年

[①] 郭帮. 新中国成立初期农村文化建设研究 ［D］. 曲阜师范大学, 2014.

鸦片战争以来，帝国主义用坚船利炮打开了中国大门，中国一步一步沦为半殖民地半封建社会。为了救亡图存，仁人志士前赴后继，但是，这些救国探索大多数都失败了。直到十月革命的一声炮响，给中国送来了马克思主义，使中国找到一条民族独立和国家富强之路。为了抵御外敌，完成独立和发展的两大历史任务，中国必须在短时期内实现经济的快速增长，必须通过建立先进的社会制度，实现政治变革，以国家的力量来推动经济的发展。[①] 在建立社会主义制度的基础上，党启动了对传统村落文化的变革，通过社会主义教育等方式灌输社会主义文化观念，培育集体主义和共产主义精神，从而形成社会主义价值规范和文化观念。

4.1.1　建立人民公社制度

农村社会主义改造完成后，建立了高级社。一开始高级社宣布了自愿原则，给予农民退社自由。这不利于集体主义观念的生长，与党和政府的政治理想相违背。为了实现党的政治理想，高级社必然会向人民公社过渡。人民公社体制与作为社会主义标志的计划经济高度契合，而且也契合了国家当时迫切实现工业化的目标。政社合一的人民公社，最大的优势就是最大限度地综合利用资源、使用资金和统一调配劳动力，有利于国家把生产环节和流通环节密切结合，有利于把分散的家庭生产和生活集中起来，从而推动集体主义观念的形成。[②]

新中国成立以来，党和国家在农村推动的一系列变迁，赢得了农民的信赖，这为人民公社顺利的推进打下了坚实的基础。亿万农民群众对党和国家的信赖和支持使基层政权更加坚强巩固，新政权的影响力也因此高度渗透到村落的所有领域，这有利于党和政府的意志能够顺利地得到贯彻和实施。此外，毛泽东崇高的威望为高级社向人民公社顺利过渡

---

①② 柯芳. 毛泽东时代村落文化改造的基本路径及其成就 [J]. 毛泽东思想研究，2017(1)：20－27.

起了巨大的推动作用。1958 年 8 月 6 日，毛泽东视察了河南新乡县七里营，称赞"人民公社好"，不久《人民日报》发表了毛泽东关于"人民公社好"的讲话。8 月 29 日，党中央通过了《中共中央关于在农村建立人民公社问题的决议》，决议认为，"在目前形势下，建立农林牧副渔全面发展，工农商学兵互相结合的人民公社，是指导农民加速社会主义建设，提前建成社会主义并过渡到共产主义所必须采取的基本方针"①。领袖的讲话和中央决议很快传遍田间地角，把人民公社运动推向高潮。在决议公布的一个月后，全国 74 万多个农业合作社在很短的时间内合并为 26 500 多个人民公社，99.1% 的农民参加了人民公社。②人民公社时期，土地的所有权归公社，公社可以根据自己的需要，无偿调动和征用管辖范围内的土地，社内劳动力公社也可以随时调动，甚至无偿使用。大量地无偿征用土地，调动劳动力，挫伤了农民的生产积极性，也对农业生产产生了不利影响。1958 年 8 月，在北戴河会议上，毛泽东对人民公社的特征进行了概况和总结，他说，"人民公社的特点是两个，一为大，二为公，叫大公社。地大物博，综合经营，工农商学兵，农林牧副渔。农林牧副渔，农业合作社原来就有的，工农商学兵，是人民公社才有的，这些就是大。大，这个东西可了不起，人多势众，办不到的事情可以办到。公，就是比合作社更要社会主义，把资本主义残余，比如自留地、自养牲口可以逐步取消。搞公共食堂、托儿所、缝纫组，全体妇女都可以解放。实行工资制度，搞农业工厂，每个男人、每个女人、每个老年、每个青年都有工资，发给每个人，和以前分配给家长不同，直接领取工资，青年、妇女非常欢迎，破除家长制，破除了资产阶级法权制度，还有一个公的特点，是劳动效率比合作社可以提高"③，这段话既是对已经建成的人民公社特点的总结，也是对即将全

---

①　于建嵘主编 . 中国农民问题研究资料汇编（第 2 卷）上册［M］. 北京：中国农业出版社，2007：1453.

②　刘华清 . 人民公社化运动纪实［M］. 上海：东方出版社，2014：69.

③　刘华清 . 人民公社化运动纪实［M］. 上海：东方出版社，2014：71.

面推行的人民公社提出的总要求。①

人民公社的建立强有力地改变了传统村落文化。公社组织取消了血缘作为秩序依据的作用，抑制了家庭和家族的生产功能。公社作为一种超血缘的组织，强大而有力地改变了原有的村落秩序。革命话语、马列主义意识形态，以强大的人民公社为后盾渗透到村落的每个角落，传统的村落文化退出村民的日常生活。但是，因为人口流动的限制，人们仍然居住在原来的地方，限制迁徙的户籍制度进一步确定了人们生活的边界，仍然在村落这个范围内延续后代，土地仍然是获取生存的主要来源，所以传统村落文化产生的物质条件并没有彻底消失，这是当时的生产力水平决定的。按照当时的物质生产力水平，还无法与传统彻底决裂。只要政治压力稍微减轻，传统的村落文化就会反弹。②

人民公社极大地改变了村落原有的社会文化网络。政社合一的人民公社取代了原有的血缘共同体，建立了超越血缘的行政组织。血亲辈分不再是村落划分等级的依据，个人摆脱家族的束缚，建立了对集体组织的认同。集体劳作、分工协作弱化了家庭的生产功能，农民之间互助合作的意识得到培养，共产主义、社会主义意识形态逐渐树立。以伦理亲情为核心的村落传统道德被集体主义意识和社会主义新道德取代。但是，这种取代带有很大的表面性和强制性，村落传统文化并没有彻底终结，只是处于压抑状态。因为构成村落文化的物质生产力，并没有突破，一旦政治强制结束，传统的村落文化会就会复兴。③

4.1.2 教育

要改变农民思想文化水平落后的面貌，真正解放农民，必须教育农民。毛泽东认为，农民思想文化素质落后，要开展农民教育，提高农民群众的文化水平和综合素质，"农民教育是一个'严重的问题'，也是

①②③　柯芳. 毛泽东时代村落文化改造的基本路径及其成就 [J]. 毛泽东思想研究，2017（1）：20－27.

一件'巨大的工程'。因为它是一个长期艰苦的工作，同时又是对于巩固联盟，巩固人民民主专政，由分散落后的中国经济变为集体化、现代化经济的一个极其重要的步骤"①。在新民主主义革命时期，广大的农民群众为革命的胜利做出了重大的贡献，是革命的主要力量。在社会主义建设过程中，广大的农民群众仍然是主要的依靠力量，他们占据着80% 以上的人口，是群众的主体，也是历史主要的推动者和创造者。但是在旧中国，因为农民在政治、经济上处于社会底层，没有机会接受教育，他们当中的大多数是文盲和半文盲。据统计，截至 1949 年，全国仅有 28.9 万所小学，在校学生人数 2 368 万人，6～11 岁的学龄儿童约有 6 200 万人，入学率仅有 20%。在农村，占绝大多数的学龄儿童沦为文盲。新中国成立时，全国 5.5 亿人口中文盲总数达 2.9 亿人，农村青壮年文盲达 1.65 亿人，占农民青壮年的 80%。② 在识字人中间，不少人也只是上了几年的小学，可以说在中国农村"除了少数地主、官吏、商人以外几乎没有人认识字。文盲几乎达 95% 左右，在文化上，这是地球上最黑暗的一个角落"③。农民落后的文化知识水平，严重制约着农民素质的提高和农村社会经济的发展。在扫盲识字活动中，毛泽东强调："我们必须告诉群众，自己起来同自己的文盲、迷信和不卫生的习惯作斗争"，"在教育工作方面，不但要有集中的正规的小学、中学，而且要有分散的不正规的村学、读报组和识字组"④，"中国历来只是地主有文化，农民没有文化。可是地主的文化是农民造成的，因为造成地主文化的东西，不是别的，正是从农民身上掠取的血汗。中国有百分之九十未受文化教育的人民，这个里面，最大多数是农民"⑤。

---

① 郭帮 . 新中国成立初期农村文化建设研究 [D]. 曲阜师范大学，2014：15.

② 《中国教育年鉴》编辑部 . 中国教育年鉴（1949～1981）[M]. 北京：中国大百科全书出版社，1984：586.

③ [美] 埃德加·斯诺 . 西行漫记 [M]. 北京：生活·读书·新知三联书店，1979：210.

④ 毛泽东选集（第 3 卷）[M]. 北京：人民出版社，1991：1011 – 1012.

⑤ 毛泽东选集（第 1 卷）[M]. 北京：人民出版社，1991：39.

　　强化党的执政根基，巩固工农联盟的政治基础，必须教育团结农民。农民教育是解放农民的一个重要途径，也是巩固工农联盟新政权的重要途径。文化与政治是密切相联的，文化是有阶级性的，一定的文化是为一定的阶级服务的。新中国成立后，为了巩固工农联盟政权，必须建立为工农联盟的政权服务的文化，只有这样才能完成党在各个阶段的政治目标，在紧张的国际社会中站稳脚跟。新中国成立后，党和政府在全国开展土地改革运动，变地主所有制为农民所有制，使农民在经济、政治上成为国家的主人翁，但是农民的思想文化认识还处于封建时代旧思想的水平上，文盲和半文盲众多，小农意识严重。[1] 如果不对农民进行思想教育，那么将很难巩固土地改革的成果。在国际上，社会主义阵营和资本主义阵营敌对严峻，东西方冷战不断，国际局势一触即发，西方国家在政治、经济、军事等各方面对新中国进行封锁。要在严峻的国际形势中生存下来，必须依靠广大的人民群众，一方面为国防输送战备力量，另一方面为实现工业化输送物质基础。要完成这些重大使命，必须对农民进行教育，提高农民文化水平和思想政治觉悟，使他们理解党在国际事务中的态度和做法，理解党在各个时期的方针政策，从而增强他们执行党的方针政策的自觉性，从而有利于新中国快速地实现工业化、现代化，并在严峻的政治、经济、军事形势中站稳脚跟。因此，农民教育是新中国成立之际摆在党和政府面前的一项重要的政治任务。在不断的教育过程中，农民逐渐树立了强烈的集体主义观念，形成了符合社会主义意识形态要求的世界观和价值观，成为适合社会主义发展要求的新型劳动者，并为新中国的工业化建设输送物质原料和劳动力。[2]

　　要实现社会主义现代化和工业化，需要优秀的、高质量的劳动者，必须教育农民。发展社会主义经济，实现现代化和工业化需要有较高的科学文化素质的劳动者。农民是建设社会主义的主力军，农民的科学文

---

[1]　郭帮 . 新中国成立初期农村文化建设研究［D］. 曲阜师范大学，2014：51.

[2]　郭帮 . 新中国成立初期农村文化建设研究［D］. 曲阜师范大学，2014：16.

化素质直接影响社会主义工业化的速度和质量。在旧中国，广大农民群众一直生活在社会的底层，长期受到资本家以及地主阶级的剥削和压迫，造成他们受教育机会少、文化程度低。为了提高农民的科学文化水平，必须开展农民的文化教育工作，开展扫盲运动，提高农民的文化水平和综合素质。社会主义建设不仅需要较高文化水平的劳动者，还需要在思想上、政治上真心拥护社会主义的劳动者。因此，加强对农民的教育，破除农民的封建主义和小农思想观念，推动传统村落文化的改造，让他们接受共产主义、社会主义思想和马列主义的信仰，为农村的现代化和国家的工业化提供思想支持。

毛泽东认为要在农村确立农民文化教育的领导权，"建立新中国文化就必须涤荡封建历史积淀，对旧文化进行改革，扫除新文化建立过程中的封建遗留问题"。"还要利用战时的经验继续进行全国性的扫盲，向广大农村普及教育作为新中国农村文化建设的重要任务之一。""在此思想的指导下，文化教育与思想教育相结合，扫盲教育与生产劳动教育和技术教育相结合。"1949 年 12 月 5 日，在教育部《关于开展 1949 年冬学工作的指示》中指出："农村冬学运动是团结教育广大农民群众的有力武器之一。"冬学教育与农民的生产生活紧密结合，充分照顾的农民的生产生活实际，因此受到农民的热切欢迎。"在此期间，民校、夜校等形式多样的学习形式也陆续在扫盲运动中实施。"1954 年，在《教育部党组关于第一次全国农民业余文化教育会议的报告》中指出："农民参加文化学习的，在 1953 年有 1 200 余万人入常年民校，1 900 余万人入冬学，到冬学结束的时候，有 308 万名学员在历年学习的基础上扫除了文盲。"在新中国成立初期这一承上启下的重要时期，中国共产党通过开展农民教育，不仅提高农民的思想文化素质促使他们转变为社会主义新型农民，而且巩固了中国共产党的执政根基和执政合法性。[①]

三大改造完成后，把广大农民从几千年的小农意识里解放出来，始

---

① 郭帮. 新中国成立初期农村文化建设研究［D］. 曲阜师范大学，2014.

终是毛泽东和中国共产党关注的问题，从 1957 年到文化大革命爆发，几乎每年都要对广大农民和干部进行社会主义教育。

4.1.3 树立阶级意识

怎样把私有观念根深蒂固的农民逐步改造成一个社会主义者，这是一个很艰难的任务，单靠和风细雨的教育是很难实现的，必须靠持续的政治压力才能实现。阶级斗争营造出来的强大的政治气氛，让农民不得不放弃几千年形成的传统观念，并接受全新的社会观念。1956～1978 年的二十多年间，村落文化的改造方式主要是灌输阶级意识，通过阶级斗争改造现实，改造农民的行动和思想，建立新的革命秩序、革命语言和文化，以符合意识形态的标准。

阶级斗争是从土改就开始了。土改时首先要划分阶级成分，每户按照占有土地的多少划分阶级成分。土改的第二步是没收地主的土地，征收富农出租的那部分土地，然后平均分配给贫下中农，地主只获得能够最低限度地保证他们自食其力的一部分土地。土改从经济上改变了村落的财富分配，但没有从心理上、思想上彻底摧毁地主长期形成的优越感，农民见了地主仍然和过去一样叫老爷，叫先生。为了从思想观念层面彻底摧毁地主的优越感，彻底摧毁地主在农村的统治势力，党在农村开展了疾风骤雨式的阶级斗争。在阶级斗争的气氛下，人们放弃了村落传统的价值观念和行为方式，接受新的价值观念和行为方式。可以说，土改彻底颠覆了传统的村落价值观念。

4.1.4 大众艺术

戏剧、小说、电影、政治学习、报刊等丰富多彩的大众艺术形式，把新的价值观念传递给村落的下一代。例如古田在解放不久，"土改""镇反"工作即将开始，但群众觉悟提高得很慢。古田领导认为，组织一个土改文艺宣传队，以文艺方式，下乡进行宣传，以提高人民的阶级觉悟，很有必要。于是，古田县成立文艺宣传队，排练节目，下乡宣传。当时被选为宣传剧本有《白毛女》和《赤叶河》等剧。下乡宣传的设备、道具都很落后，没有音箱设备，没有灯光，点着蜡烛照明，但宣传效果非常好。群众完全沉浸在故事里，对地主的阶级仇恨，对农民的阶级情感随着剧情的发展被逐渐激发出来，并在剧本的多次演绎中不断得到强化。哪里的阶级意识薄弱，文艺宣传队就奔向哪里，文艺宣传的效果比抽象的文字宣传和理论教育要有效得多，因为文艺宣传更加形象、生动，更能激起群众的情感共鸣，并且持续有效。有的地方群众发动不起来，一场文艺演出，再加上其他形式的宣传，群众的阶级意识就被激发出来了。可见，在用阶级意识取代宗族意识方面，通俗易懂的文艺宣传作用很大。在当时，群众的娱乐很少，生活比较单调枯燥，难得看到这些文艺节目，观看政府组织的文艺宣传活动是仅有的精神生活，文艺宣传在当时也就成了非常有吸引力的宣传方式。党的政治目标和新社会需要的观念、价值、意识融入文艺宣传中，为土改、合作化等工作的顺利进行奠定了基础。

4.2　1956～1978 年期间村落文化变迁的基本特征

1956 年，随着人民公社在全国的逐步建立，它渗透到村落一切角落，以前所未有的力度改造村落。在传统的中国，"皇权不下县"，给了基层相当的自由和空间。基层的治理功能主要由超越家庭的宗族组织承担。新中国成立后，通过土改、合作化、人民公社等一系列运动对农村的改造，打碎了地主、士绅的权力，打破了家族的结构，建立了国家与农民的直接关系。在新政权的介入下，传统的村落文化被改造，建立了新的社会主义村落文化。

4.2.1　以政治变革为主和以经济变革为辅

1956～1978 年期间，村落文化的变迁主要受到政治变革的影响。

在经济方面，只侧重于生产关系的变革，生产力并没有得到显著的提高，所以村落文化的经济基础并没有彻底动摇。

这二十多年的村落文化变迁主要是由政治变革主导的。主要体现在四个方面，首先，在政治上，建立了超越血缘关系的人民公社，成为取代家族组织的新的权威机构；其次，在经济上改变了村落的生产方式，新的政治权威组织掌握了村落的资源分配权，取消了家庭和家族的生产和分配功能；再次，在观念上用马列主义、社会主义、共产主义意识形态取代了传统的价值观念；最后，在制度上建立了以公有制为基础的社会主义制度，建立了正式的司法规范取代了村落传统的礼俗和家族规范。这二十年的村落文化变迁是政治主导的，通过政治强制实现的，物质方面并没有显著的增长，因此，随着政治强制的结束，村落文化出现向传统回归的趋势。

改革开放前的经济变革主要体现在生产关系领域，生产力的提高不显著，但对村落文化变迁的影响还是很大。1956年社会主义改造完成后，农村建立了以生产资料集体所有的公有制和集体劳动、统一分配的生产分配机制，改变了土地私有关系和家庭劳作的生产方式，但是农村生产力并没有获得显著增长。再加上家庭的部分功能并没有彻底消失，以自然村为基础的聚居结构没有改变，户籍制度对人口流动的限制，农耕仍然是村落主要的生活来源等，这一系列的原因导致传统村落文化的根基并没有彻底动摇。一旦政治强制解除，村落文化就展现出向传统回归的趋势。

4.2.2 强制性变迁和诱致性变迁相结合

"新制度派学者认为，制度变迁有两类，诱致性制度变迁与强制性制度变迁"，"诱致性制度变迁指的是现行制度安排的变更或替代，或者是新制度安排的创造，它由个人或一群人，在响应获利机会时自发倡导、组织和实行。与此相反，强制性制度变迁由政府命令和法律引入和实行"①。诱致性制度变迁改革的主体来自基层，改革的程序是自下而上，强制性制度变迁则相反，改革的主体是政府，程序是自上而下。人民公社时期，村落文化的变迁是强制性变迁和诱致性变迁的结合。新政权的力量虽然很强大，但并不是所向无敌，所向披靡，而是一次次地受到村落内生力量的制约，不得不做出政策调整，要么对村落传统施加更大的压力，要么向传统妥协。自上而下的政策如果过于违背村落社会现实，就会失败，自下而上的自发行为如果得不到政策的许可，就无法合法化。人民公社"三级所有，队为基础"的根本制度就是自上而下的政策与村落内生力量共同作用的结果。政策与自发行为遵循的逻辑见图 4 -1。

| 政策无限渗透 | → | 自发行为挤压 | → | 政策让步 | → | 政策再加压 |

图 4 -1　政策与自发行为遵循的逻辑

如此循环往复，最终达到平衡。政治压力减轻，经济自由扩大，传统村落文化就会从场下走向场上。20 世纪 60 年代初，政策调整期间，农民在经济上获得了部分自主权，传统习俗又开始回归，如传统的婚葬仪式、祭祖、念佛、算命、看风水等开始活跃起来。但是当农民的挤压政策空间的行为，越过了政府划定的底线，新的革命就又开始了，传统的村落文化又从场上走入场下。等待下次政治、经济放松之后，再次复归。随着人民公社体制的建立，高级社时期分配给农户耕种的自留地和猪饲料地被收回，家庭生产和收入的空间被压到最低点，一切需要由公社满足。但是乡村经济的不景气根本无力为所有社员提供所有的生活需要。公社办的幼儿园、敬老院、公共食堂都因经济不景气先后被关掉。"一大二公"的人民公社规划的共产主义理想蓝图并没有实现，反而在

---

① ［美］R. H. 科斯（Coase R. H.）. 财产权利与制度变迁 ［M］. 刘守英等译，上海：上海人民出版社，1994：384.

实行人民公社的第二年全国普遍陷入了饥荒。为了解决吃饭问题，河南等地还偷偷搞起了包产到户。针对全国部分地方私自包产到户的做法，中央要求各级党委找出一批典型材料，对这种思想进行深刻的揭露和批判。1959 年 11 月 2 日，《人民日报》发表《揭穿"包产到户"的真面目》的评论员文章，批评包产到户"是极端落后、倒退、反动的做法""集体劳动永远是人民公社的基本的劳动方式，随着生产工具和管理水平的提高，适于包给社员个人单独做的农活必将越来越少。这样的原则决不能有丝毫动摇，决不能有丝毫违背。人民公社的劳动管理、包工包产，并不简单地是方法问题、技术问题，而是涉及生产关系的重大政治问题，是两条道路斗争的一个重要战场。右倾机会主义者总是想在这些地方钻空子，必须谨防。"① 就这样，河南等地包产到户的生产形式夭折了。但是理想的人民公社带来的是悲剧性的结果，"随着所有制级别的不断升高，土地所有权实际上属于公社，公社拥有生产指挥权、劳力调配权和分配权，村民的直接劳动投入与分配之间的关系被'一平二调'搅得模糊混乱，上面的瞎指挥和下面的普遍消极导致生产的直线下降"②。面对困境，1960 年 11 月 3 日，中共中央向全国农村党支部发出了一封信，即《关于农村人民公社当前政策的紧急指示信》，指示信提出，要"坚决反对、彻底纠正"一平二调的共产风，并要以生产队为基本核算单位，"以生产队为基础的三级所有制是现阶段人民公社的根本制度，从 1961 年算起，至少七年不改变"，"三级所有，队为基础"新的人民公社体制随之建立，生产队重新获得自主使用土地的权利。以生产队为基础，是人民公社在"一大二公"基础上的倒退，生产核算单位倒退到传统村落大小的范围。一个生产队就是一个自然村的规模，和自然村的界限一致，这是向传统妥协的第一步。人民公社体制调整后，自留地恢复，但是《农村人民公社工作条例（修正草案）》第十四

---

① 刘华清. 人民公社化运动纪实［M］. 上海：东方出版社，2014：244.
② 曹锦清等. 当代浙北乡村的社会文化变迁［M］. 上海：上海远东出版社，2001：45.

条，第三款为自留地的数量设了一条底线，"社员的自留地、饲料地、生开荒地合在一起的数量，根据各个地方土地的不同情况，有多与少，在一般情况下，可以占生产队耕地面积的 5% 到 10%，最多不能超过 15%"。人民公社体制给了农民一点点自由，但是自由的口子一开，就很难控制，农民变着法扩大自由，不断地挤压政策空间，直到触到中央为农村划定的底线，农村革命又起，掀起更激烈的阶级斗争来跟农民中自发行为作斗争。

4.2.3　消解与回归共存

人民公社时期，一系列的政治运动对传统村落文化的基础造成持续的冲击，传统村落文化存在的有形基础被动摇，但传统村落文化观念并没有消失。一旦政治压力减轻，经济自由扩大，传统村落文化就会出现回归的趋势。土改摧毁了地主士绅政权，但是土地改革没有改变村落的农耕性，土地仍然是获得生存资源的唯一来源，农村的物质生产力并没有得到显著提高，传统村落文化存在的条件并没有消失。合作化运动改变了农村生产方式，集体经济取代个体经济，削弱了家庭的生产功能，也削弱了家族尚存的权威。人民公社进一步遏制了家族和家庭的基本功能，行政权威取代家族权威，但是经济没有获得持续发展，户籍制度限制人口流动，封闭的村落社区生活仍然在培养血亲关系，家族权威退场，但存在的条件尚在。政治运动摧毁了传统村落文化的外壳，祠堂、祠田、族谱、寺庙消失殆尽，但传统村落文化仍然存在于人们的观念中，它们只是暂时被压抑，一旦政治气氛松动，就会死灰复燃。在革命的高潮时，强大的政治压力使传统村落文化隐藏到幕后，革命的意识形态取代了家族意识形态，在村落建立起公有制所必需的文化环境和行为准则，塑造社会主义新人。但是"革命的场面文化绝然没有替代传统的村落文化，即使在革命高潮时期也复如此。在农民的日常交往中，在日复一日的家庭生活中，在村妇们的叽叽喳喳交谈中，人们时时都可以感觉到村落文化的存在""随着革命的退潮，革命的场面文化的作用也日益弱化"①，甚至用革命的话语上演着传统的仪式，革命被纳入传统当中。

4.3　1956～1978 年期间村落文化建设的主要成就

突破村落几千年来的循环惯性，是人民公社时期村落文化建设最大的成就。人民公社时期的村落文化建设使中国能够突破传统，走出一条新路，那就是中国特色的社会主义道路。传统的自然村落就像一个巨大的"酱缸"，能够吸纳化解一切进步的因素，上层政治无论如何风云变幻，都无法影响它，都无法动摇村落的生活方式。商品经济的繁荣、资本主义萌芽、新式学校的建立、城市的发展、党派斗争等一切外部变化都不能改变传统的自然演进路径。战争即使摧毁了村落，数年后新的结构相同的村落重新生长出来。新中国的成立，传统的村落再次获得了发展的机会。假如新中国的成立仅仅是政权的更迭，那么新的因素很容易被自然村落吸纳。在有可能落入旧的循环陷阱时，党和政府没有停止前进的步伐，在土改完成之后继续推进生产方式和社会制度变革，最终建立了人民公社制度，最终越过了传统的循环陷阱。虽然人民公社最终还是失败了，但是，就算失败了，旧的循环机制最终被突破，这个突破是通过付出了巨大的代价换来的。自然村落经历了数千年的历史，制度结构相当完善，只有付出巨大的代价才能打破。②

4.3.1　宗族文化被削弱

宗族文化是传统村落文化最核心的组成部分。在传统的村落社会，

---

① 张乐天. 告别理想：人民公社制度研究 [M]. 上海：上海人民出版社，2012：167.
② 柯芳. 毛泽东时代村落文化改造的基本路径及其成就 [J]. 毛泽东思想研究，2017 (1)：20 - 27.

在人们的生活中，起着非常重要的作用的莫过于宗族组织，宗族文化根深蒂固。在村落共同体范围内，人们依靠血缘紧密地联系在一起，有着共同的风俗习惯和规范，依靠农耕过着自给自足的生活，封闭而自律。① 从小的耳濡目染，宗族的存在及其权威对于生活在村落中的人来说，早已经习以为常。不同文化方面的反差，西方人更能感受到。费正清这样阐述中国社会的本质："中国家庭是自成一体的小天地，是个微型的邦国。从前，社会单元是家庭而不是个人，家庭才是当地政治生活中负责的成分。在家庭生活中灌输的孝道和顺从，是培养一个人以后忠于统治者并顺从国家现政权的训练基地""从社会角度看，村子里的中国人直到最近，主要还是按家族制组织起来的，其次才组成同一地区的邻里社会。村子通常由一群家庭和家族单位组成，他们世代相传，永久居住在那里，靠耕种某些祖传土地为生。每个家庭既是社会单位，又是经济单位。其成员靠耕种家庭所拥有的田地生活，并根据其家庭成员的资格取得社会地位"②。民主革命的先行者孙中山，对家族文化影响和制约中国社会发展的感受非常深刻，在《三民主义》中，他这样写道："中国人最崇拜的是家族主义和宗族主义，没有国族主义，外国旁观的人说中国是一盘散沙，这个原因在什么地方呢？就是因为一般人民只有家族主义和宗族主义，而没有国族主义。中国人对于家族和宗族的团结力非常大，往往因为保护宗族起见，宁肯牺牲身家性命"③，中国的团结仅限于宗族内部，而对国家却没有非常强烈的牺牲精神。因此，孙中山认为，家族文化必须改造，要把中国人对家族的忠诚和牺牲精神转移到国族的水平，才可以改变旧中国一盘散沙的状况。毛泽东曾经这样分析中国社会的性质，他说有三种权力支配系统支配着中国社会：一是由国、省、县、乡构成的国家系统（政权），二是由宗祠、支祠以至家长

① 柯芳. 毛泽东时代村落文化改造的基本路径及其成就［J］. 毛泽东思想研究，2017（1）：20 – 27.

② 费正清. 美国与中国（第四版）［M］. 北京：商务印书馆，1999：23 – 25.

③ 孙中山. 孙中山选集［M］. 北京：人民出版社，1981：167.

的家族系统，三是由阎罗天子、城隍庙王以至土地菩萨的阴间系统以及玉皇上帝以至各种神怪的神仙系统。① 由此可见，无论东方还是西方，都认识到宗族文化对于中国的村落社会以及整个中国社会的重要影响。无论是孙中山还是毛泽东，都认识到只有改造中国的宗族文化，才能改造中国。所以，新中国成立后，毛泽东通过推动一系列的政治运动和社会革命来改造中国社会的宗族文化。②

在一个共同体范围内，一般有两类权威，一类是建立在习俗和血缘的基础上，一类是建立在法理和体制的基础上。宗族权威，就是基于血缘和习俗而建立起来的传统权威。行政权威就属于基于体制和理性而建立起来的现代权威。由传统权威向现代权威过渡，对于构建现代民族国家是必经之路。新生的社会主义政权如果想在农村顺利实现自己的政治理想，贯彻自己的社会政策，就必须首先树立起政权在基层的权威地位。而在传统的村落社会，权威是基于血缘而建立的，宗族的族长掌握着村落事务的裁决权、村落资源的分配权等重要权力。年龄、辈分、血缘是获得这些权力的天然依据。这非常不利于党在农村推行社会主义改造和建设。

如何把村落的权威转移到政权权威上面来呢？首先就要改变村落的权力结构和社会结构。地主和富农的土地在土改中被没收和征收，族产、祠堂、寺庙也被没收，然后被无偿地分配给贫下中农，村落土地占有关系被改变了，宗族文化赖以存在的物质基础被瓦解了，村落的权力结构和社会结构也就改变了。地主和士绅失去了往日的土地和权力，他们从权力的顶层跌落到社会的底层，也失去了往日的威风。贫下中农获得了土地，也获得了从未获得过的政治地位，他们对党和政府的依赖和忠诚超过了对宗族和家族的依赖和忠诚，党在基层初步站稳了脚跟。土

---

① 毛泽东选集（第 1 卷）［M］. 北京：人民出版社，1991：31.
② 柯芳. 毛泽东时代村落文化改造的基本路径及其成就［J］. 毛泽东思想研究，2017（1）：20 – 27.

改中按照土地等生产资料的占有状况划分阶级成分，改变了按血缘和辈分作为划分等级依据的宗族意识。在传统的村落社会，辈分高就意味着在宗族内可以享有更高的权力，辈分决定了宗族成员在宗族内的社会地位。宗族文化越是浓厚，他的社会关系和政治地位越是取决于人的生物属性。农民在土改中树立起来的阶级意识，与宗族意识截然对立，阶级意识是依据人们的经济社会地位而定的，是超越血缘的，而家族意识依据辈分和血缘的亲疏远近来确定每个人的位置和等级。同一阶级的人可能没有血缘关系，有血缘关系的人可能属于不同的阶级。土改极大地摧毁了宗族权威，它也促使宗族权威被行政权威所取代，行政权威成为村落的主导力量，这为党在后来的岁月中实现政治目标和推行相关政策打下了坚实的基础。宗族权威如果不摧毁，党很难在农村顺利推行政策。在土改之后的历次政治运动中，行政权威不断地得到强化。直到今天，行政权威仍然是村落最有权威的力量，在大部分中国农村，宗族和宗族组织的物质基础都已经不复存在，碎片化的宗族观念存在于村民的观念中。即使在宗族强大的江西等地，宗族权威仍然不能和行政权威相提并论，即使有一定的影响，但已经无法和过去同日而语，它可以对行政权威产生影响，但不能取代行政权威对村落秩序的影响。[①]

4.3.2　宗教文化被禁止

在宗教信仰领域，信神、拜神行为，以及其他民间信仰，都是违背了社会主义理念。于是，为了让社会主义思想占领村落生活的阵地，在宗教信仰领域，公社也开展了阶级斗争。政府明令禁止各类信神拜神行为，一旦发现，严厉打击。在阶级斗争的高压下，信神拜佛的现象基本上绝迹。一些民间信仰被当作封建迷信而遭到批判。为了让社会主义和集体主义思想占领农村生活的阵地，在打击旧思想的同时，公社开展了

---

① 柯芳. 毛泽东时代村落文化改造的基本路径及其成就 [J]. 毛泽东思想研究，2017（1）：20 – 27.

对农民的社会主义教育运动。1958 年 8 月 29 日，中共中央发出《今冬明春在农村中普遍开展社会主义和共产主义教育运动》的指示，要求"在这个运动中，要充分发扬'拔白旗、插红旗'的共产主义风格，以无数大增产的实例，来大讲特讲社会主义制度的优越性，更加坚定广大农民走社会主义道路的决心和信息，彻底批判一部分富裕农民残存的资本主义自发倾向，在人们的思想上继续破除个人主义、本位主义，大立共产主义"。在中央的指示下，各个公社组织宣传队，学习毛主席选集、讲革命故事、读报、唱革命歌曲。

4.3.3　社会主义的人情礼俗文化被确立

伴随着一系列的政治运动，农民在人情礼俗领域逐渐树立起了社会主义观念和革命意识，村落传统的人情礼俗观念被视为封建残余而受到批判，新的人际关系建立起来，这些变化体现在以下几个方面：

一是农民成了农村真正的主人。在旧中国，两类人掌握着村落的权力：士绅和宗族族长，前者因为财富，后者因为血缘关系取得权力。这两者通常是合二为一的，掌握权势的族长大多也是士绅，他们往往集有钱、有权、有势于一身。新中国成立后的一系列经济和政治变革，彻底颠覆了权力的来源，在一系列的政治运动中，这两大类人被打倒。因为新政权是穷人的政权和无产阶级的政权，出身贫苦，没有历史问题，是权力来源的首要条件，越贫穷，意味着越革命、进步、可靠。① 土改后，士绅、地主的权力被剥夺，农民在乡村占据了绝对优势，贫下中农成了政权的支柱力量。经过土地改革，"一般乡村均已树立了农民的真正优势，农民协会在那里有很高的威信，真正掌握了农村政权，解除了地主的武装，武装了自己，管制着那些不安分的不服从劳动改造的地

---

① 柯芳. 毛泽东时代村落文化改造的基本路径及其成就 [J]. 毛泽东思想研究，2017（1）：20－27.

主，农民真正成了农村的主人"①。

二是阶级观念取代了伦理秩序。在传统的村落内，富人与穷人的矛盾得到很好的调适，辈分决定的自然等级秩序，人们深信不疑。好人与坏人的区分与阶级立场无关，而是按照传统伦理道德观进行区分的。人民公社时期，通过一系列的政治运动，阶级观念被输入到村落内部。对于传统的村落来说，阶级观念的输入，是一场来自灵魂深处的革命。阶级观念的背后，是一整套革命的体系，革命的话语体系建立在新的权力结构、社会关系和制度模式的基础上的。一场场暴风骤雨式的革命才带来这些改变。土改首先是从阶级划分开始的，土改完成后，阶级观念开始左右农民思想和行为。合作化运动、人民公社运动，阶级斗争都是必不可少的环节，这些运动不断强化着农民的阶级观念，农民的日常生活中，阶级观念日益渗透到每个角落，阶级成分日益成为每个人的身份标识。不同的政治地位取决于不同的成分，贫下中农是第一等级，富裕中农或者上中农是第二等级，四类分子，即地主、富农、反革命分子、坏分子，是第三等级。第一等级的，在升学、参军等各种场合，可以享受各种优越的条件，优先考虑贫下中农。随着阶级观念的不断深化，传统的村落联系被瓦解，村落内部的人际关系被刻上阶级的烙印。②

三是传统的人情规则观念被革命规则取代。村落传统礼俗逐渐被革命规则取代，新的规范调节着人际关系。传统的村落文化讲和谐、讲人情，革命文化讲矛盾、讲斗争。在传统的村落社会，人们的行为通过日常交往形成的舆论来规范。革命文化则是通过政治强制、政治高压的方式规范着人们的行为，迫使人们选择抛弃面子、人情等传统观念，积极投入到革命中去。公社通过宣传、教育、强制，引导人们建立起公社所需要的行为准则，并放弃过去的村落行为准则。新的规则是否内化到人

---

① 于建嵘主编. 中国农民问题研究资料汇编（第二卷）上册［M］. 北京：中国农业出版社，2007：1118.

② 柯芳. 毛泽东时代村落文化改造的基本路径及其成就［J］. 毛泽东思想研究，2017（1）：20 - 27.

们的心里，人们是否是发自内心地认同，就无从知晓了。人们充满激情地使用革命的语言，事实上，革命观念与传统的村落观念之间的张力始终存在，在场面上，大家遵循革命的规则，使用革命的语言。在场面下，传统的村落行为规则并没有彻底消失。正如吴理财所说，"集体化时期，农民在公开场合所表现的集体主义行动逻辑更多的是一种'表达性现实'，农民的'损公肥私''闹单干'等行为更可能是一种'客观性现实'""农民公开表达的行为逻辑和私下实践的行为逻辑不得不分离，仿佛一个庞大的国家——社会剧场一般，人们在台前的表演与其幕后的行动相区隔"①。虽然社会主义意识形态与村落传统存在张力与冲突，但在政治高压下，革命的意识形态还是深刻影响着农民的行为、思想。改革开放后，传统的村落文化尽管有过短暂的回归，但最终还是逐渐退场了。当然不可否认市场经济在其中的功劳，但不能忽视集体化时期国家持续地瓦解传统村落文化的物质、制度、观念基础的作用。②

4.3.4　伦理本位的村落社会按照集体原则组织起来

很多学者都论述过中国传统村落的秩序基础。最经典的莫过于费孝通的差序格局理论，以及梁漱溟的伦理本位理论。③ 费孝通认为，"所谓'私'的问题却是个群己、人我的界限怎样划法的问题，西洋的社会是团体社会，像我们田里的捆柴，一捆一捆扎得很清楚"，"他们常常由若干人组成一个团体"，团体的界限明确，团体里的每个人的地位、权利和义务，都有明确的规定，"我们的格局不是一捆一捆扎清楚的柴，而是好像把一块石头丢在水面上所发生的一圈圈推出去的波纹。每个人都是他社会影响所推出去的圈子的中心"④。中心的势力厚薄决定着这个圈子的大小规模。有权有势的人，圈子能像一个小国那么大，而穷苦

---

①　吴理财. 公共性的消解与重建 [M]. 北京：知识产权出版社，2013：210 – 211.

②③　柯芳. 毛泽东时代村落文化改造的基本路径及其成就 [J]. 毛泽东思想研究，2017（1）：20 – 27.

④　费孝通. 乡土中国 [M]. 北京：北京大学出版社，2012：40 – 42.

人家的圈子可以小到很小。随着中心势力的变动，圈子的大小也在变动，伸缩性很大，圈子不像一个团体那么固定。"在这种富于伸缩性的网络里，随时随地是有一个'己'作中心。这并不是个人主义，而是自我主义"①。个人主义，是个人相对于团体，包含两个方面的内容，一是权利观念，团体不能抹杀个人权利，二是平等观念，团体中的各分子是平等的。我们的传统观念里没有这一套规则，我们的规则是一切价值以差序格局为中心，以"己"作为中心的。在差序格局中，公私不是绝对的，而是相对的，站在每一个圈上，向外看是为私，向内看则是为公。② 为了家族的利益而损害国家的利益，站在国家的角度，他是自私的，但对家族来说他是为了公。"在差序格局中，社会关系是逐渐从一个一个人推出去的，是私人联系的增加，社会范围是一根根私人联系所构成的网络，因之，我们传统社会里所有的社会道德也只有在私人联系中发生意义。"③ 梁漱溟认为，"西洋近代社会为个人本位、阶级对立的社会；那么，中国旧社会可说为伦理本位、职业分立"，"何为伦理？伦即伦偶之意，就是说：人与人都在相关系中"，"伦理关系即是情谊关系，也即表示相互间的一种义务关系"，"伦理关系彼此互以对方为重"④。在以伦理为本位的社会，最重要的社会关系就是家庭关系，并把超出家庭之外的社会关系拟家庭化，习俗皆以人与人之间的情谊为重，根据伦理关系之亲疏、厚薄，来确定应该承担的义务，伦理关系越亲厚越要承担更多的义务，承担义务的多寡取决于习俗和情感，而不取决于法律。关系愈远，情谊愈薄，就不必承担相应的义务。人们只对与自己关系亲密的人负责。所以，在传统的村落，家族内部有很强的凝聚力，肝胆相照，荣辱与共，但家族之间却相互排斥，甚至对立，家族之

---

① 费孝通. 乡土中国 [M]. 北京：北京大学出版社，2012：45.

② 柯芳. 毛泽东时代村落文化改造的基本路径及其成就 [J]. 毛泽东思想研究，2017（1）：20 - 27.

③ 费孝通. 乡土中国 [M]. 北京：北京大学出版社，2012：48.

④ 梁漱溟. 乡村建设理论 [M]. 上海：上海人民出版社，2011：52 - 56.

间就很难联合起来。正如孙中山所说的，中国只有家族主义，没有国族主义，这也是为什么旧中国一盘散沙任人宰割。晏阳初、卢作孚等乡村建设学派都论述过传统村落的农民自由散漫、只有家庭生活、没有集团生活的特征。[①]

人民公社时期，党和政府为了增强农民的组织化程度，开展了一系列改造农民的运动。为了实现社会体制的一体化，就必须改变农民一盘散沙的局面，必须把分散的个体和分散的家族组织整合到统一的政治组织中来，才能为中国的城市化和工业化提供更多的原始积累和发展资源，才能使党的方针政策到达四野八荒。提高农民的组织化程度，通常是从经济领域开始的。通过改造小农经济，加强小农之间的合作，提高农民的组织化程度，一直是马克思主义经典作家非常重视的主题。恩格斯在《法德农民问题》中指出，"我们对于小农的任务，首先是把他们的私人生产和私人占有变为合作社的生产和占有""要使农民理解到，我们要挽救和保全他们的房产和田产，只有把他们变成合作社的占有和合作社的生产才能做到"[②]。在新民主革命的各个时期，中国共产党都非常重视改造小农，促进农民之间的合作，从而更有力量开展政治斗争和经济斗争。1943 年 11 月在陕甘宁边区劳动英模大会上，毛泽东发表了题为《组织起来》的演讲，对改造小农有这样的论述："在农民群众方面，几千年来多是个体经济，一家一户就是一个生产单位，这种分散的个体生产，就是封建统治的经济基础，而使农民陷入永远的穷苦。克服这种状态的唯一方法，就是逐渐集体化；而达到集体化的唯一道路，依据列宁所说，就是合作社"[③]。新中国成立后，实行了土地改革运动，农民所有的土地所有关系取代了地主所有的土地关系。但并没有改变小农经济的私有性质，没有改善分散、落后的小农经济。因此，土改之

---

① 柯芳. 毛泽东时代村落文化改造的基本路径及其成就 [J]. 毛泽东思想研究, 2017 (1)：20 - 27.

② 马克思恩格斯选集（第 3 卷）[M]. 北京：人民出版社，1995：498 - 500.

③ 毛泽东选集（第 3 卷）[M]. 北京：人民出版社，1991：931.

后，合作化运动、人民公社运动相继开展，在政治、经济、社会生活等各方面树立农民集体主义观念和合作意识，极大地提高了农民的组织化程度。在合作化运动和人民公社运动中，家族的生产分配功能被取消，分散的个体劳动走向集体劳动。家庭、邻里的生产互助被打破，超越家族和自然村落之间的生产互助得以建立，培养农民超越血缘的合作意识。①

人民公社时期，如果没有建立超越血缘的合作组织，就没有大规模的农民之间的合作，那么大型农田水利建设是不可能实现的。在政治上，超越宗族的政治组织——人民公社的建立，促成了超越家族范围的政治联合。生产、分配、消费等资源掌握在人民公社手里，从而可以对农民的行动和思想观念进行控制和引导。人民公社拥有非常强大的动员和整合农民的能力，从而保证畅通无阻地传达和贯彻党和政府的政策。在社会生活方面，人民公社依靠行政纽带组织各种政治活动、文化娱乐、思想教育、会议宣传等，促进村民频繁的合作和交流。同时，人民公社为村民提供教育、医疗、救济、养老、文化服务，使村民从过去依赖家族转到依赖人民公社，对超血缘组织的认同增强，非血缘个体和组织之间的合作加强了。持续的政治运动，使自私的农民变得无私了，自由散漫的农民变得有组织了。政治冷漠被政治热情所取代，权力引导下的大规模的政治参与改变了农民以往的边缘的政治地位。但是，人民公社期间农民的组织化程度提高，主要借助国家自上而下的行政力量的介入，缺乏自发性、内生性和草根性，因此随着国家权力的退场，村民重新原子化。因此，简单的政治联合还无法从根本上提高农民的组织化程度。农民从原子化走向组织化、合作化，还需要增强村落内部的组织力量和整合力量。②

---

①②　柯芳 . 毛泽东时代村落文化改造的基本路径及其成就 ［J］. 毛泽东思想研究，2017（1）：20 – 27.

4.4 1956～1978 年期间村落文化建设的主要教训

人民公社时期，村落文化建设取得了很大的成就，突破了旧有的循环机制，但是也存在一些问题，留下了深刻的教训：

第一，主要依赖政治压力，却忽略了文化自身的发展规律。首先，忽略了文化的多样性。公社对村落传统的改造过于依赖革命、政治、运动。单纯强调文化要服务于政治，把文化当作为革命和建设服务的工具，忽视文化发展的多样性，只准看样板戏、革命戏，不能看传统的戏剧，导致文化的教条化、单一化。我国幅员辽阔，民族众多，各地的宗教信仰、地理环境、价值观念、风俗习惯、物质生产方式等存在差异性，有不一样的文化需求。多样化的文化需求不能靠一种文化来满足。其次，忽略了文化的继承性。在"文革"期间，文化遗产被破坏，传统的村落文化经历了一次浩劫。这样的破坏，既不能发展社会主义新文化，也失去了优秀的传统。村落文化变迁的最终力量是物质力量，只有物质生产力的真正发展，才能巩固政治和行政的成果。如果没有物质力量的增长，一旦外在的政治强制弱化，传统的村落文化就会再次复兴。①

第二，主要强调国家意志，但忽略了农民的内在需求。提高农民的思想政治觉悟，是毛泽东时代村落文化建设的主要目的。动员和教育农民，以无产阶级价值观代替非无产阶级的价值观，为革命和建设的顺利进行提供保障。村落文化建设从内容到形式，都围绕着政治目标。但是，对农民进行政治教育和政治宣传时，忽略了农民的内在需求和思想觉悟水平，农民的需求受到政治气氛的压抑，一旦政治气氛松动就要反弹回去。而党和国家为了实现政治目标，只有通过发动阶级斗争，打压

① 柯芳.毛泽东时代村落文化改造的基本路径及其成就［J］.毛泽东思想研究，2017（1）：20－27.

农民自发的需求。因为需求被压抑，农民当中甚至出现破坏生产力的极端行为。①

　　第三，过于强调思想世界的改造，却忽略了文化的系统性。村落文化的建设是一个系统的工程，需要有经济、政治等各方面的相应发展，才能巩固文化建设的成果。如果没有物质生产力的提高，文化的变革就失去了动力和源头。唯物主义观点认为，社会存在决定社会意识，社会意识是社会存在的反映，并对社会存在产生反作用。单纯强调思想领域的改造，如果没有经济变革的配合，思想改造的成果也很难巩固。一旦阶级斗争的氛围出现松动，小农意识和资本主义自发势力就会抬头，说明单纯依靠思想领域的改造效果难以持久。②

---

　　①②　柯芳. 毛泽东时代村落文化改造的基本路径及其成就［J］. 毛泽东思想研究，2017（1）：20－27.

第 5 章

改革开放以来的村落文化变迁

    始于 20 世纪 80 年代初的农村社会变革，使村落社会内部的人际交往结构、价值观念产生了巨大的变化。人民公社解体后，国家政权逐渐从村庄退出，村民自治成了基层自我管理的组织。国家与农民的关系，仅仅以征收税费的形式维持着。传统的村落文化部分恢复了，如祠堂的重建、族谱的重续、敬神活动的出现等。试图通过传统，恢复村落的精神信仰，表达生活诉求，重建人际关联。但是在这些表象背后，传统村落文化活动的实质意义已经大为消解。家族已经不再是一个有着强凝聚力的共同体，民间信仰已大大功利化和世俗化。国家力量在打碎传统之后又退出了，村落在市场力量的冲击下，农民日渐功利化、原子化、疏离化，亲密的互助关系被利益关系所取代。农业税取消后，村庄的文化建设长期缺失，村落进一步原子化。非集体化后，村落的精神层面，正如阎云翔所说，"集体化终结，国家从社会生活多个方面撤出之后，社会主义的道德观也随之崩溃，既没有传统又没有社会主义道德观，非集体化之后的农村出现了道德和意识形态的真空。与此同时，农民又被卷入了商品经济和市场中，他们便在这种情况下迅速地接受了以全球消费主义为特征的晚期资本主义道德观。这种道德观强调个人权利，将个人欲望合理化"[①]。

[①] 阎云翔. 私人生活的变革：一个中国村庄里的爱情、家庭与亲密关系（1949～1999）[M]. 龚小夏译，上海：上海书店出版社，2006：260.

5.1 改革开放以来村落文化变迁的动力：农村的经济变革

改革开放以来，中国共产党对村落文化的改造主要通过推动农村经济变迁来实现的，这一时期，农村经济社会的变迁是村落文化变迁的重要动力和根本原因。改革开放以来，农村经济社会的变迁经历了五个阶段，分别是：第一个阶段，1978～1985 年，家庭联产承包责任制逐步确立，国家从农业生产领域退了出来，恢复了家庭的生产功能；第二个阶段，1986～1995 年市场经济逐步推行，国家从流通领域退出来，撤销了统购统销制度，让市场在资源配置中发挥基础作用；第三个阶段，1996～2005 年，经过前一阶段的改革与发展，农村积累、沉淀了很多矛盾和问题，这十年也是国家与农村社会关系最为紧张的十年，在国家从经济领域全面退出农村的同时又不断地加大从农村提取资源的力度，导致农村社会干群关系紧张，基层政府威信不断下降，这才有了税费改革；第四个阶段，2006 年至今，后税费改革时期，延续了几千年的农业税全部废除，并确立了城乡反哺战略，国家资源不断下放农村，是国家对农村的资源给予时期。国家和农村社会关系的演变，给村落文化发展带来了新的契机。党的十八大以来，整个国家的发展取得了突破性进展，脱贫攻坚任务的完成和全面小康社会的建成使乡村文化建设建立在更坚实的物质基础和更主动的精神力量之上。

5.1.1 家庭联产承包责任制的实行（1978～1985 年）

人民公社政社合一、高度集中的管理体制，导致管理成本很高，庞大的规模，全靠强大的政治权力支撑。人民公社也伴随着经济秩序的混乱，农民按照半军事化的方式被组织起来，家里的灶台被拆除，几个自然村的农民同灶吃饭，先是吃饭不要钱，后来要论斤论两，再后来只能吃稀粥，最后连稀粥也吃不上了，公共食堂被迫解散。究其原因，人民公社分配上的"大锅饭"，生产体制上的集中化，挫伤了农民的生产积极性，出工不出力，结果农村越搞越穷。

1978 年党的十一届三中全会拉开了农村改革的序幕，家庭联产承包责任制在农村逐步展开。20 世纪 70 年代末 80 年代中期，改革的核心内容是改变高度集中的人民公社体制，确立家庭联产承包责任制。但是家庭联产承包责任制的确立并不是一步到位的，而是经历了一个曲折的过程。在改革初期，中央在维护生产队统一经营、统一分配的前提下，采取包工到组、联产计酬的生产形式，克服大一统的经营方式缺乏活力的缺陷。政策虽然出现了松动，但是农民显然并不满足，以安徽小岗村为首的部分贫困村秘密地实行包产到户、包干到户的"双包"试验。1978 年安徽遭遇百年不遇的干旱，秋后大减产已成定局，饥饿威胁着贫困的农民。安徽省果断采取措施，调动农民生产积极性，开展生产自救："借地度荒"。"借地度荒"提出后，有人质疑这是否认社会主义集体经济的优越性，是以"借地度荒"为名，搞分田单干，是方向道路问题。"借地度荒"措施实施后，农民的生产积极性被充分调动起来，所有未种的地都被种上了，集体没法种的全部由农民种起来了，被动的局面被一下子调动起来。"借地度荒"的重要意义在于，它为家庭联产承包责任制创造了条件，从借地向大包干，成了势不可挡的改革潮流。在"借地度荒"政策实施的同时，安徽凤阳马湖公社针对春荒，在一些生产队实施部分农产品包产到户的做法。这一做法当然受到舆论的严厉指责，省委对马湖公社的做法采取支持的态度。凤阳县委做出"不宣传、不推广、不制止"的决定，安徽凤阳也因此成为中国农村推行家庭联产承包责任制的第一块沃土。1978 年 11 月 24 日，安徽凤阳梨园公社小岗村，18 户农民的户主，在一个茅草屋里，决定了一桩影响共和国历史的大事：包产到户，包干到户，被贫穷逼得铤而走险的小岗农民没有想到，正是他们一自发举动，引发了农村的一场大变革。"双包"试验在全国引起了热烈的讨论，围绕"双包"的性质和解释，理论界和决策层展开了激烈的争论。

对于农民的自发行为，中央最开始的反应是反对，然后是逐步放开，并在全国推广。1978 年党的十一届三中全会通过的《人民公社试行工作条例》，仍然规定"不许包产到户"。在传统的观念中，"分"就是资本主义，是倒退，"合"就是社会主义，是进步。关键时刻，邓小平明确表态支持"包产到户"，没有邓小平的支持，包产到户是搞不起来的。第二年 9 月中央印发了《关于进一步加强和完善农业生产责任制的几个问题》的通知，通知规定生产特殊的副业、边远山区和贫困地区因为交通不便可以包干到户。1982 年中央《全国农村工作会议纪要》第一次把包产到户的自发行为定性为"社会主义农村经济组成部分"。1983 年中央一号文件把联产承包责任制称作"党的领导下我国农民的伟大创造，是马克思主义农业合作化理论在我国实践中的新发展"。联产承包责任制把土地的使用权重新交给农户，家庭的生产、分配功能得到恢复。农村土地的每一次变革都会带来政治、经济、文化的深刻变化，农村的改革在三个方面产生了巨大的变化，一是在组织方面，改变了"三级所有，队为基础"的人民公社组织体制；二是在政策方面，统购统销政策逐步退出，市场机制逐渐开展；三是在产业结构方面，第二、三产业迅速发展。

事实证明，包产到户带来了巨大的经济绩效，党和政府最终公开支持、积极引导"双包"试验，自下而上的探索和自上而下的指导有机结合起来，短短几年时间家庭联产承包责任制在全国推行起来，并逐渐取代了人民公社体制。家庭联产承包责任制的确立，使人民公社高度集中的管理体制失去了存在的依据。农户独立分散经营，人民公社借助指令性计划经营农业生产的经济功能丧失，全能治理模式也失灵了。于是基层政治体系重构被提上日程。1979 年，政社分开的试点在四川广汉进行，废除了"三级所有，队为基础"的体制，恢复了乡和行政村。到 1985 年 6 月，全国农村普遍恢复了乡镇人民政府，基层设立了村民委员会，实行了 27 年的人民公社制度正式退出了历史舞台。

制度变迁使农业释放出巨大的能量，极大地调动了农民劳动积极性，刺激农业获得快速增长。首先，粮食产量实现自给，温饱问题解决。这一时期，农林牧副渔的增长水平比 1978 年以前的长期平均水平高出好几倍。粮食的增长解决了长期以来的粮食短缺与紧张，1978年粮食产量 30 477 万吨，1989 年，粮食增加到 40 755 万吨，人均粮食产量达到 357.72 公斤，这样中国的粮食基本自给，温饱问题初步解决。其次，农民的收入水平和消费水平提高了。1978 年以前，农民的收入和消费水平都很低，制度变革后，消费水平呈大幅增长趋势（见表 5 - 1）。[①]

表 5 - 1　　　　　　　　　农民收入、消费增长情况

年份	农业总产值（亿元）	人均年纯收入（元）	人均年生活消费支出（元）
1954	535	64	59.6
1978	1 397	133.6	116.1
1979	1 697.6	160.17	134.51
1984	3 214.13	355.33	273.80
1990	7 662	629.8	538.1

资料来源：《中国农村统计年鉴 1992》。

根据《中国农村统计年鉴 1992》的资料，1978～1992 年，农民年均收入增长率为 8.86%，是 1952～1978 年期间增长率（2.38%）的3.7 倍。1990 年的人均消费支出是 1978 年人均消费支出的近 5 倍左右。中国农民的生活由生存型向温饱型转化。

5.1.2　农村市场经济与乡镇企业的发展（1985～1995 年）

第一个阶段改革的成功进一步坚定了党和政府深化改革的决心，为

①　林毅夫．制度、技术与中国农业发展［M］．上海：格致出版社，2014：51.

了进一步促进农村经济社会的发展，中央决定改变农业的资源配置方式和农村产业结构。

首先，在流通领域，减少了统购统销农产品数量，提高主要农产品的收购价格，改变单一的国营和供销社流通体制，建立起国家、集体、个体多元的新型流通体制。统购统销制度确立于 50 年代。1953 年 10 月，中共中央作出了《关于实行粮食计划收购和计划供应的决议》，同年 11 月中央政府政务院正式颁布了《关于实行粮食计划收购和计划供应的命令》，决议和计划在全国范围内有计划有步骤地实行粮食的计划收购和计划供应，简称"统购统销"。国家严控粮食市场，严禁私商私自经营粮食。此后不断扩大统购统销范围。在一定历史时期，统购统销政策发挥了积极作用，为工业化做出了巨大贡献，但同时农村也付出了巨大的代价。撤销统销统购政策，确立多元流通体制，刺激了农村经济发展，有利于缩小城乡差距。

其次，在产业结构调整上，倡导农林牧副渔全面发展，积极扶植乡镇企业。产业结构的调整，使农村的种植结构发生了非常大的变化，从过去粮食种植一统天下的局面，发展成为种植结构多元丰富的局面。在"以粮为纲"的历史时期，农村种植结构单一，林牧副渔发展很不充分，党的十一届三中全会以后总结了这方面的教训。1981 年 3 月 30 日，中共中央、国务院转发国家农委《关于积极发展农村多种经营的报告》，指出："决不放松粮食，积极开展多种经营，这就是我们的方针。"经过十年产业结构的调整，到 1988 年，林牧副渔的比重由 23.3% 提高到 44.1%。经济结构的调整，推动了农业的专业化和产业化，促进农村商品经济的发展，也为工业的发展提供了资金、市场和原材料，为乡镇企业的崛起创造了条件。

总之，流通体制和产业结构的调整，促进了农村市场经济和乡镇企业的发展。1978 年，国家统购农产品占总额的 82.4%，由于流通体制的改革，国家、集体、个人多种流通渠道涌现，到 1992 年，这个比例改写为 55.2%。1992 年末，农村集贸市场达到 62 000 多个，农副产品批发市场达到 9 500 多个，成交额超过亿元的批发市场达到 160 多个。同时农村的要素市场如生产资料、资金、劳动力等也有了较大发展，生产资料销售额中，市场调节的部分达到 70% 以上。因此，无论是农产品还是生产资料，市场调节已经处于支配地位。① 产业结构的改革，带来了 80 年代乡镇企业的异军突起。家庭联产承包责任制的推行，农业劳动生产率的提高，大量农业剩余劳动力为农村工业化和城市化提供了大量廉价劳动力；农业的增长为农村工业化提供了资金来源和市场需求。同时，商品市场和要素市场的发展，使计划外的乡镇企业获得了一定的发展空间。因此，农村工业化呈现出蓬勃发展的势头。到 1992 年，全国乡镇企业有 2 077.9 万家，从业人数达到 10 581 万人，比 1978 年增加了 7 754.4 万人，增长了 274.3%，占农村总劳动力的 24.2%，乡镇企业创造的总产值 17 685.5 亿元，占农村总产值的 66.4%，乡镇企业的总产值占全社会总产值的 32.3%。② 这一时期的乡镇企业是一支重要的经济力量，独立生产，独立销售，市场不断发育，是国家工业体系的重要组成部分，是农村工业化迈出的重要一步。

5.1.3 改革与发展的协调深化阶段（1996～2005 年）

20 世纪 90 年代中期以后，农村改革和发展面临的形势更为复杂和严峻，这一时期整个国家的现代化进入新的阶段，社会全面转轨，新旧体制并存，改革与发展的矛盾和问题在农村叠加、沉积，基层社会矛盾尖锐，干群关系紧张，因此这一阶段改革的主要任务是协调、深化和完善农村社会的方方面面。进入 90 年代以后，随着改革的深化和发展，农村社会的矛盾和问题也在增多，主要表现在以下几个方面：

一是农民收入增长速度放缓，甚至停滞，影响了农村社会的稳定。

---

① 陈锡文. 中国农村改革：回顾与展望［M］. 天津：天津人民出版社，1993：81.
② 陈锡文. 中国农村改革：回顾与展望［M］. 天津：天津人民出版社，1993：78.

农民收入经历了 20 世纪 80 年代的稳步增长，进入 90 年代以后，农民收入增长缓慢甚至停滞。1978～1992 年，是我国农民收入快速增长时期，从绝对数字来看，这一时期农民人均收入从 133.6 元提高到 784 元，年均增长率为 13.4%，而 1978 年以前，年均增长率是 3.92%，1949 年农民人均收入是 43.8 元，1978 年是 133.6 元，29 年时间，农民人均收入只增加了 89.77 元，年均仅增加 3.09 元。1978～1992 年，14 年增加了 650 元，年均增加 46.4 元。[①] 农民收入增长大大改善了农民的生活水平，这也是 80 年代农村政治稳定的重要原因。但是进入 90 年代以后，农民收入年均增长率仅为 3.8%，远远低于 80 年代的增长速度。虽然为了提高农民收入，国家提高了粮棉等农副产品的价格，但这种政策性增长不会经常也不会持久，并不能帮助农民收入走出徘徊的僵局。

二是城乡收入差距、地区收入差距以及农村内部收入差距扩大，激化了社会矛盾。从城乡比较的角度来看，农民收入的增长明显滞后于城镇居民收入的增长。在 1978 年到 20 世纪 80 年代中期以前，农民收入增长快于城市居民收入的增长，城乡收入差距在缩小。但是 80 年代中期以后，城市居民收入快于农民收入的增长，并且以年均 5% 的速度拉开差距。不仅如此，不同地区、不同省份的农村收入差距也呈扩大之势。农村社会内部因为资源禀赋的差异，收入呈分化之势。总之，进入 20 世纪 90 年代以后，农民收入增长呈现不平衡的态势，这些都会引起农村社会的不满和矛盾。农民是我国人口的主体，收入水平相对较低，实现农民的富裕和小康，是国家发展的重要目标。没有农民收入的增长，实现农民的小康目标就要落空。农民收入增长停滞或者缓慢，挫伤了农民的生产积极性，伤害的是整个国民经济。因为农民收入增长停滞会影响农业的投资和积累能力，导致农业投入不足，影响农业生产的长期健康发展。同时农民收入增长停滞，降低了农民的购买能力，对工业造成不利影响。

---

① 中国统计年鉴 2015 ［M］. 北京：中国统计出版社，2015.

农民收入增长停滞不仅仅是个经济社会问题，也会转化为政治问题。经历了20世纪80年代收入的快速增长，农民对收入增长有了更高的期待，收入放缓会引起怨气。尤其是城乡收入拉大、农村社会内部阶层分化明显，农民会产生严重的"相对剥夺感"和不平等感。在改革开放前，农民收入高度均质化，分化不明显，虽然收入低，但因为相对平均，农民没有"相对剥夺感"。进入90年代以后，农民收入增长不仅停滞或者缓慢，而且收入差距已达到很严重的程度，使农民产生了严重的不平等感。1994年，城乡收入差距达到了2.63比1的程度，这种差距远远高于当时发达国家的1.2~1.5比1的差距。虽然在经济发展初期，收入差距扩大存在一定的合理性，但是80年代我国经济迅速发展而居民收入差距并没有显著扩大，可见，经济发展并不必然导致收入差距扩大，关键在于政策和体制的倾斜，加剧了这种不平等。例如，城市居民在就业、社会保障、社会福利等方面享有的特殊优待，也会加剧城乡不平等。

三是农民负担居高不下。在农民收入增长放缓甚至停滞之时，农民的负担却在不断攀升，攀升的速度超过收入增长的速度。1994年国家粮棉大幅度提价给农民带来了丰厚的收益，但是农民负担却急剧增加。国家曾明文规定，农民除了缴纳法定费用和劳务外，任何单位无权向农民要钱要物，但一些地方巧立名目，乱集资乱收费，屡禁不止，农民法外负担越来越重。为了遏制农民负担不断上涨的趋势，中央采取了一系列措施，比如出台多个一号文件，取消了几十项达标升级活动，取消涉及中央机关的集资和收费项目，出台法律对农民负担做出法律限制等措施。但这些努力并没有解决农民负担迅速上升的问题。农民负担过重会引发一系列的政治问题，农民剩余本来就不多，在完成国家、集体的合法的税收任务后所剩无几，剩下的用于满足基本的生活。农民负担超过农民的承受能力，严重影响了农民的正常生活。农民负担在本质上是国民利益的分配和再分配问题，直接影响着国家和农民的关系，因而具有强烈的政治意义。很多摊派虽然不全然来自政府部门，但都是通过基层政府收取的，直接表现为政府行为。为了完成各项摊派、提留等款项，基层政府耗费了大量的精力，甚至在征收过程中简单粗暴强硬逼迫，造成干群直接的对立和冲突，严重恶化了国家和农民的关系。

造成农民负担过高的原因，有深刻的时代背景，其中最重要的一个原因，就是我们身处快速现代化和社会急剧变迁的历史时期。这就产生了三个基本问题，一是现代化资金问题；二是新旧体制转换中的制度缺位和行为失范问题；三是利益独立和多元化问题。这些问题交互作用，导致农民负担节节攀升。一定的资金积累是实现工业化和现代化的重要前提，西方国家在工业化初期通过剥夺国内人民和海外掠夺来获得原始积累，而我国的工业资金只能来自自身的积累，自身的积累主要是来自农业。改革开放之前，积累方式主要是通过统购统销制度、工农剪刀差、高积累等政策对农业进行索取。改革开放后，积累方式是通过缩减农业投资、扩大工农剪刀差和集资摊派对等方式获得农业剩余。在新旧体制转换过程中，因为利益和体制关系尚未理顺，改革强化了人们的利益追求，各级政府追逐利益的动机也日益强烈，这往往造成政府行为的不规范，巧立名目向农民摊派。改革也强化了农民的独立意识和民主意识，任何超过标准之外的不合理收费都会引起农民的强烈不满。特别进入 20 世纪 90 年代以后，农民收入几乎停滞，但负担却在节节攀升，超过农民的承受能力，引起农民的普遍不满，影响农村和整个社会的稳定。

四是基层政权和乡村组织权威不断下降，陷入经济贫困和权力贫困的双重困境。经济基础决定上层建筑，政治权威的形成离不开经济力量的支撑。人民公社时期，集体组织几乎垄断了所有资源，农民丧失经济自主权，农民只拥有少量的个人财产。农民的生老病死都由集体组织来安排，这一切赋予了集体组织非常高的政治权威，并能够对农村进行高效的整合。在实行家庭联产责任制以后，国家从经济领域退了出来，恢复了家庭的生产功能，农民获得了极大的经济自主权，集体组织的经济功能不复存在，个人对集体的依附性大大减小，集体掌握的资源越来有限。在中西部很多农村，集体经济解体，几十年积累起来的公有财产流失，乡村组织已经成为一个空壳。马克思曾说过，经济力是社会结构中的自然力，它比任何人为的体制和意图都更为本质和强硬。由于缺乏经济力，这些空壳村连开个会的费用都要向村民摊派，在这些地方乡村组织已经谈不上什么政治权威了。一方面，由于集体经济的衰败，乡村政治组织没有能力为村民提供经济利益、优惠和服务，失去了管理和控制农村的能力和手段。但另一方面，他们又必须完成政府下达各项任务，承担大量的准行政管理职能，村干部常常感到无能为力，加上一些村干部急于完成任务，工作方式简单粗暴，引发社会冲突，严重影响了农村的社会稳定。城市化和工业化的发展，大量农村青壮年离开农村到城市打工，留在农村的多是妇女、儿童、老人，被称为"386199"部队。由于人才匮乏，村落建设缺乏一支有希望的力量，集体经济的发展既无动力又无后劲，政治权威的经济基础无法构建起来。

"三农"问题愈益严重，并成为社会热点问题，也引起了中央政府的高度重视，多次出台红头文件对农业、农村进行政策调整。1998年10月，党的十五届三中全会通过了《中共中央关于农业和农村工作若干重大问题的决定》，该文件指出："农业、农村和农民问题是关系改革开放和现代化建设全局的重大问题。没有农村的稳定就没有全国的稳定，没有农民的小康就没有全国的小康，没有农业的现代化就没有整个国民经济的现代化。"这一段关于"三农"的阐述成为全国的共识。共识有了，也采取了很多措施，农业也获得了一些发展。2002年10月，党的十六次全国代表大会的政治报告提出"统筹城乡经济社会发展，建设现代农业，发展农村经济，增加农民收入"的战略方针。同年12月，在中共中央政治局会议上，胡锦涛指出，做好"三农"工作是全党工作的重中之重。2005年10月，党的十六届五中全会提出了建设社会主义新农村的战略任务。党的十六大以来，党中央给予"三农"问题前所未有的重视，投入了大量的人力、物力和财力。但是"三农"问题还是很严重，城乡差距还是在扩大，农民失业、失地、失利问题还是很严重。为什么出现事与愿违的结果？关键还是体制问题没有解决，二元结构没有破解。体制是根本性的问题，体制问题不解决，过去存在的严重问题会反复出现。要改变不合理的结构，就要改革户口、就业、人事、社会保障等方面的体制，按照社会主义市场经济体制的要求，建立新的体制。

5.1.4　城乡反哺时期（2006 年至今）

2005 年人均国内生产总值达到 14 259 元，农业占国内生产总值的 12%，工业占国内生产总值的 47%，[①] 这说明我国的工业化水平已经进入可以对农业进行反哺的阶段。党的十六届五中全会以来，我国不断加大对农业的投入和支持，提高公共财政对农村的覆盖水平，形成城乡互动、协调、繁荣的新局面。这一阶段影响农业的重大事件是 2006 年，中央一举废除了延续几千年的农业税。

废除农业税的试点工作在 2000 年就已经在安徽开始。2000 年 3 月，国务院下发《关于进行农村税费改革试点工作的通知》，决定在安徽进行税费改革试点。这次改革的主要内容被概括为"三个取消，一个逐步取消，两个调整和一项改革"，也就是取消乡镇统筹款、屠宰税、教育集资等面向农民的行政事业收费；逐步取消劳动积累工和义务工；调整农业税政策和农业特产税征收办法，规定农业税税率上限为 7%；改革村提留征收和使用办法，征收农业税附加以农业税税额的 20% 为上限。在安徽经验的基础上，税费改革试点范围不断扩大。2001 年 3 月，国务院发出《关于进一步做好农村税费改革试点工作的通知》，要求具备条件的省份全面推开税费改革试点。2002 年 20 个省份成为税费改革试点，2003 年在全国推开。2003 年 3 月，国务院发出《关于全面推进农村税费改革试点工作的意见》，要求"逐步缩小农业特产税征收范

---

① 中国统计年鉴 2015 ［M］. 北京：中国统计出版社，2015.

围，降低税率，为最终取消这一税种创造条件"。当年，为了税费改革顺利进行，中央财政拿出 305 亿用于税费改革的专项转移支付。2004年税费改革加快了进程，1 月 1 日，中央发布了《关于促进农民增加收入若干政策的意见》，提出逐步降低农业税税率，总体上降低一个百分点，同时取消除烟叶以外的农业特产税。2004 年 3 月，中央在黑龙江、吉林两省进行免征农业税的试点，同时，河北等 11 个粮食主产区农业税税率降低三个百分点，其余省份降低一个百分点。到 2004 年底，已经有 8 个省份实现了免征农业税。2005 年，中央继续加大税费减免和种粮直补的政策实施力度。2005 年 10 月，党的十六届五中全会通过《中共中央关于制定国民经济和社会发展第十一个五年规划的建议》，农村税费改革也被纳入这个战略之中。2006 年 1 月 1 日废止《中华人民共和国农业税条例》的决定，延续两千多年的农业税正式废除。税费改革最明显的成效是直接减轻了农民的负担，遏制了"乱集资、乱摊派、乱收费"的势头，缓解了干群之间的矛盾，巩固了党和政府在基层的合法性。取消农业税，是工业反哺农业战略的第一步，农民仍然要缴纳除农业税之外的税种，如增值税、车辆税、消费税、个人所得税等税种。因此，农业税废除后，农民并非处于无税状态，废除农业税也不能根本改变牺牲农民利益换取城镇发展的基本格局，离工业反哺农业的战略仍然有很多差距。对农业进行高额补贴，是工业化国家支持农业的普遍做法。因此，在农业税废除后，中央对种粮户进行直接补贴，并逐年增加对农业的投入力度。党的十六大以后，农民收入增长很快，2006 年农民人均年收入是 3 587 元，2010 年农民人均收入增长到 5 919 元，增加了 2 332 元，增长率达到 65%，平均每年增长470 多元。"十五"期间农民人均收入平均每年只增加了 180 元，可见"十一五"期间农民收入增长是非常显著的，这是工业反哺农业战略实施的直接结果。"十二五"期间农民收入增长更快，2014 年农民人均收入达到 9 892 元，比 2010 年增加了 3 973 元，平均每年增加

1 000 元，比 2010 年增长 67%。[①] 进入"十三五"以后，国民生产总值达到 744 127.2 万亿元，国家经济实力极大增强，执行工业反哺农业战略的能力更强，[②] 因此，"十三五"期间，中央对农业的投入更大，农村经济发展迈入更高的水平。

党的十八大以来，整个国家的发展取得了突破性进展，脱贫攻坚任务的完成和全面小康社会的建成使乡村文化建设建立在更坚实的物质基础和更主动的精神力量之上。实施乡村振兴战略是党的十九大提出的战略部署，标志着城乡一体化发展进入高质量发展阶段，乡村社会的发展不再是手段，而是发展的目的。党的二十大再次把乡村振兴战略摆在突出的地位。党的十八大以来，中央建立了城乡融合发展体制和政策体系，国家资源密集下乡，农业现代化、农民生活水平不断提升，农业机械化率不断提高，扶贫事业取得了巨大成就，农民的生活环境大为改善，建立了一大批美丽宜居的现代化乡村。农村土地所有权、承包权和经营权"三权分置"改革推动了农村土地制度改革的深化，更有助于实现公平与效率、保护农民权益，农民有了更多的财产权和更多的选择自由。乡村治理体系和治理机制不断健全，为乡村文化建设奠定了坚实的政治基础。村民自治组织将分散的农民吸纳到国家体制中来，实现了国家治理和村民自我管理的协调，实现了对乡村社会的治理和整合，为开展乡村文化建设提供了组织者和引导者。农民自组织的发展和对高质量精神生活的追求为乡村文化奠定了坚实的社会基础。40 多年的市场经济发展，解决了农民的温饱问题，生存问题解决后农民有了更高的精神追求。农业生产力的提高和机械化的广泛使用，使农民的闲暇时间大为延长，为发展丰富多彩的精神生活提供了时间保障。

[①]　中国统计年鉴 2015 [M]. 北京：中国统计出版社，2015.
[②]　中国统计年鉴 2017 [M]. 北京：中国统计出版社，2017.

5.2 改革开放以来农村经济变革对村落文化的影响

农村经济领域的变革对文化领域的影响是不可低估的，传统的村落共同体在某种程度恢复了。家庭的生产功能恢复，行政力量从经济领域退出，商品经济越来越活跃，对农村社会的表层和深层都产生了深远的影响。

5.2.1 宗族文化在一定程度上恢复了

联产承包责任制使家庭生产功能全面恢复，家庭获得了生产经营的自主权，成为经济生活中的主体。家庭主体地位的确立，拓展到社会生活方面，就是血缘关系和地缘关系的重要性重新恢复。因为国家政权力量在乡村的影响减弱，农民为了寻求新的依靠，把目光投向传统的血缘组织——宗族组织。传统的宗族组织本身就有为宗族成员提供保护和支持的功能，集体化时期它受到压制，但没有彻底消失。族人互助是宗族长期存在的理由和根据，在集体经济解体、国家政权在基层的影响减弱的情况下，农民在需要帮助时，宗族因其血缘的亲近性成为农民最好的选择。人民公社解体后，长期被压抑的宗族意识又重新复出，过去宗族组织的骨干人员利用宗族意识号召族人修宗祠，续族谱，开展集体祭祀，宗族活动在一定程度上恢复了。宗族文化可以说是传统村落文化的核心，传统村落文化的血缘性和地缘性集中体现在宗族文化当中，宗族文化的发展变迁集中反映了传统村落文化的变迁。宗族文化在新中国成立后历经各种政治运动的洗礼，在组织和结构方面被彻底瓦解，但宗族观念却一直潜伏着。改革开放后，随着国家政权的力量在农村基层的收缩，宗族文化又获得了重生的空间，呈现出复兴的局面。

宗族文化的复兴表现在以下几个方面：

　　第一，家庭的生产和生活功能的恢复。家庭是社会的细胞，社会的变迁往往体现在家庭的变迁中。"社会制度的变迁很可能隐藏在家庭生活形式的广泛变革背后"①，家庭功能及其关系的变化必然对村落社会的政治经济文化产生深刻的影响，就像 20 世纪 70 年代的家庭联产责任制的实施，恢复了家庭的生产和生活功能，从而开启了农村社会的一系列变革。1949 年以后，家庭的功能和地位经历了两次大的转折。一次是历时 20 年的人民公社时期，一次是改革开放以来的新时期。在人民公社体制下，公社、大队、生产队三级组织政社合一，承担着工农商学兵一体化的角色。生产队是最基层的单位，生产和生活均由集体统一安排，家庭的许多功能被极大地弱化，特别是生产功能不复存在。于是，在村落社会中，家庭自组织被集体组织压抑和支配，家庭的独立地位被弱化，使村落直接和国家宏观体制对接，从而实现了集体主义对农民和家庭个体的强制性整合。70 年代末的改革，首先瓦解了人民公社的生产组织形式，并促使公社体制的解体。这实际上是家庭和集体力量此消彼长的结果，家庭功能全面恢复，家庭由被支配地位变成主导地位。最大的变化表现是在生产功能上面，家庭获得了生产经营的自主权，家庭获得了经济生活中的主体地位。家庭主体地位的确立，拓展到社会生活方面，就是血缘关系和地缘关系的重要性重新恢复。

　　第二，宗族组织的社会功能有所恢复。人民公社解体后，国家政权只延伸到乡镇一级，而乡镇以下实行村民自治。在大多数农村，因为集体财产转移到农户手中，村级组织失去了可支配农民和农户的必要物质手段，也无法为农户提供必要的服务和保障，因而国家政权在乡村的影响力减弱。而小农家庭抗风险能力天然不足，要求社会支持和帮助，最便捷最可靠的支持就是来自传统的血缘联系。传统的宗族组织本身就有为宗族成员提供保护和支持的功能，虽然集体化时期它受到压制，但没

---

　　①　[意] 迈克尔·米特罗尔、雷因哈德·西德尔. 欧洲家庭史 [M]. 北京：华夏出版社，1987：21.

有彻底消失，一旦社会环境出现松动，宗族组织和观念就会在一定程度上得到恢复。宗族组织是血缘和地缘合一的社会组织，几千年来，亲族聚居的村落结构是宗族组织得以存在的重要基础。新中国成立后，曾经用行政力量对亲族聚居的格局进行干预，但并没有彻底肢解亲族聚居的结构，直到今天，亲族聚居仍然是村落社会的重要特征。亲族聚居使得村落和宗族合为一体，村落的构成在血缘上高度同质，人际认同感强，内部人际互动多，社会交易成本小，凝聚力强。

第三，宗族意识恢复。如果没有宗族意识，亲族聚居也只是一群有血缘关系的人聚集在一起而已。宗族意识，作为一种观念长期积淀在村民心中，即使有形的宗族文化——宗祠、族谱、仪式消失，宗族观念也会继续存在。人民公社解体后，长期被压抑的宗族意识又重新复出，过去宗族组织的骨干人员利用宗族意识号召族人修宗祠，续族谱，开展集体祭祀，宗族活动在一定程度上恢复了。

5.2.2　宗教文化的空间不断扩大

在新中国成立前，民间信仰很多，有祖宗信仰、鬼神信仰、佛教信仰、基督教信仰等。新中国成立后，宗教信仰被压制，改革开放后，随着国家权力在村落的全面收缩，宗教信仰也开始恢复。一方面，传统的民间信仰得以部分恢复。虽然以祖宗信仰为核心的传统信仰体系已经崩溃，但是传统信仰的一些碎片却得到恢复，如逢年过节仍然敬拜祖宗，敬拜各类形式的民间鬼神等。另一方面，外来宗教获得了传播的空间。因为传统的信仰体系已经接近瓦解，传统信仰形式零碎化、世俗化和形式化，不能满足村民对信仰的庞大需求，导致基督教等外来宗教蔓延开来。

改革开放以来，我国农村宗教有不同程度的复兴和发展，其中，传统的民间信仰的复兴，只是细枝末叶的复兴，基督教的发展最为迅速。而且，在基督教的迅速发展的势头下，传统民间信仰被当作封建迷信。目前还没有基督徒数量的精确估计，在众多估算当中，我国基督徒的最高数据是 1.2 亿人，最低的为 5 000 万人，其中 80% 生活在农村。[①] 即使是最保守的数据，也说明了改革开放以来基督教在农村的快速传播。基督教在农村传播的组织性、扩张性、排他性远超其他宗教，佛教及其他鬼神信仰处于弥散自发状态，在话语权、影响力等方面，远不如基督教，在华北农村的调查，证实了农村宗教的这一状况。在河南周口 S 村调查发现，本地主要的宗教信仰为基督教。同时，由于回民较多，伊斯兰教也较多，常常可以看见路边有清真餐厅。另外，街上的关帝庙，每月初一、十五烧香的人会比较多。走在村子里，几乎可以看到大多数家庭门口都张贴着基督教相关的对联和门幅。一些不信教的家庭也贴基督教对联，因为有人发免费的，于是就贴了，节约自己买对联的钱。而邻近几个村信教的教徒较多，附近的教堂也比较多。信教的多是老年人，年轻人多忙于工作赚钱。教堂每个星期做礼拜时，一个教堂每次有二三百人，一开会时教徒都会去。

对于在我国农村出现的宗教热，学界有两种解释："空间论"和"市场论"。"空间论"认为，国家在基层治理领域让渡了一定的自由空间，才使得基督教迅速发展。"市场论"认为，各种信仰之间是一种竞争关系，谁能提供更好的产品谁就能占有更大的市场。学者阮荣平、郑风田、刘力研究发现，公共文化供给对宗教信仰有"挤出效应"，公共文化供给可以降低村落信教比率，减少村民参与宗教的概率，公共文化供给与宗教信仰存在负相关关系。根据这一解释，可以得出这样的政策建议：加强农村公共文化服务可以有效应对农村的"宗教热"。

吴理财认为，对于村落宗教文化的复兴，除了市场和国家的原因，还有就是中国乡村社会经历的"个体化"或者"公共性"的消解，导致了农村宗教的发展。[②] 阎云翔认为，1949 年后的中国，经历了两次脱嵌，首先是 1949 ~ 1978 年，"国家推动的社会改造把个人从家庭、亲

①　吴理财. 公共性的消解与重建［M］. 北京：知识产权出版社，2013：169，182.
②　吴理财. 公共性的消解与重建［M］. 北京：知识产权出版社，2013：191.

属、地方社区中抽离出来，然后再嵌入到国家控制的工作和生活再分配体系"第二阶段始于1978年，"国家推动的市场经济改革，把个人从国家和集体的分配体系脱嵌出来，国家不再承担过去承担的很多责任，迫使个人自我依赖、积极竞争"。① 经历两次脱嵌的个体，失去传统家庭、宗族以及国家和集体的保护，变得孤立无援，没有安全感，迫切需要建立新的安全网。宗教就像一个精神合作社，在这里人们可以抱团取暖，可以找到心灵慰藉和组织的依靠。宗教的团体生活，让那些孤独、无望的农民重新找到了那种守望相助的温暖。从理论上讲，从宗族和国家脱嵌出来的个体，还是有其他途径展开互助的，比如可以通过把农民组织起来，重构互助模式，但是完全个体化的村庄很难再组织起来；还可以通过政府提供公共服务的方式解决个体的福利保障问题，但公共服务的效力并不令人满意；另外，还可以通过市场购买的方式获得服务。但是，加入基督教的老弱病残穷群体，是市场经济中的边缘群体，他们基本上没有能力通过市场的途径去购买服务，加入基督教最廉价、最便捷。实际上村民并不是被基督教的教义吸引过来的，而是因为通过加入基督教，这些边缘群体可以改变自身的劣势地位，并建立自尊感和意义感。

改革开放以来，宗教快速传播的原因可以从三个方面解释，一是国家权力在基层的收缩，为宗教的传播提供了一定的空间；二是经过改革前的政治运动和改革后的市场化改革，个体从家庭和国家脱嵌出来，村落公共性日益消解，宗教满足了个人公共交往的需要；三是福利和保障制度的缺失，迫使脱嵌后的个体为了寻找新的安全网而投入宗教的怀抱。

5.2.3 传统的人情礼俗文化重新得到恢复

因为家庭功能的恢复，使建立在血缘和地缘基础之上的人际关系的重要性得到恢复。阶级意识的退场，人们又恢复了往日的人情来往，以血缘和地缘为基础的人际关系在人们的生活中日益发挥更重要的作用。

① 阎云翔. 中国社会的个体化［M］. 上海：上海译文出版社，2016：342.

　　"以'己'为中心，像石子一般投入水中，和别人所形成的社会关系，不像团体中的分子一般大家立在一个平面上的，而是像水的波纹一般，一圈圈推出去，愈推愈远，也愈推愈薄。"[1] 费孝通的这段话揭示了传统的社会关系是以差序格局为基础的，而差序格局是以血缘关系为基础的，血缘关系的远近决定着差序格局中的位置。在差序格局中的位置不同，决定了在婚丧嫁娶以及添丁中的角色和义务不一样，礼金的数额也不一样。血缘越近，礼金越多，血缘越远，礼金也就越少。另外，在差序格局中，同一个层次的，要商量着给，礼金要一致。如某男子结婚，直系的长辈给的礼金最多，其他长辈给的较少，再远的长辈就可以不随礼。而与之平辈的，则按照统一的标准给。在差序格局之外的地缘关系或拟血缘关系，遵循的是一致原则。超出亲属关系的普通村民关系之间的随礼按照统一的标准随礼。以山东德州 C 村的随礼规则为例，五服以外的普通庄乡关系，礼金 50 元；四服关系拿 100 元，三服关系（堂叔伯关系）拿 200 元，亲叔伯、姑舅姨拿的最多 1 000 元。这是一般情况，具体到每个家族还要根据其家庭的经济条件。

　　血缘关系和地缘关系共同构成了村落社会人情往来的基础。随着社会的变迁加快，社会流动频繁，现在的村落社会与费孝通时期的社会结构相比，已经表现出很大的不同。虽然血缘关系仍然是基础，但是地缘关系越来越重要。在那些历史短、血缘关系薄弱的村落，发展出一种"拟血缘"关系，以地缘关系为基础，按照差序格局的原则进行人情往来。人情礼俗文化的存在，表明村落社会中的人际关系还保留这温情脉脉的一面，它一方面体现了中国人"知恩必报"的价值观念，另一方面也使中国人背上了沉重的"人情债"。

5.2.4　伦理文化更趋平等化和民主化

　　家庭生产功能的恢复，却没有恢复老人的权威地位，老人的地位日

---

[1]　费孝通. 乡土中国 [M]. 北京：北京大学出版社，2012：43 - 44.

益边缘化。现代的农业需要掌握先进的农业技术，并参与市场交换。现代的农业技术和市场经济天然地排斥老年人，老年人在家庭中的经济贡献日益降低，在家庭中降到从属地位，年轻人日益掌握了家庭的主导权。

总的来说，当前代际伦理的总趋势是核心家庭的重要性日益增加，父母被置于不利的地位。伴随着孝道的衰落，核心家庭的幸福、夫妻关系的重要性上升，代际关系要为核心家庭的幸福铺路。为了获得更多的自主权，子代分家的时间不断提前，甚至在没有结婚前就在做分家的准备。父母为了晚年能够得到子女的善待，尽可能地满足子代的期待，积极帮助子代分家单过。父母尽可能地为子代付出，从而希望获得子代感情上的回报。对子代无尽的付出，不仅是因为代际互惠心理，而且是因为父母对子代与生俱来的情感。不管子代是如何不孝，如何不善待父母，父母还是担心子代过得不好，父母对子女的爱使他们愿意为子女无条件地付出。就是这份父母心，也使父代处于非常不利的地位，子代可能利用父母的爱无条件地索取。

妇女地位提高。"在传统观念中，已婚妇女对家庭的维系不起正面作用。为减少其对家庭维系和发展的负面影响，主流意识往往倡导将妇女排斥在家庭决策之外，要求妇女以料理家务为己任。"[①] 新中国成立以来，由于政治运动的冲击，夫权、族权被削弱，妇女不再受双重压迫，妇女在家庭中的从属状态逐渐被改变。20 世纪 80 年代以前，婆婆一方更强势，但是 80 年代以后，媳妇一方开始敢于和婆婆一方争权，2000 年以后，则是婆婆一方一切要顺着媳妇。陕西关中 D 村 75 岁的 M 女说，"毛主席提倡男女平等，但那会儿，老风气改不了，80 年代以后媳妇就开始厉害了"。80 年代以后，妇女也开始出去打工，有了经济自主权，能养活自己。但是这时婆婆一方还没有彻底放权，谁更能厉害，主要看谁的个性更强。2000 年以后，婚姻压力增加，女性的婚配优势

---

① 王跃生. 家庭结构转化和变动的理论分析——以中国农村的历史和现实经验为基础 [J]. 社会科学，2008（7）.

使媳妇一方彻底掌握了权力。河南 N 村 W 女说，"现在媳妇对婆婆不好，婆婆不敢吭声，吭一声，媳妇就跑了，媳妇就是家里的'老天爷'"。如今婆媳关系中，媳妇已经掌握了绝对的主导权，媳妇的强势、婆婆的忍让标志着权力关系发生了代际转移。

在传统的伦理社会，兄弟之间有很强的伦理责任，哥哥要照顾弟弟、帮助弟弟，弟弟要尊敬哥哥、服从哥哥。当父母不在或者父母年老时，哥哥要承担照顾弟弟妹妹的责任，所谓长兄如父，长嫂如母。如果有未婚的弟弟妹妹，哥哥有义务协助父母帮助弟弟妹妹们成家。新中国成立后，历次政治运动不断削弱家族的权力，把人们对家族和家庭的忠诚逐渐转移到集体和国家，传统的血缘联系对人们责任和义务的约束也慢慢解体。兄弟之间成为彼此独立的个体，彼此不再负有很强的伦理责任。兄弟关系的平等化，跟父代的权威下降也有很大的关系。在父代地位很高的历史时期里，兄弟之间有相互帮扶的义务，帮助兄弟就是帮助父母。父母要照顾所有的子女，子女当中有的生活得好，有的生活得不好，为了让父母不担心、减轻父母的压力，生活得好、能力强的子女要帮助有困难的、生活得不好的子女。兄弟之间如果不相互帮助，会受到父母的指责，会被人斥为不孝。但是随着父代权威下降，父代对子女的约束下降，对不赡养父母的子女尚且无力干预，对不帮助兄弟的子女更是无可奈何。而且父代权威下降后，兄弟关系更加具有竞争色彩，兄弟多的家庭会在剥削父代方面展开激烈的竞争，尽可能地从父代那里索取更多的财产，壮大小家庭的利益。虽然兄弟关系因为血缘联系的紧密，也仍然有一定的情感基础，竞争不至于白热化，但也深刻地影响了兄弟关系的维持状况。特别是妇女地位的提升，兄弟关系竞争的一面被极大地激发出来。因为妇女与丈夫家的人缺乏血缘联系和情感联系，行为处事更多地从小家庭的利益出发，如何从父代那里争取到更多的利益是媳妇的理性选择。因此，妇女地位的提升，不仅改变了代际关系，也改变了兄弟关系，使兄弟关系从互助关系走向竞争关系。改革开放以来，由于市场经济的发展，加速了村落社会的个体化，人们不断从家庭、集体、国家脱嵌出来，被迫投入到市场经济的竞争中，在市场经济主导的话语中成长为理性经济人。"在日常生活中，市场语言无孔不入，把所有的人际关系都纳入以强调自我利益、自我优先权为导向的模式。由于相互理解和相互承认而结成的社会纽带，已经被自身功利最大化的选择和行为方式所摧毁。"① 市场竞争的残酷再一次摧毁了兄弟之间温情脉脉的联系，长幼有序、兄弟互助的伦理责任也就随之弱化。

5.3 改革开放以来村落文化变迁的基本特征

改革开放以来村落文化变迁的基本特征是以经济变迁为主导动力，以个人主义和原子化为主要趋势，体现出差异化和不平衡性。如果说改革开放前30年的村落文化变迁是政治主导的，通过政治强制实现的，那么改革开放后40年的村落文化变迁是经济变革主导的，而且，真正对村落文化造成持续冲击的是经济变革。改革开放以后，农民获得了土地经营的自主权，强制性的集体生产被解除了，城乡流动的大门打开后，农民开始进厂务工。这样一来，农民从传统和集体的藩篱中解放出来，卷入到商品经济的大潮中，接受了商品经济价值观，成为原子化的个人。我国幅员辽阔，各地的自然风貌、人文地理、历史文化传统差异较大，形成了不同的村落社会结构。同样的国家政策到达村落社会时，由于不同的村落社会结构会产生不同的政策结果。

5.3.1 以经济变革为主要动力

改革开放前，农村建立了以生产资料集体所有的公有制和集体劳动、统一分配的生产分配机制，改变了土地私有关系和家庭劳作的生产

---

① 乌尔里希·贝克. 世界主义的欧洲：第二次现代性的社会和政治 [M]. 上海：华东师范大学出版社，2008：288.

方式，但是改革开放前，农村生产力并没有获得显著增长。再加上家庭的部分功能并没有彻底消失，以自然村为基础的聚居结构没有改变，户籍制度对人口流动的限制，农耕仍然是村落主要的生活来源等，这一系列的原因导致传统村落文化的根基并没有彻底动摇。一旦政治强制解除，村落文化就展现出向传统回归的趋势。但是，随着社会主义市场经济的确立和发展，农村的物质生产力获得了前所未有的增长。随着国家行政力量从经济领域退出，家庭联产承包责任制的推行，家庭的生产功能再次得到确认，个体农民从集体的藩篱下解放出来，农民发展经济的积极性和主动性得到很大的释放，持续的物质增长，逐渐消解了传统村落文化存在的根基。经济增长促使村落文化的变化主要体现在以下几个方面：一是农村经济开始从以农耕为主向农工商多元经济发展；二是大规模的人口流动逐渐突破了传统村落文化封闭的格局；三是与市场经济密切相关的利益观念日益瓦解传统村落文化的礼俗性，能力、财富、地位成为衡量一切的标准。利益至上的观念深入人心，并把一切社会关系量化为金钱关系，"随着货币关系的泛化，农民之间越来越原子化，缺乏有效结合而处于独立无援的状态。处于个体化状态中的农民，不仅'为自己而活'，而且只能'靠自己而活'"[1]，村落社会越来越个体化，"这些崛起的个体不但从集体、单位、社区乃至家庭中脱嵌出来，而且从传统的规范中脱嵌出来，成为无依无靠、无拘无束的'自由人'"[2]，失去集体主义和传统规范约束的个人日益成为"无公德的个人"。个人至上、利益至上的观念，既动摇了集体化时期的集体主义观念，也动摇了传统时期互惠互助的道德观念。

5.3.2　以个体化、原子化为主要趋势

党的十一届三中全会以来，市场经济的发展彻底改变了人们的行为

---

① 吴理财. 公共性的消解与重建［M］. 北京：知识产权出版社，2013：213.
② 吴理财. 公共性的消解与重建［M］. 北京：知识产权出版社，2013：216.

和观念，推动了家庭结构的变迁，以及个人的崛起。个人崛起的结果使家庭关系趋于平等化、民主化，但也带来了一系列的社会问题，比如老人赡养的问题、农村价值观的混乱与迷茫等问题。正是传统的长辈权力受到政治运动和市场经济的双重削弱，才有年轻一代的崛起，才使个人的权利摆脱家庭的束缚日益突出和重要起来。个人的崛起也带来了价值观念的多元，年轻人对独立自主的追求、反权威的倾向，使人们在每一个问题上都无法形成统一的价值观，更多的价值选择也带来了迷茫和混乱。他们一方面追求着独立自主，另一方面却无条件向父辈索取，在追求自己的利益的同时，很少顾及到长辈的利益或者其他人的利益，这种个人主义并不是真正的独立自主，而是极端自私的个人主义。因为对个人权利的强调，并没有带动对他人权利的尊重以及公共生活的负责。

村民对村落的责任和义务感日益降低，"无公德的个人"盛行，只想索取，不想给予。"村民的个体性和主体性的发展基本被限制在私人领域之内，从而导致自我中心主义的泛滥。"① 在当下，既没有传统的血缘力量，也没有权力的强制力量，能够促使村民参与到集体事务中来。从宗族和集体脱嵌出来的个体，成为原子化的个人，因为缺乏公共参与，村民的个性和主体性只能在私人领域扩张，很难基于共同的利益达成合作。在市场经济的环境下，农民把一切事务和关系都功利化了，在做事情之前，先要问一句，"这件事情对我有什么好处"，对自己没有直接好处的事情则拒绝参加。

由于缺乏公共参与，村民很难达成合作，导致村落公共产品的提供乏善可陈，大部分村落基本没有大规模的基础建设，这些基础建设本身也是公共参与的一部分。税费改革之前，村集体还能为村落提供部分公共产品，还能把村民动员起来进行公共建设，但税费改革后，集体的权威被进一步削弱。村民比较容易动员起来参与公共事务的村落要么是宗

---

① 阎云翔. 私人生活的变革：一个中国村庄里的爱情、家庭与亲密关系 1949–1999 [M]. 龚小夏译，上海：上海书店出版社，2006：261.

族型村落，要么是集体资源比较丰厚的村落。在那些宗族权威高的村落，还能利用人们的血缘认同把人们动员起来参与公共事务。集体资源丰厚的村落因为可以为村民提供大量的公共服务，村民对村落的认同比较高，可以形成对村民的强有力的领导，也比较容易促使村民为了共同的利益而合作。

5.3.3　以差异性和不平衡性为主要呈现形式

改革开放以后，随着社会主义市场经济在农村的确立，附着在市场经济基础上的一系列文化和观念也在村落社会生根发芽。但是，因为村落社会结构的差异，不同村落应对市场经济冲击的能力不一样，带来的直接结果就是农村文化变迁呈现出明显的差异性和不平衡性。而且，差异性和不平衡性以区域的形式展现出来。分布在华南地区的宗族型村落，传统的村落文化受到的冲击比较小，市场经济带来的负面影响还不大，传统的村落文化仍然维系着村落社会的秩序。分布在华北地区的小亲族村落，目前正处于传统村落文化转型的过渡阶段，一方面，部分传统开始瓦解，新旧激烈的冲突带给村民的是价值上的迷茫和焦虑；另一方面，传统村落文化的价值系统仍然顽固地维持着，影响着村民的行为选择。分布在中部、西部的原子化农村，传统的村落文化基本上解体，是受到市场经济影响最大的地区。

宗族村落，主要分布在华南地区的江西、福建、广东、广西、海南、湘南、鄂东南和浙江温州等地，这些地区村落社会结构是典型的宗族社会。时至今日，村民仍然是聚族而居，宗族文化较为浓厚，宗族内部凝聚力强，宗族成员在生活上和生产上有相互帮助的责任和义务，在公共事务上有较强的一致行动能力。以宗族信仰为核心，以其他民间信仰为辅的信仰体系仍然保留得比较完整，能够为村民提供安身立命的价值支持，能够强力地抵制基督教等外来宗教的渗透。人情礼俗有统一的村落规范，人情规则建立在血缘秩序的基础上，人们只需要遵循共同的村落人情规则就可以，不存在人情竞争。人们仍然保持传统的伦理互助,老人的权威仍然比较高,基本上不存在养老问题。长子在家庭中的地位很重要,对兄弟姐妹负有很强的伦理责任和义务。妇女的地位不高,从属于丈夫,妇女获得家庭地位和村落认可的唯一方式就是生男孩,完成传宗接代的任务。宗族型村落,传统村落文化是维系村落秩序的主导力量,但是 2000 年以后,市场经济的影响开始变大,传统也在日趋瓦解,不过总体上,仍然比其他地区的农村保留更多的传统。

小亲族村落,主要分布在河南、河北、山东、山西、苏北、皖北、陕西等农村。这些地区的村落是典型的小亲族社会,村落存在众多五服以内的小亲族群体,彼此存在激烈的竞争。在小亲族范围内,凝聚力较强,有较强的一致行动能力,在小亲族范围内宗族文化较为浓厚,超出小亲族范围,存在着激烈的社会竞争。以祖宗信仰和民间信仰为核心的传统信仰体系已经开始瓦解,在外来宗教的冲击下,传统的信仰体系被当作封建迷信而被边缘化,不能为村民提供安身立命的价值支持,人们转而去寻求外来宗教的支持,所以基督教在这些地方的扩张极为强势。在人情礼俗方面,小亲族范围内遵循血缘原则,有共同的规则,不需要竞争。但是,在小亲族范围之外,不同小亲族之间存在激烈的社会竞争。社会竞争,包括住房、是否有儿子、婚葬排场等方面,给村民造成了极大的生活负担和思想压力。在竞争中被边缘的村民,从外来宗教中寻求安慰,使基督教等宗教获得了极大的传播空间。在伦理道德方面,老人被边缘化,代际关系极为不平衡,老人对子女有无限责任,但子女对父母的回馈非常没有保障,经常发生无人赡养老人的悲剧。

原子化的村落,主要分布在云南、贵州、四川、重庆、湖北、湖南、安徽、江苏、浙江、东北等地。这些地方的农村基本上是原子化的村落,认同单位以家庭为基础,宗族文化基本上不存在了,祖先在人们的现实生活中不具备重要的意义,他们只是死去的亲人而已,祭祀也只是祭祀三代以内的亲人。以祖宗信仰为核心的传统信仰体系基本解体,传统信仰仅仅以碎片化、世俗化的形式存在。形形色色的地下宗教对人们的信仰世界产生极大的影响。人情礼俗受到市场经济的影响比较大,人们较早就接受了利益至上的观念。

综上，市场经济对村落文化的冲击在全国呈现区域差异，虽然总体上以传统村落文化的瓦解为主要趋势，但是因为村落社会结构的差异，速度上有快有慢，传统保留的多少不一样。

5.4　改革开放以来村落文化建设面临的机遇与挑战

改革开放以来，村落文化进入急剧变革的历史时期。社会存在决定社会意识，村落文化的变迁，植根于农村社会环境和社会实践的内容和方式的变化当中。农村经济体制改革促进了整个国家经济、社会的变革，为农村和整个社会的发展创造了条件，也是村落文化变迁的重要动力。全方位的对外开放政策，使中国改变了半封闭状态，放眼看世界，大量的西方文化涌入，东西文化激烈碰撞，对村落文化也造成了冲击。改革开放一方面促使村落文化不断地革故鼎新，但另一方面，也使村落文化的发展遭遇到了前所未有的挑战。

5.4.1　改革开放以来的经济变革给村落文化建设带来的机遇

通过改革，社会主义市场经济体制正式建立，使货币成为经济社会生活中的活跃因素；竞争中求生存成为社会的基本行为规范；城乡之间的封闭被打破，中国由传统农业社会向工业社会演变，这一切为村落文化的演变提供了必要的基础。改革开放以来经济变革给村落文化建设带来的机遇主要体现在以下几个方面：

第一，农村经济社会变革使村落文化更具有开放性和现代性。因为市场经济的发展，农业经济和农民的生活基本上打破了自给自足的封闭状态，商品经济的繁荣发展不断突破人民公社封闭的社会结构，为农村的阶层分化和人口流动创造了条件。取消联合劳动，恢复家庭的生产功能，农民获得了劳动时间和劳动投向的支配权，伴随着劳动生产率的提高，剩余劳动力问题逐渐凸显。在此情况下，国家放松了对农民的控制，鼓励剩余劳动力向乡镇企业、向城市流动。农村的人口流动和职业分化呈现前所未有的局面。一部分农民通过进入乡镇企业脱离农业，一部分进入商业、运输业，成为个体户，一部分流入城市。职业分化和流动改变了农民的职业构成和收入的均质化，也打破了人民公社时期封闭的层级结构，在开放和流动的环境中，中国现代化、工业化、城镇化进程加快。1978 年以前，中国的城镇化水平一直保持在较低的水平，农村人口一直保持在总人口的 80% 以上，1978 年以后，由于农村人口的分化和流动，这一比例逐渐降低。数据显示，2010 年乡村人口占50.05%，从 2011 年开始，乡村人口首次低于城镇人口，到 2017 年，乡村人口已经下降到了 41.48%[①]。随着城镇化的进一步推进，这一比例还会继续降低。农民向城市流动，在城市文化的熏陶下，形成新的思想观念和行为方式，然后又带回家乡，改变家乡的文化观念。

第二，农村经济社会变革恢复了家庭的独立自主性，使传统的血缘和地缘组织出现一定程度的恢复，增强了村落社会自组织能力。家庭联产承包责任制的实施，在农村形成了家庭分散经营和集体统一经营相结合的双层经营体制，从而恢复了家庭的生产和生活功能，农民拥有必要的生产资料，承认农民的财产权利，成为独立的具有自我发展能力的商品生产者。土地归国家和集体所有，抑制了土地兼并和两极分化，有利于整个农村和国家的稳定。同时，经济体制的改革也使整个国家走上了市场经济之路，高度集中的人民公社体制的瓦解，促进了农村政治的分化和民主化。人民公社解体后，农民的自组织能力获得了增强，主要表现在：血缘组织功能恢复和扩大，地缘组织和业缘组织也在生成和发展。农民自组织能力增强，对维护农村社会政治稳定和促进经济发展起到了十分重要的作用。

---

① 中国统计年鉴 2018 [M]. 北京：中国统计出版社，2015.

第三，与市场经济相伴随的价值观念开始深刻的影响村落文化。因为改革使农民的生产积极性空前高涨，劳动生产率大幅提高，农业剩余大大增加，导致农村涌现了大量剩余劳动力。农民拓宽就业渠道和增加收入来源的动力促进了乡镇企业的发展。农业剩余的增加、劳动力的自由流动、多种经济成分生存空间的扩大等，为乡镇企业的发展提供了充分的条件。乡镇企业一开始就在市场的环境中求生存、求发展，按市场规律办事，市场经济的开放性极大地改变了农民的思想观念和行为方式，使农民从几千年的孤立愚昧当中解放了出来，从封闭、保守、顺从走向开放、进取、独立，民主，法治观念逐渐树立。市场经济的经营观念、利益观念、契约观念、权利观念等日益渗透到农村的广袤大地，改变着农村传统的文化观念。

第四，大众传媒的普及，不断改变着人们的知识结构、眼界、视野。改革开放以来，电视机、收音机、报刊、手机、电脑等传媒方式逐渐进入农村，使农民足不出户就可以知晓天下事，大量的外来信息促使农民的文化观念发生了显著的变化。由于大众传媒的普及，国外以及发达地区的生活质量、生活方式对农民形成了强大的示范效应，农民的消费欲望被极大地调动起来，并在生活方式和思想观念上逐渐向城市靠拢。城市的观念和思想通过大众传媒输送到农村，与农村传统的意识和观念发生激烈的碰撞，必然引起文化观念的裂变，导致价值规范的改变。

5.4.2　改革开放以来农村经济社会变革给村落文化发展带来的挑战

农村经济体制的改革使农村和整个国家走上了市场经济之路，促成了整个国家一系列制度的变迁，对村落文化带来深远的影响。随着农村社会的变迁，农民的行为规范和价值观念正在发生前所未有的改变。在这一过程中，一些旧的行为规范坍塌了，而新的行为规范并没有完全建立起来。在社会转型时期，人们的文化规范处于激烈的重组之中，一只脚已经踏进现代，另一只脚还深陷传统之中，此时就会出现价值真空和社会失范行为。表现在以下几个方面：

第一，消费主义价值观抬高了农民的社会期望。社会期望适度提高，对社会的发展有推动作用，但是社会期望过度膨胀，社会却无法满足时，不满就会产生。"城市化、识字率和教育、大众传播媒介，这一切使传统人面临新的生活形式、新的享受标准以及新的满足机会。这些经验冲垮了传统文化的认识上的观念上的屏障，把欲望和需求推上一个新的水平。但是，再过渡性社会中满足这些欲望能力的提高，比这些欲望本身的增长要慢得多。于是，欲望和前景之间、需求的形成和需求的满足之间，或者欲望的函数和生活水平的函数之间出现了差距。这种差距引起社会挫折和不满。"① 农民在流动和接触大众媒介的过程中，看到了发达地区乃至发达国家的生活方式，对自身境况产生不满。这种不满情绪一旦发泄出来，不利于社会的稳定。

第二，现代化进程中文化的转型与更新，加剧了观念的混乱与迷茫，引发农村社会的无序与混乱。现代化和城市化的浪潮打乱了农村的精神文化系统，改变着农村的文化编码，农村社会文化上的无序、混乱由此产生。在集体化时期，由于"极左"思想的影响，否认人们对物质财富的追求，改革开放以来，又走向另外一个极端，随着商品经济的发展，唯利是图，见钱眼开，利己主义、拜金主义渗透到社会生活的方方面面。观念上的混乱，导致行为上的失范，对社会秩序造成负面影响。首先，旧的价值观念已经坍塌，而符合社会发展要求的新的观念却没有建立起来，这种无原则无底线的状况极易导致社会越轨行为不断发生。其次，对于个体来说，社会失范状态下，个体无所归依，内心也非常痛苦。人是在一定社会规范的指引下，设定人生意义、人生目标和追求。当所遵从的社会规范坍塌时，个体就会无所适从，茫然、困惑，处于深层的错乱状态，表现出来就是精神和灵魂的空虚，心灵家园的丧失，存在的无意义感，强烈的不幸福感。商品经济和市场经济带来的多

---

① ［美］塞缪尔·亨廷顿. 变动社会的政治秩序［M］. 上海：上海译文出版社，1989：59.

元文化，这些多元文化彼此甚至是对立冲突的，导致人们的无所适从，打乱了往日的平静和安逸，内心充斥着焦虑和不安，这既不利于农民追求幸福生活，也不利于农村社会的稳定。

第三，个人主义的泛滥导致村落公共性解体。公共性解体表现两个方面，首先，在政治方面，基层政治权威的解体和村庄政治公共性的丧失。在集体化时代，党在农民心中占有至高无上的地位，农村党支部拥有绝对的权威。人民公社化运动和"文革"中加强党的一元化领导强化了党的权威地位。但是改革开放以后，家庭联产责任制实施后，农民的家庭和个人本位意识取代了公社集体观念，农村社会原有的权威意识瓦解，造成农村社会的"权威真空"，使村落社会中建立在集体主义观念上的权威象征发生动摇。其次，在社会生活方面，无公德的个人主义泛滥。随着商品经济的发展，造成了农村价值观念的改变，金钱本位思想、利益至上观念摧毁了传统社会人与人之间的温情脉脉，极端的利己主义渗透到一切人际关系，原有的社会规范丧失了约束和规范作用，导致社会失范行为频频发生。

第 6 章

党的十八大以来村落文化的新变化

经历了改革开放前的政治运动和改革开放后的市场经济的洗礼，当前的村落文化既不同于解放前传统的村落文化，也不同于改革开放前社会主义村落文化，而是呈现出非常复杂的内容，既有传统村落文化的内涵，也有社会主义村落文化，同时又深受市场文化的影响。本章从村落宗族文化、村落宗教文化、村落人情礼俗文化和村落伦理文化四个方面来展现党的十八大以来村落文化的现状。本章的资料来自笔者参与的武汉大学中国乡村治理研究中心组织的系列调查，主要通过观察和无结构访谈搜集资料，以定性资料为主。选择的调查地点有广东、广西、陕西、山东、河南、四川、浙江等省份的共 14 个农村，每个村驻村调研20 天，形成了 70 多万字的调研报告。这些农村在地域分布上，涵盖了东西南北中各个区域的农村，在村庄类型上包括了华南宗族型村庄（又称团结型村庄）、华北小亲族型村庄（又称分裂型村庄）和中西部原子化村庄（又称分散型村庄），因此非常具有代表性，能够反映当前我国村落文化的全貌。

6.1 村落宗族文化

村落宗族文化是指以自然村落或者行政村为范围形成的家族关系以

及由此产生的结构、行为、观念和心态。村落宗族文化以血缘关系为基础形成稳定的宗族结构，根据每个人在血缘结构中的位置决定他的权利和义务，以血缘结构中的等级为依据确定权力和权威，辈分和年龄与权力高低密切相关。因为受到政治变革和经济发展的影响，当前宗族文化与传统的宗族文化已经大不相同，而且主要分布在华南各省，在广大的中西部宗族文化已经非常淡化了。

6.1.1　当前村落宗族文化的特征

由于新中国成立后的历次政治运动和改革开放以来的经济发展，宗族文化虽然复兴，但境况已经不能和从前相比。当前宗族文化有三个突出特征：

一是宗族活动的理性化和非理性化并存。宗族力量大为削弱，仅仅作为村落社会的一种互助组织，在法律规范下开展活动。如江西地区的宗族有很强的自我约束机制和观念，宗族活动表现出较强的理性化。在江西宁都 L 村调查发现，宗族是一种很强的惯性力量，对宗族内部起到约束和规范的作用，即使宗族内部有矛盾，对宗族的文化认同使矛盾可以在宗族内部得到化解。在 L 村，"我们一卡人的"这样的话经常挂在人们嘴边，对于"卡"这个概念，当地人的解释也比较模糊，一般是指共一个太公的人，这个太公至少是五代，但一个大卡可能就超过了五代。一般来说，每个卡都有说话比较算数的人，当地人称之为"头人"，大卡有大卡的头人，小卡有小卡的头人。对于卡与卡之间的纠纷，或者一卡内部的纠纷，头人可以适当劝解、帮忙从中说和。[①] 在广东清远农村调查，也有同样的发现，这里也是典型的宗族型村庄，宗族的规范力量也很强大。"宗族型村庄的村民最突出的性格特点是顺从、求同、讲规矩。宗族的笼罩性力量使得任何个人的求异行为或冒尖行为都被视为不守规矩，求异的个体要遭受村庄内部巨大的舆论压力。村民行为处

---

① 江西宁都 L 村驻村调研报告 ［Z］. 2017 – 07 – 05.

事的逻辑是'别人都那样，我也要那样'，因而是一种典型的'求同'心理。因而村民在日常生活的方方面面总是要与别人保持一致，遵守规则，按规矩办事，不突出、不冒尖。"①

二是实体化和非实体化并存。实体化宗族，最重要的表现是有组织原则、组织机构和组织领导人。由于社会制度的根本变化，在我国的绝大多数农村的宗族是非实体化的，但在有些地方的宗族仍然有很强的组织性，有机构，有组织，不过与传统的宗族相比，组织的严密程度大不如前。比如江西宁都的 L 村宋氏宗族，1992 年因为要修族谱便成立了宗族理事会。理事会一直运转至今，这一理事会相当于是现在宋氏宗族权威的常设性机构。宋氏大祠堂的修建，很大程度上也依靠理事会的动员和组织。当前，宗族理事会有 20 余人，在大祠堂里面专门设有一个办公室，主要事务为组织祭祖扫墓、接受其他姓氏宗族邀请以及恭贺等。理事会的成员由宋氏各个房卡来推荐。大体上要保持各个房卡力量之间的平衡。在修建大祠堂时，理事会的一个重要功能就是筹款。筹款主要分两个方面：一是按照男丁分摊，每人 300 元；二是拉赞助，宋氏宗族内一些成功人士便构成拉赞助的对象。这些人若是不在村庄内生活，理事会内与之相熟的成员则要到外地拜访，说明缘由，以求得到赞助。一般来说，宋氏成功人士对祠堂赞助的积极性还是很高的，最少者 500 元，最多者有一万元，这些在功德碑上可一目了然。至于村庄内部，因为村民经济水平差异较大，300 元的鸿丁钱对于很多农户而言，压力确实不小，钱并不好收。按照该理事会负责人的说法，支持的人有百分之八十以上，中间派有百分之十几，反对的有百分之零点几。对此，理事会在收钱过程中采取"条块结合"的方式：主要通过各个条条（即房卡）来收，如果碰到钉子户，则让村书记出面，书记也是理事会成员。书记首先是孤立钉子户，形成村庄舆论，让钉子户觉得没有

---

① 李永萍. 联合家庭再生产模式：理解低额彩礼的一种视角［J］. 当代青年研究，2018（3）：96 – 102.

面子，确实没钱的找到他们的亲属凑起来，最后基本收齐。① 从收钱一事可以看出，宗族理事会作为当前宗族的常设机构，权威和影响力已经很有限了，与传统的宗族组织的执行力相比，力量弱了很多。宗族理事会并非以理事会的权威收钱，最终还是通过进入理事会的各房卡的头人以及作为体制权威的书记出面，才能达成其目的，这样一种筹款方式，本身也意味着宗族这一层面的行动能力并不高。经过社会主义改造和市场经济的洗礼，宗族的结构性和组织性已经大为弱化。江西是宗族文化较为浓厚的地区，宗族的结构性和组织性尚且如此，其他地方的宗族的组织性和结构性可能更差了。

三是形式和内涵复兴并存，但形式远远大于内涵的复兴。宗族文化虽然在一定程度上回归，但是，我们也应看到，宗族文化的复兴只在形式上复兴了，在文化内涵上则不可能恢复到新中国成立之前的程度上。在浙江宁海的调查发现，虽然这里每个村都有祠堂、族谱、清明祭扫活动等宗族符号，但不同的是，这里的宗族符号，似乎真的只是符号而完全不具备组织动员功能。更为关键的是，与我们在宗族性村庄中看到的祠堂的庄严肃穆不同，在这里，老年人协会活动场所就在祠堂内部，除此之外，还有供村民活动的戏台、麻将室和聊天长廊，充满了生活的味道。不得不说，这里的宗族，只是作为政府挖掘传统乡村文化资源的抓手和村民细碎而短暂的村庄记忆的一幕而存在，原本在宗族性村庄仪式性存在的祖先信仰，在这里完全世俗化和生活化了。除此之外，访谈中村民的相关话语也非常具有代表性。

宗族文化复兴之所以不可能恢复到解放前的水平，首先因为商品经济的发展，以及现代因素向农村的渗透，农村的家庭关系发生了重大的变化。一方面家庭的社会关系向外拓展，由农村走向城市，另一方面家庭内部的关系和权力结构发生了改变，例如，妇女的地位提高，夫妻关系向着平等、民主的方向发展，年轻人的自主性和独立性，家庭内部关

---

① 江西宁都 L 村驻村调研报告［Z］. 2017 - 07 - 05.

系复杂化，等等。因为联产承包责任制的实行，商品经济的发展，利益观念日益深入人心，利益关系也广泛渗透到家庭内部的方方面面，导致家庭内部矛盾增多。矛盾主要来源于家庭成员对家庭经济贡献的差异，要求获得家庭事务的支配权。例如老年人在市场经济环境中，经济贡献下降，在家庭中的地位也下降了，而年轻人的贡献增大，在家庭中地位也得以提升，获得了家庭事务的支配权。家庭纠纷表现为，失去劳动能力的父母的赡养问题、兄弟纠纷、妯娌纠纷，等等，这些纠纷跟家庭功能的变化有密切关系，而村级组织对这些纠纷也失去了调解力。

其次，宗族组织在市场经济下也失去了往日的威力。宗族组织赖以存在的物质基础——族谱、族产、宗祠，在集体化时期被瓦解，宗族组织已经在很大程度上消解了。但是，因为农业生产力并没有显著提高，村落的封闭性、居住环境没有改变，宗族组织存在的条件并没有彻底摧毁，因此宗族组织只是在外部被瓦解，宗族观念和意识还保存在村民的脑海中。改革开放后，宗族虽然出现过短暂的回归，例如很多地方出现了修谱、修宗祠等行为，但是文化内涵已经大大改变。随着市场经济的发展，宗族组织赖以存在的经济基础——小农经济日益瓦解，宗族组织逐渐也失去了存在的必要了。尽管在某些地方出现了宗族组织的复兴，但是只有宗族组织的恢复有利于家庭获得更多利益时才被恢复，这时宗族文化的复兴带有很大的功能性和选择性。

6.1.2 当前村落宗族文化的功能

宗族能在村落社会长期存在必然有其独特的政治社会功能。传统的宗族，族权和政权合一，并对族人提供必要的社会帮助和保护。新中国成立后，宗族受到国家力量的控制，政治功能丧失，但社会功能潜伏了下来。改革开放以来，宗族的复兴主要是在社会功能方面的复兴。之所以如此，是因为国家力量在乡村的收缩，部分社会职能和社会要求抛给了村落社会和村民个人，在这种情况下，宗族可以弥补某些方面的空白，成为维系村落社会不可或缺的力量。

宗族可以为村落社会提供两方面的功能：第一，为族人提供生产、生活方面的帮助。广东清远的 L 村是一个典型的宗族型村庄，整个村只有一个罗姓，凝聚力很强，宗族在村庄有很强的整合力量，可以帮助村庄内部的弱者，从而实现扶弱济贫。L 村有一单亲家庭，丈夫早年去世，留下妻子和两个儿子。妻子年纪不大，30 岁。新农村规划时，妻子对理事会成员罗某说，如果有楼房就不会改嫁。罗某听到后，召开大家开会，号召大家为她捐钱、捐工、捐料，给她盖了楼房。村里还有一位老奶奶，80 多岁，儿子已经去世，儿媳妇跑了，留下一个孙子，已经 18 岁了，快到结婚的年龄。村里的理事会召集村民开会，一村民说："我们都是一个祖宗的，要相互帮扶一下。我们几百人弄一栋房子，肯定没有问题的。"① 理事会动员老人的亲友捐了 3 万，向外界募捐了 1 万，剩下都是村民集资，最后盖了两层楼房，还剩下 1 万，理事会把这笔钱给老人存起来了。帮助宗族的弱者，是宗族的一个很重要的传统，在宗族文化浓厚的地方，这个传统也一直在传承着。宗族结构对于家庭再生产的完成也是非常重要的，尤其是在生存条件较差的山区。广东清远的 Z 村，自然条件比较差，耕作面积有限，山林难以开发，因此这里的青年结婚比较难。帮助每个家庭完成传宗接代的任务，整个宗族都有责任。Z 村的曾某，家里条件比较差，结婚的时候自己把姑娘找好，谈好彩礼钱，然后就和房里面的叔伯讲，宗族的叔伯兄弟一起帮忙凑钱帮助他结婚。在宗族型村落，传宗接代不是个人的事情，与整个宗族的传承、荣誉息息相关，族里有光棍是很没有面子的事情。②

第二，解决族内事物，调解族内矛盾，从而维护村落社会的人际和谐和秩序稳定。事实证明，在当前公共机构力量不足的情况下，合理发

---

① 广东清远 T 村驻村调研报告 ［Z］. 2016 - 03 - 15.
② 广东清远 Z 村驻村调研报告 ［Z］. 2016 - 03 - 28.

挥宗族的作用，是有着积极意义的。正如在江西宁都的调查发现，村民内部的纠纷，很多都可以通过"卡"①里的前辈或者头人来解决，如果村民遇到纠纷或者问题后直接找村干部，村干部一般会先与卡里的头人沟通，看能否通过他们化解。另外，卡里的人有闹事的，村委会也会经常找卡里有威望的人商议。在其他宗族型村庄，宗族调解纠纷的功能在村庄治理中也发挥着非常重要的作用。

但是，宗族的复兴也存在一些消极影响，主要体现在三个方面，首先，宗族增加了社会整合的难度。宗族是以血缘为基础的私人组织，遵循的秩序原则是血亲原则和人伦等级原则，在社会结构上有很强的排他性和狭隘性。在同时存在几个宗族的地方，这种排他性常常导致村落的分裂和对抗。宗族作为农村社会的小秩序与整个社会的大秩序相矛盾，增加了社会整合的难度。其次，公权力宗族化，使公权力沦为宗族争权夺利的工具。第三，宗族势力恶性膨胀，破坏社会秩序。宗族的狭隘性和排他性，导致其很容易引发社会冲突。宗族械斗在南方宗族型村庄表现的很突出，在宗族势力的支配下，往往因为争夺山水土地等资源而引发，范围可能是一村、一镇，甚至是一个县。经过政治运动和市场经济的洗礼，宗族矛盾的激烈程度已经大大弱化，宗族文化复兴的消极影响范围极其有限，只要稍加引导控制是可以消解的。

6.2 村落宗教文化

村落宗教文化，是指在村落范围内，村民对超自然力量或实体产生的敬畏和崇拜，并由此产生的信仰认知以及仪式体系，体现出的是一种

---

① "卡"，在当地的语境中，主要指同一个太公的子孙辈，至于是几代以上的太公，并无定论，因此，在当地的语境中，"卡"是一个相对性很强的概念，也因此，就有了所谓的"太卡""大卡""小卡"等的区分。要注意的是，要从相对的角度来理解和区分"卡"。

精神寄托。在很长的历史时期，我国村落范围的宗教文化形成了以祖宗信仰为核心，以民间鬼神信仰为辅的信仰体系，即使佛教传入中国以后，也是融入了中国祖宗信仰体系中，并没有冲击村落原有的信仰体系。但是近代基督教传入中国以来，与村落原有的宗教信仰体系形成排斥和竞争的局面。基督教虽然强势入侵，但是直到解放前，基督教对农村的影响都是非常有限的。基督教获得极大的传播空间是在改革开放以后，祖宗信仰在历经新中国成立后的政治运动遭到削弱，基督教才获得迅速扩张的机会。基督教对农村基层政权、信仰体系、传统文化有一定的冲击，需要进行控制和引导。

6.2.1　当前村落宗教文化的特征

当前村落宗教文化在整体上的表现是基督教最为强势，其他宗教处于弥散自发状态，传播动力、组织性都不强，通常被舆论批判为封建迷信并日益边缘。不过，农民加入基督教目的不是为了宗教献身，而是出于功利的目的加入基督教。农村基督教种类繁多，无一不是向农民宣传信教可以消灾祈福，农民往往在处于困境时投入宗教的怀抱。

第一，以基督教的传播最为强势，其他宗教特别是传统的民间宗教在基督教的进攻下日趋式微。宗教复兴的条件对每个宗教是平等的，但是，为什么单单是基督教发展得更快呢？这需要从基督教本身的特点来分析，基督教相比其他宗教，具有这几个优势：一是组织性强；二是区隔性强；三是平等性强；四是扩张性强。加入基督教的大多数是老弱病残，在经济上极度贫困，经济富裕的加入基督教很少。加入基督教的基本上是村庄中的边缘群体，基督教的平等性减少了他们的不平等感，找到了自己存在的价值，提高了自己的地位。另外，基督教扩张的动力非常强，与其他宗教争夺教徒时表现得很强势，信徒都有强烈的传教动力。虽然农民普遍出于功利的目的加入基督教，但是与其他宗教相比，它也确实表现出更强的诱惑力。与基督教相比，中国传统的民间宗教包括佛教非常的分散，没有组织性，处于自发状态，并日趋没落。因为缺乏独立的、完善的、系统的宗教生活制度，不能为信徒提供有组织的、强有力的保障，不能为信徒应付日常生活中的危机，传统的分散性的民间宗教必然趋于消解，基督教便取而代之，成为农村宗教的重要力量。基督教能够在农村传播，还在于中国社会的个体化。在新中国成立前，基督教在农村很难立足，原因在于基督教与农村宗族文化是相对立的，基督教不让人们敬祖，这是农民不能接受的。但是经历了解放后政治运动和改革以来市场化的洗礼，农村日益个体化、原子化，信仰属于个人的自由，他人无权干涉，一般村民对基督教的排斥逐渐转向容忍和接受。

第二，以功利性宗教为主。中国人信教大多是为了现实的利益，大多出于功利的目的。不管是信基督教或者民间各路神仙，都是为了世俗的利益，为了消灾祈福保平安之类的良好愿望，为了获得神的保护。信徒信仰基督教，大多也是出自这样的目的，从神那里获得庇护，如果神没有庇护自己，对神的信心就会动摇。大多数信徒都是在有病有灾的情况下去信教，希望从神那里获得安慰和庇护，带有很强的功利性。

6.2.2　当前村落宗教文化的影响

基督教在当前村落宗教文化占主导地位，基督教的传播对村落文化的影响体现在两个方面：

第一，基督教在一定程度上对信徒的行为也起到了约束和规范的作用，但前提是这些教会得受到政府和法律的监督。一些非法的教会打着信仰的旗号，拉拢信徒做一些非法的事情，信徒一般很盲目，一旦相信就很虔诚，失去了明辨是非的能力，所以对教会的监管非常重要。正当的合法的宗教信仰也确实能给信主带来精神上安宁，对信主的行为起到约束规范的作用。但是，必须对宗教信仰进行规范管理，防止非法宗教打着宗教信仰的名义反党反社会，得警惕宗教的泛滥发展对社会秩序的冲击，一些不法分子利用宗教的迷惑作用，做出危害社会和国家的行为，对于这些行为要严厉打击。

第二，基督教对本土村落文化形成了冲击。冲击是从两个方面造成的，一是改造传统村落文化的形式。河南 Y 村一妇女，约有 45 岁，她信教的原因就是因为在社会竞争中不如别人，再加上遭遇变故，精神烦躁苦闷，信教后心里得到平静。据她所说，自己比别人勤快很多，但命运对她不公，生活处处不如别人。而那些好吃懒做的，油嘴滑舌的，却比她家生活得宽裕。有一年她丈夫出车祸，在妯娌的劝说下开始信主，买光盘，读圣经，觉得自己走进了福音门，人生的烦恼得到了解决。该妇女的经历在村里有很大的普遍性，对其他信徒的访谈，发现她们的经历都很类似，都是在生活发生不幸时，别人向她们传教，从此就深信不疑。① 二是基督教为了增强传播能力，极力地与当地文化融合。在河南，基督教逐渐融入当地婚礼、清明节祭祖等文化，改变了当地村落文化的形式。河南 D 村熊大爷的老伴信基督教，他本人也支持老伴信教。熊大爷第二个儿子结婚的时候，他的爱人要求按照基督教的礼仪来办，他没有反对。当时有十个教会的人过来，一大早过来演节目迎接客人，有诗歌、跳舞、唱歌等项目，然后等新娘子来了之后主持司仪。这些信徒过来没有按当地习俗随礼，但送了些生活必需品，比如茶杯、洗脸盆、暖瓶之类的。婚礼仪式还是三拜，但是先拜上帝，将新人围在中间唱，一拜天地，再拜父母，最后是夫妻对拜。这样的婚礼形式显然是传统婚礼与基督教仪式混合的产物，反映了基督教对传统村落文化表现形式的改造。基督教信仰也改变了人们对祖宗的认识，也改变着人们的行为。信主的人心中只有一个神，就是上帝，不再敬畏祖先，把祭祀祖宗行为视作迷信。这些对祖宗世俗化的认识，与长期的意识形态教育有关，但是外来宗教的冲击是一个重要因素。

———————

① 河南信阳 Y 村调研报告 ［R］. 2013 – 07 – 10.

6.3 村落人情礼俗文化

村落人情礼俗文化是指在人生的重要阶段举行的仪式及其人情来往的规则体系，包括生老病死、婚丧嫁娶等重要事件的一系列仪式和规则，宴席是人情礼俗文化展示的重要场合，是村落社会各种人物关系和事物关系的总体呈现，是人物关系的组织和协调、人物关系的建构和延续的重要途径。

6.3.1 村落人情礼俗文化的内涵

人情礼俗文化在农民的日常生活中发挥着重要的功能，是村落社会处理人与人之间关系的基础，是社会关系的起点，并对村落社会秩序进行强化。人情是人与人情感的表达，是社会关系的润滑剂，人情伴随着礼物的交换和仪式的举行，促进了人与人之间的交往。

人情蕴含着丰富的内涵，单从字面上理解，它意味着人与人之间的感情，通常人们会说村落社会是一个人情社会，意味着要重视他人的感情。人情有时用来表示人与人之间的互助和交换，比如礼物的交换，送礼也叫送人情，生活中的互助也叫人情，这时的人情代表着一种社会规范和义务。一般来说，人们习惯把农村社会的人情分为仪式性人情和日常性人情，仪式性人情是村民在办人生大事时举办的仪式和待客活动，而日常性的人情是农民在日常生活中具有人情味的互助、合作行为，根据研究的需要，本书采用仪式性人情的概念。

从事件构成方面来看，仪式性人情一般包括三个部分，仪式、酒席和随礼。仪式性人情是指展示和积累人情的活动，以举办酒席待客为主，比如结婚、生子、做寿、建房、葬礼等，其中婚礼和葬礼是农民生活中最重要的仪式，仪式往往伴随着酒席和礼物交换。在别人家办酒席时，亲戚、朋友要送去一些礼物和礼金，北方叫"随礼"，湖北等地叫

"赶人情"。仪式按照村落流传下来的规矩来办，在举办仪式时要宴请亲朋好友，所以有的地方的农村把仪式本身就叫作办酒或者事情。结婚和葬礼是每个地方都很重视的仪式，其他的名目诸如生子、做寿、建房等，各地重视程度不一样。因为村落类型不同，办酒席的名目不一样，在某些村落，结婚、丧葬、做寿、考学、建房等，只要算得上是生活中的大事的，都要办酒席庆祝一番。而在有的村落，办酒席的名目很少，只有结婚和丧葬才办仪式，其他办得很少。还有些村落，办酒席的名目更多，各种各样的名目在最近十几年发明出来。儿子结婚是最重要的红事，但近几年女儿出嫁也很隆重。例如在河南周口，女儿出嫁在前几年的时候是不需要办酒席的，但是近四五年来，开始有人举办酒席以后，就很快成了当地的风俗，现在嫁女儿不办酒席反倒会成为人们闲话的对象。

从人物构成上来看，人情的人物关系由四个部分组成，即主人、帮工、知客、客人。主人是人情的主体，即谁在办人情，主人是仪式性人情是否能够成功举办的关键。仪式性人情是家庭成员责任和义务的体现，是农民建构生活意义和价值世界的重要方式。主人借助仪式性人情，扮演着家庭和社会赋予主人的角色期待。丧礼是儿女必须为父母操办的人生大事，满足的是家庭对主人孝子孝孙的期待，婚礼是父母必须为儿女操办的人生大事，满足的是家庭对慈父慈母的期待。同时，仪式性人情也满足了社会对主人的角色期待。在熟人社会，仪式性人情是展现主人热情好客大方、讲究伦理道德、广交朋友等品质的重要舞台，也是主人经济情况、家庭成员的职业、社会关系和社会地位的体现，因此主人会非常重视仪式性人情的角色扮演。村民会根据主人一家在仪式上的表现评头论足，获得村民一致称赞的，表明主人成功扮演了自己的社会角色。帮工在仪式性人情中作用也是必不可少的。仪式性人情是一个系统工程，有很多工作，如果没有帮工，这些工作单靠主人自己是无法完成的。帮工通常由邻居、亲戚、朋友组成。在熟人社会，一个熟人社会就是一个互助圈，互助圈是稳定的，红白喜事相互帮忙是一项不成文的社会性规定。帮工的作用就是在仪式中协助主人做一些事情，比如做饭、端菜、摆桌椅板凳等体力活。随着时代的变迁，有些地方的帮工开始被市场取代，而有的村落还保持着互助的传统。熟人社会就是一个相互帮忙的一个共同体，要想取得熟人社会的资格，必须相互帮忙。同时，在帮忙的过程中，增进彼此的沟通和交流，建立人际交往，是熟人社会为人处世的一部分。在彼此帮助的过程中，村民彼此欠着人情，形成"你中有我，我中有你"的格局，相互之间都有权利和义务，使得帮忙成为了一项伦理责任。仪式性人情中的互助一般情况下是非强制性的，但在有的地方，互助是强制性的。例如在河南的某些村落，有一种特殊的帮忙组织，就是"会"，比较多的是喜会和丧会。"喜会"是专门为办红事成立的互助会，"丧会"是专门为白事成立的互助会。入会是自愿的，但是一旦入会，就必须相互帮忙。在经济贫困的地方，穷人没有足够的资金招待客人，自愿互助没有保障时，成立互助会是很必要的。随着经济的发展，这种互助会就越来越少了。随着打工经济的兴起，大量青壮年外出，使帮工的社会机制很难持续，即使是强制性的规定和义务也很难继续，市场因素逐渐渗透到帮工体系中来。帮工不仅是劳务的交换，而且是情感的交换，通过相互亏欠维系着彼此的合作；而市场机制是一次性清算，包含着交易和算计。从帮工到市场，人情网络也随之解体。知客是人情的主持者，农民在举办各种仪式性活动时，一般会有个主持人，各地的称呼不同。东北地区叫"待客的"，湖北某些地方称"知宾先生"，还有的地方叫"知客"，山东的一些地方叫"总管"。虽然称呼不同，但担任的任务是一样的，首先是主持仪式，其次是帮助主人招待客人。知客是仪式性人情的灵魂，因其角色重要，知客必须具备一些素质和能力。首先，知客必须对当地的礼俗非常熟悉，熟悉主人和宾客以及宾客之间的关系，否则在安排座席时就会引发不愉快。其次，知客必须是说话算数、有权威的人，否则主人也不会去请他，如果没有权威，说话、安排任务没有人听，仪式就很难举行下去。知客要安排的工作很多，比如挑水、擦桌摆凳、烧茶、敬烟陪酒等，事无巨细，都要安排好，没有权威是做不好的，知客一般是当过村干部的人。知客对于人情的社会功能的发挥具有重要的作用，在某种程度上，知客是村落社会秩序的表达者，在地方性的文化系统中赋予了不同的文化意义。不同地区不同性质的村落，知客在社会结构中的位置是不一样的。在团结型村落，知客的身份是先赋性的，是礼仪规矩的执行者，利用传统文化资源来组织仪式性的人情，同时反过来通过仪式性人情强化村落传统资源的约束力。在分裂型村落，知客角色的核心是通过处理社会关系来达成仪式性人情的目标。在分散型村落，知客是有收入的，类似于雇工，也不再有文化传承的功能，职能的发挥有很强的私人性。客人是人情的参与者，一般是亲戚、朋友等。客人的范围取决于村落的性质以及主人的经济状况、社会地位、人脉关系，另外，也和人情的名目有关。不同地区的村落，因为结构不同、风俗不同，各类人情中客人的范围也不一样。总的来说，客人的范围是血缘、地缘、业缘的综合。主人、帮工、知客、客人是仪式性人情主要的人物构成，他们分工协作，共建村落文化的价值和意义世界。

6.3.2　当前人情礼俗文化的规则

规则是人情礼俗文化的灵魂，是农民的人情往来必须遵循的，遵循这些规则，才能保证人情关系的有效建构和维持，比如选择与哪些人交往，不与哪些人交往，什么时候交往，交往时遵循什么样的原则等，就是人情来往规则的重要内容。

从村落内部来看，人情规则有差序性和一致性两个原则。大量的调查发现，村落社会人情规则大致有两类，一类是在亲属内部遵循差序原则，不公开、不对等原则；另一类是在非亲属范围内遵循公开、等价原则。村落社会人情来往的首要规则是差序格局。

从村落外部来看，人情的规则分为公共性和私人性两种。在熟人社会范围内，农民的行为逻辑有公共性和私人性的区分，公共性的规则对特定范围内的人有同等约束的效力，是人们行为正当性、合法性的基础。公共性来源于传统和众人的共识；私人性是个体行为的建构，与他人、社会，关系不大。公共性意味着不以个人意志为转移，是一种社会运作机制；私人性则体现了个人的经济、地位、认知、情感等。公共性盛行的结果是农民的行为受到公共规范的约束，私人性盛行的结果是公共规范无法建立，整体的利益无法顾及。公共性和私人性也可以用于分析农民的人情现象，比如同样是红白喜事的随礼行为，不同的地区的村落，农民的随礼行为是不同的。在有的村庄，随礼是有统一的规则，随礼的范围是确定的，什么样的人随什么样的礼，什么情况下不能随礼等都有明确的规定。个人不能完全按照自己的偏好来随礼，个人也没有必要去建构个人化的人情圈。村落中每个人都受到结构性的制约，每个人都处于他人的监视中，一旦有人的行为不合规矩，就会受到公共规则的惩罚，比如受到村庄舆论的谴责、红白喜事不再提供帮助等。在村落社会，红白喜事如果没有人帮助，是根本无法完成的，也是很可怕的事情，不仅意味着在村庄难以立足，没有面子，而且被彻底边缘化，在村庄难以生存。所以，大家都害怕红白喜事没有人来帮忙，也没有人敢于突破村庄共同的规则。但在有的村落，随礼是很私人性的行为，随礼多少、是否随礼、随什么样的礼，都取决于自己的经济、地位、人情圈，这也是一种人情结构，但这种结构对他人并没有规范作用，因为这种结构建立在私人性的逻辑之上的。农民完全按个人意愿来随礼，随礼是一对一的私人关系，个人既无监控他人的能力，也无监控他人的意愿，因为这是他人的事情，跟自己无关，这样的村落，随礼具有很强的私人性。一般来说，宗族型和小亲族型村庄的人情规则公共性很强，有统一的规则不能逾越，而原子化的村庄的人情规则私人性很强。

6.3.3 当前人情礼俗文化的功能

功能性是人情对于农民来说最基础的社会意义。第一，人情仪式的举行可以强化熟人社会的共同体意识，建立亲密感。在仪式的举行过程中，身处其中的人们切身的感受到宗教般的神圣感，在人生的关键时刻，农民的情感被调动起来，彼此分享最重要的时刻的喜怒哀乐，这使人产生了天然的亲密感。感情被仪式不断唤醒，情感不断被加深，熟人社会得以运转。在河南周口，儿子结婚是最重要的仪式，只要是同一个门宗的人，不论平时的关系好不好，在这一天都会来送上人情，并且是不请自来，这种举办仪式的场合常常也是门宗内部矛盾化解的场合，同时通过仪式也强化了同宗意识，密切了同宗情感。超出同宗范围的人情往来，扩大了人情的范围，延长了人情链条，通过人情把没有血缘的人联结在一起，所以就有了"百年庄乡，百年亲戚"的说法。

第二，人情的举办为社会关系提供了一个维系的平台。人情仪式虽然是个人在办，但具有社会效益。人人办人情，人人要处理与他人的关系，仪式就是社会关系得以建立和维系的平台。生活中的矛盾和纠纷，可能因为一次吃酒席就化解了，仪式为这些矛盾和纠纷提供了化解的机会。在仪式过程中，有矛盾的相关方要分工协作，再加上亲戚朋友的劝解，矛盾自然化解。在山东德州C村，每个家族都有一个家族长，在家族长之外，还有红白理事会的总裁，总裁对个人的才能要求比较高，辈分、能力、说得起话都是必须考虑的因素。总裁要能够处理红白喜事中的各种难题，其中就包括巧妙化解客人之间的矛盾。因此，村民通过办人情、参与人情，缓和了人际关系，化解了矛盾，使村庄社会秩序得以维系。①

第三，人情的举办也是实现个人价值和自我表达的重要途径。农民在生活中有交流、分享、意义实现等需要，人情仪式的举办为满足这些需要提供了机会。结婚、生子、建房、葬礼等都是人生中最重要的阶段，农民也需要把自己重要时刻的喜怒哀乐表达出来，把自己的成功与他人分享，实现自我的人生意义。人情展示的场合，也是个人的为人处世和道德素养展示的平台。仪式都是办给别人看的，会产生社会效应。儿女为父母举办隆重的葬礼，是想表达自己的孝道，表明自己是个孝

---

① 山东德州C村驻村调研报告［R］. 2018-07-25.

子。婚礼是父母为子女办的，表明自己对子女的爱和人生任务的完成。村民在日常闲谈中也会评论谁家的仪式办得好，谁家办得不好，对主人进行道德评价。所以，办仪式时，主人尽量按照规矩举办仪式，尽量不出错，避免被他人非议。

第四，人情也是社会竞争的手段，满足农民面子和社会地位的需要。通过举办盛大酒席，送超过常规礼金，从而在人情竞争中获得优势地位，这是人情的一大功能。热闹和排场，一直是农民热衷的东西。办人情仪式时，追求隆重，人多表明主人社会地位高、人缘好、经济实力强，仪式办得热闹是有面子的表现。人情的表达与社会分化紧密相关，条件好的人与条件差的人在办仪式时是有差别的。有钱人在办丧事时，花钱请最好的道士、多做几天道场，置办丰盛的宴席，办喜事时坐豪华轿车，宴请更多的客人，请最好的乐队。而穷人办丧事时尽量省钱简单，喜事坐一般的小车，置办一般水平的宴席等。穷人和富人共享一套价值系统，但富人在人情竞争中，拥有更多的优势地位，穷人处于人情竞争的劣势地位。以山东德州 C 村为例，村民的关系网主要有家族、本院庄乡、亲戚和朋情四个部分组成。家族内的人全家都是要来吃酒的，本院的庄乡关系一般都要来帮忙，还要来一个随礼吃酒的，对于同一个院的人而言这部分人是相同的，关系网大小的主要区别就在于亲戚和朋情的多少。亲戚关系虽然是后天选择的，但具有一定的先赋性，难以区别一个人的面子程度，最能体现一个人在村庄中的面子和人场的，则是朋情关系，朋友越多，来的人情越多，说明你在村庄中会处关系，有面子有人场。①

第五，文化传承的功能。人情伴随着各种仪式，仪式本身有很多规矩。规矩承载着重要的伦理道德规范，这种规范具有统摄约束的作用，引导着村落中的每一个人。每一次仪式的举办，就是把各种规矩演示一遍，也就把规矩背后的文化意义表达一遍。规矩不能出现偏差，这关系

---

① 山东德州 C 村驻村调研报告［R］. 2018－07－25.

着主人的声望，所以每次仪式举办要力求合乎规矩，不能坏了规矩让人笑话。规矩在这一遍又一遍的重复中不断地传承，规矩背后的文化意义也在被传承。在山东德州农村，人死后，一般是放三天上山，从死的当天算，第三天下午下葬。下葬前一天晚上的仪式有捋香火、辞灵和吃辞灵饺子。捋香火是由孝子们完成的，男孝子从灵棚向村庄西边的土地庙报告，女孝子将死者的灵魂送到路口，在路口用香灰扎成堆，并在香灰堆上插上香。捋香火回来后即辞灵，全村的庄乡一起向死者叩拜，结束后将献给死者的饺子分给庄乡吃。第二天上午雇请的乐队则开始到场，四方的亲朋好友开始赶来吊唁，吃完午饭后，下午四五点钟时，送死者下葬。送葬仪式为儿子打幡，大媳妇兜罐，外甥抬牌位，孙子抱遗像。起灵几步时，放一个石头，大儿子摔碗，要把碗摔碎。全村的庄乡在附近务工或上班的，都要回来送葬帮忙，去给主家捧个场子。丧葬仪式是一代代传下来的，葬礼必须按照传统去做，如果不这样做，程序或礼仪出错了，总裁和主家都会被人嘲笑。[①] 正是在这样的重复中，葬礼所承载的意义也在代代相传。

6.4　村落伦理文化

伦理，"伦"有类、辈之意，引申为人与人之间的关系，尤其是道德伦理关系。孟子提出五类人与人之间的伦理关系，即君臣、父子、夫妻、兄弟、朋友，"人之有道也。饱食暖衣、逸居而无教，则近与禽兽。圣人忧之，使契为司徒，教以人伦：父子有亲，君臣有义，夫妇有别，长幼有序，朋友有信"[②]。孟子认为，调节五类伦理关系的准则分别是义、亲、别、序、信，五伦关系及其准则是区别人兽的分界线。"理"

---

① 山东德州 C 村驻村调研报告［R］. 2018 – 07 – 25.
② 孟子·滕文公上［M］. 武汉：远方出版社，2004.

的含义有条理、道理的意思。"伦理"就是按照一定的条理区分出的人与人之间应有的关系。从儒家思想对伦理的解释可以看出,"伦理"是指人与人之间应有的关系,是正确处理各种人伦关系的道理和理论。在本书中,村落伦理文化是指村落社会内部处理家庭关系的准则,包括代际伦理和代内伦理,代际伦理指的是父代与子代的关系,代内伦理包括夫妻关系和兄弟姐妹关系。

6.4.1 当前村落代际伦理文化的特征

梁漱溟认为,中国是"伦理本位",即关系本位,"伦即伦偶之意,就是说:人与人都在相关系中。人一生下来就有与他相关系的人(父母兄弟等),人生将始终在与人相关系中而生活(不能离社会)。既在相关系中而生活,彼此就发生情谊。亲切相关之情发乎天伦骨肉,乃至一切相关之人,莫不自然有其情。因情而有义。父义当慈,子义当孝,兄之义友,弟之义恭,夫妇、朋友乃至一切相关之人,随其亲疏、厚薄,莫不自然互有应尽之义。伦理关系即是情谊关系,也即表示相互间的一种义务关系"①。当前伦理文化的突出变化是传统的伦理文化日益式微,家庭关系朝着民主化、平等化的方向发展。

代际伦理在总体上表现为父代权威下降,子代的家庭地位提高。在婚姻、恋爱自由、家庭财产、分家、养老等方面,子代的权利意识日益增强。首先,在婚姻自主权方面,子代的权利提高了。在解放前,年轻人对婚姻毫无自主权,婚姻是由父母之命、媒妁之言决定的。新中国成立后,颁布了新的婚姻法,新的法律禁止包办婚姻、纳妾、买卖婚姻等习俗。但是新的法律规定对村民的私人生活并没有造成太大的影响,父母在子女的婚姻方面仍然有无上的权威,而当时的年轻人并没有争取婚姻自主的愿望。妇女虽然开始参与公共生活,也学习了新婚姻法和有关恋爱自由、夫妻平等之类的新思想,但是也很少有人敢自己找对象。但

---

① 梁漱溟. 乡村建设理论 [M]. 上海:上海人民出版社,2011:54–55.

是父母已经开始注意到年轻人自己的想法，如果他们不同意，父母会想办法做思想工作，说服他们接受，如果实在不能接受父母的安排，也不会强迫他们。直到改革开放以后，在市场经济的冲击下，年轻一代的权利在逐步增加，父代的权威不断下降。恋爱自由、婚姻自主，年轻人完全掌握了命运。选择恋爱、婚姻对象，不再是取决于父母之命，媒妁之言，而是取决于年轻人自己的个人魅力、性格、能力。父母的任务就是为年轻人举办婚礼，为小家庭提供支持。

其次，年轻人对家庭财产的争取和控制方面，越来越占据有利地位，子代剥削父代的程度在增加。年轻人不仅在恋爱、婚姻方面开始享有更多的自主权，而且在家庭财产方面，开始主张个人的权利，利用分家和高额彩礼以及嫁妆等方式为小家庭争取更多的利益。为了最大限度地争取个人利益，子代费尽心思地去提高彩礼的数量，导致结婚的费用节节攀升。彩礼本是长辈给后辈的礼物，现在却成了子代瓜分父辈财产的工具。在20世纪80年代以前，彩礼是给女方父母的，女方父母会拿着这笔钱为自己的儿子娶媳妇，只有一小部分会作为女儿的嫁妆。但是80年代以后，彩礼是直接交到女儿手里，作为小家庭未来的发展基金，儿子甚至还会与媳妇合谋，从父母那里争取更多的彩礼。阎云翔根据90年代在下岬村的田野调查，得出结论："彩礼不再是两个家庭之间礼节性的礼物交换或者支付手段，而是财富从上一代往下一代转移的新途径"，① 时至今日，这种现象更加普遍了。与90年代相比，父代的权威更低了，子代对父代的剥削变本加厉。父母对家庭财产控制权的弱化，是父权衰落的重要表现。父代与子代的关系天平不断向子代倾斜，父代还要不停地讨好子代，希望老了后能得到子代的善待。越来越多的父母对"养儿防老"的信心日益降低，开始自己积累养老基金。分家也是子代转移父代财产的途径之一，各地农村分家方式不一样，分家在代际

---

① 阎云翔. 私人生活的变革：一个村庄里的爱情、家庭与亲密关系 [M]. 上海：上海书店出版社，2006：175.

剥削程度上存在差异。河南是子代剥削父代严重的地区之一，分家的时间往往是父代已经不具备剥削的价值的时候就会分家。父代为了分家在多个儿子之间保持均衡，承受了非常重的压力。比如给大儿子盖了楼房，就必须给二儿子也盖楼房，虽然给儿子们盖了楼房，父代却不一定有资格住。以河南 X 县 N 村为例，20 世纪 90 年代才开始以现金彩礼取代实物彩礼，90 年代至 2005 年期间，彩礼在 1 000 ~ 5 000 元，但是 2006 年以后开始疯长，至今已经涨到十几万元以上。除了彩礼，父母还要为年轻夫妇提供住房，这是硬性要求，否则娶不到媳妇，在村里有房还不行，最低要求是在乡镇有一套住房，大部分家庭借钱买房，债务由父母承担。一个儿子结婚至少要花掉 40 多万元，如果是两个儿子，至少需要 80 多万元，这在农村是个天文数字，几乎要透支父代未来的所有劳动，穷尽一生才能还完债务。①

再次，父代的养老状况存在变差的趋势，这是父代权威下降的另一个表现。传统的伦理道德对养老的规定是无条件的，在任何情况下都必须养老，但是现在养老是有条件的，是代际间的互助，而父代的付出还不一定能换得子代的赡养。老人晚年生活失去了可靠的保障，子代是否养老变得具有选择性。子代的经济能力、道德良心以及父代个人的经济实力，都影响着养老的状况，养老不再是确定的事情，而是充满了变数。只有父代自身具备足够的自养能力时，才能保证晚年有尊严的生活。否则，即使与子女生活在一起，能够衣食无忧，但是在家庭中也是处于边缘位置，在与子代的矛盾中，忍气吞声。特别是多个儿子的情况，养老更加没有保障，兄弟矛盾、父代的偏爱、婆媳关系等因素都可能成为子代不愿意承担赡养义务的借口。在多个儿子的情况下，子代在剥削父代时存在激烈的竞争，尽可能多地从父代那里索取更多的财产，而在赡养老人时是反向竞争，尽可能少地支付赡养费用。所以在河南，老人的权威很低，很多老人表示对未来没有期待。父代对子代负有无限

---

① 河南信阳 N 村驻村调研报告 ［R］. 2016 – 07 – 25.

责任，无限付出的结果，却不一定有养老保障。村庄舆论的约束力下降，无法制约那些不赡养老人的不道德行为。在市场经济的影响下，赚钱的能力成为衡量人的主要标准，不孝、不赡养老人的不道德行为属于别人的私事而被宽容，很少人会因为道德原因去得罪别人。父代权威的衰落、孝道的式微、舆论约束力的下降，正式权力在处理养老纠纷中效果也不理想，导致农村的伦理悲剧不断上演。在三种类型的村落中，分散型村落老人自杀现象比较严重。因为子女不孝而选择自杀的老人，以中部江汉平原地区最多，北方次之，南方最少。① "在中部地区，年老父母在家庭和村庄生活中彻底边缘化，他们无力与子女发生冲突。父母失去与子女发生冲突的能力和信心，子女就可能肆无忌惮，以致父母无法获得基本生存条件，因此导致老年父母的自杀。"② 子女不孝引发的老人自杀现象增加，说明了老人的家庭地位愈来愈边缘化，以及传统伦理文化在农村的日趋没落。仅仅靠弘扬传统孝文化，恐怕无法扭转这一趋势，"社会存在决定社会意识"，一定的社会观念和文化建立在一定的经济基础上的。农村社会的伦理悲剧不仅仅是观念的变化，更重要的是改革开放以来市场经济的发展，瓦解了孝道的经济社会基础。因此解决农村老人的养老问题，还得从制度方面入手，辅之以伦理道德的重建，才能得以解决。

6.4.2　当前夫妻关系的特征

在夫妻关系中，总体趋势是妇女地位日益提高，在家庭决策中扮演决定性角色。

首先，家庭权力逐渐从丈夫转移到妻子手中。改革开放以后，由于市场经济的冲击，家庭再生产难度增大，使男性的婚姻压力剧增，女性的婚配优势使夫妻关系、婆媳关系强弱发生彻底转化，妇女地位

---

①② 贺雪峰，郭俊霞. 试论农村自杀的类型与逻辑 [J]. 华中科技大学学报（社会科学版），2012（4）：111.

越来越高，并在家庭事务中拍板决策。计划生育以及男孩偏好导致的男女性别失衡，以及发展理性对农民家庭的渗透，导致婚姻成本提高，婚姻难度增大。女性的婚配优势转化为婚后家庭的决策权。婚姻成本的提高，使男性很难承受婚姻破裂的后果，为了维护婚姻的稳定，男性在所有的家庭事务中服从女性。女性婚姻主导权使家庭权力发生了转移，女性获得了当家权，男性通过妥协迁就保持家庭再生产的顺利进行。

其次，在价值层面，妇女获得了价值主体性。过去有族权、夫权的压制，妇女在夫家是没有地位的，妇女在夫家的价值就是传宗接代。妇女的婚姻主导权、经济自主权使妇女掌握了家庭的权力，但是妇女的当家权与父代的当家权有着本质的不同。父代的当家权更注重家的整体性，是一种整合的力量，而妇女的当家权更注重核心家庭的利益，更多地占有父代的财产从而扩大小家庭的利益，妇女的当家权是一种分的力量。妇女权力的扩展，使妇女摆脱了对丈夫家庭的依附，获得了独立的价值主体性，妇女不再通过传宗接代获得自我价值，开始更加注重自己个人的幸福。

6.4.3 当前兄弟关系的特征

兄弟关系总体变迁趋势是兄弟间伦理责任弱化，兄弟关系更加独立、平等。兄弟伦理关系弱化表现在对内对外两个方面：

首先，在家庭内部，兄弟之间是平等的，彼此是一种弱伦理关系，兄弟关系除了血缘上的紧密联系之外，与普通村民之间的关系没有差异。兄弟之间相互借钱不再是无偿的，而是普通的借贷关系，是要偿还的，甚至有时还要还利息。在赡养父代方面的责任是平等的，不会因为长幼或者经济状况而有所差异。继承父代的财产方面也是平等的，如果出现任何不公平，可能就会引发兄弟之间的矛盾。很多赡养纠纷，往往由父代偏爱某一个子女所引发，既然权利不平等，就不愿意平等的承担赡养的义务，而被偏爱的子女不愿意承担更多的养老责任，最终可能导致谁也不愿意养老。

　　其次，在家庭外部，兄弟一致行动能力弱化，兄弟中有人受欺负，不再是无原则的帮助兄弟，而是认为"兄弟也要守法""帮理不帮亲"，兄弟错了会指责兄弟，外人错了就会指责外人。可见，不管对错都要帮兄弟的伦理文化已经逐渐被法治观念所取代，法治观念对传统伦理文化的改造成效显著。

第 7 章

党的十八大以来村落
文化的区域差异

由于地理环境、历史传统、经济发展水平等各种因素的影响，同样的国家政策在不同地区的农村会产生不一样的结果，当前村落文化呈现出明显的区域差异。"农村区域差异"是华中乡土学派在多年的研究中形成的一个理论观点，该理论认为，由于自然生态和历史文化等因素的影响，中国农村内部社会结构存在区域差异。贺雪峰在《南北中国：村庄社会结构视角的中国区域差异》一文中，提出："从村庄社会结构上看，有三类相当不同的村庄，一是以江西宗族村庄为代表的团结型村庄；一是以皖北小亲族村庄为代表的分裂型村庄；一是以湖北荆门原子化村庄为代表的分散型村庄"。团结型村庄又称宗族型村庄，分裂型村庄又称小亲族型村庄，分散型村庄又称原子化村庄，区域差异理论很好地揭示了农村内部的社会结构，同时有力地解释了为什么同样的国家政策、制度、法律会在不在地区的村庄造成不一样的结果。

7.1 村落宗族文化的区域差异

改革开放以后宗族文化在各地的复兴程度是不一样的，在广东、广西、江西、海南等地的团结型村庄，宗族文化最为浓厚；在河南、山东、陕西、安徽等地的分裂型村庄，宗族文化的范围大为缩小，仅仅存在于五服以内的小亲族范围内；在湖北、四川、重庆等地的分散型村庄，宗族文化非常淡薄，基本不存在。下面将详细论述宗族文化在不同区域呈现出的差异。

7.1.1　祭祀活动的区域差异

祭祀是宗族文化非常重要的一个方面，祭祀的形式与内容是观察宗族文化的一个重要窗口。

在宗族型村庄，祭祀圈是整个宗族。通常一个村就是一个姓，都是一个祖先传下来的，因此，团结型村庄有时也称为宗族型村庄。对于宗族型村庄来说，宗族祭祀是非常重要的活动，是全村参与的。不管你离家多远，工作有多繁忙，清明节祭祀那天必须回来。如果没有回来，则会受到村庄舆论的指责，以至于被排斥和边缘化。祭祀是公共性活动，是必须参加的，有很强的规范性和强制性，打破这个规范是会受到长辈的训斥。通过祭祀，宗族认同得以强化并代代相传。广东清远 H 镇的一位镇长说，清明节祭祀不回家，父亲要骂人，不回去是不行的。一位村民在外做生意，因为生意失败多年不回家参加祭祀，回来后大家都不理他，也不跟他说话。在宗族型村庄，祭祀不是个体的事情，而是具有社会性的公共活动，是个体肩负的村庄责任，如果某一个人不参加祭祀，就会影响到村庄在外面的形象和评价，进而影响到村庄的每一个人的面子和形象。同时，祭祀也是价值生产和传递的过程。通过祭祀表达对祖先的认同和感激之情，父亲感谢爷爷的养育之恩，爷爷感谢太爷爷，这种感激之情通过祭祀不断的强化并一代代传递，每一个人都生活在祖荫之下，因为有了祖先才有了自己的存在。长辈们会给晚辈讲述祖先的故事，对祖先的情感和记忆通过教育和引导，深深地刻在每个人心中。清明节祭祀，首先是祭祀始祖，然后祭祀各房的祖宗，最后祭祀小家庭去世的亲人。只有祭祀始祖和各房的祖宗，是集体组织的，纪念小家庭的亲人是单独进行的。纪念始祖，各房要派代表，纪念各房的祖宗，房内的各个家庭的男丁都要参加。①

在小亲族型村庄，祭祀圈以五服为范围，超出五服以外，不再组织集体祭祀。分裂型村庄有大大小小的相互竞争的小亲族，通常在五服以内，一个太爷传下来的。以自己为中心，往前追溯两代，向下延续两代，加上自己这一代，一共五代。随着老一辈的去世，不断形成新的小亲族，保持在五服以内，因此，小亲族随着人口的出生，老一辈的去世，一直处于动态和变化中，不断形成新的小亲族。不像团结型村庄，一个村就是一个宗族，是一个祖先传下来的，是稳定的，不随着人口的去世和出生发生变化。在分裂型村庄，宗族意识仅在五服以内较为强烈，互动紧密，但超过五服以外，宗族意识淡薄，一致行动力弱化。每年的集体祭祀是以小亲族为单位组织的，超过五服以外则不会组织集体祭祀。河南 D 村是典型的户族②型村庄，村庄有大大小小相互竞争的户族，姓氏非常复杂，其中两个张姓是该村最大的户族，在村庄类型上属于分裂型村庄。每隔几年张姓要举行集体的祖宗祭祀，而血缘较近的近门（四服以内）则会年年举行集体祭祀。但近几年，超过五服范围之外的集体祭祀几乎没有了，集体祭祀在更小的范围内举行。该支张姓有一位 60 多岁的老人组织每年的清明上坟。张家的老坟地比较大，坟地周围的柴禾砍了卖掉，作为集体祭祀的费用。柴禾没有后，老人就向每个张家人收取 10 元的祭祀费，用来购买纸钱和鞭炮。这支张姓有人信主，也要凑钱，可以不去坟地，去了坟地，也只磕头不烧纸。户族内部笃信"没有祖宗，哪有后代"，每年七月十五，十月初一各家会祭拜一下小家庭的亲属，"有儿坟上添新土，无儿坟上百草青"。

在原子化的村庄，则没有很隆重的祭祀仪式，更没有集体性的祭祀活动。祭祀的时间一般在大年三十、清明节、七月十五这三个时间，一

---

① 广东清远 Z 村驻村调研报告 ［R］. 2016 – 03 – 28.
② 五服以内的小亲族，在各地的叫法不同，有的称为房、卡，有的称为户族，有的称作门子。在本书中，将采用当地的叫法。虽然称呼不同，但内涵有共同性，即都是指五服以内的宗族成员。

般只祭祀三代以内去世的亲人，再远的亲人就不会祭祀了。祖先对于分散型村庄并没有特别的象征意义，只是死去的家人而已。祭祀只是一种习惯保存下来，是对死去亲人的一种怀念。在四川、重庆、鄂西北等农村，一般都是杂姓村，这与人口高度流动有关，因为战争或者天灾引起的人口迁徙而形成的村庄，村庄历史较短，所以没有形成南方农村那样稳定的宗族结构，所以这里的祭祀活动具有零散性、世俗性，祭祀是很个体的行为，而且只是对于死去的家人的一种纪念。祭祀的亲人到爷爷这一辈就停止了，再往上的亲人就不会祭祀了，所以祭祀的范围很小。

7.1.2　祖宗信仰的区域差异

在不同类型的村庄，祖宗是否是一个超越性的价值存在，是否具有信仰上的功能，存在显著的差异。

在宗族型村庄，对祖宗的祭祀不仅具有社会性和价值性的功能，同时，祖宗也是一个超越性的存在。祖宗不会因为生命的消亡而消失，祖宗死后变成神灵保护子孙，祭祀就是寻求祖宗的保护，也是子孙对祖宗的庇护表达感谢的途径。如果不敬畏祖宗，祖宗则会通过生活中的不幸来惩罚不敬祖的子孙。这一套话语建构出每个人不得不遵守的公共规则。每个人的幸福生活是祖先的恩赐，不幸则是祖先的惩罚，并不断通过生活中偶然出现的事件和因果想象来不断强化这种认知，从而规训那些不敬祖的人。可见，这套话语体系对村民的约束力还是很大的，可以保证宗族成员按照宗族规则行事。

小亲族型村庄对祖宗仍然有敬畏之情，依然保持着复杂的祭祖仪式，但仪式正在逐渐失去它的本质意义，而且年轻人对于复杂的祭祖仪式不再愿意去传承，祭祖主要是老人在负责组织和安排。上坟日益仪式化、形式化，失去了原有的功能性和本体性需要。在河南 D 村村里人每年清明节都会去上坟祭拜祖先，兄弟和叔叔一块去，女人一般都不去。上坟既要上公坟（即自家屋的坟），也要上近门的坟，近门的坟一般是一个太爷的（4 代）一起上，上坟时要放鞭烧纸磕头，表示敬畏之情，还要在坟头添一抔土，表示后继有人。上完坟后，近门的每年轮流吃饭，一般是晚辈管饭。农历十月初一和农历七月十五也要祭拜祖先，这两个节日的祭祖没有清明节盛大隆重，各家去坟上烧几张纸就可以了。一些农户家里挂有"祖宗昭穆神位"，大年当天不去坟上祭祖，但要在家里祭拜，一般是在牌位两边点两支蜡烛，在大年三十的晚上烧纸烧香上供品，初一至初三也要烧纸烧香（一天 3 次），晚上上一炷香，初三上午送门神，供品撤下来，正月十五夜里继续上香烧纸，一直搞到正月十七。这样一到过年的时候，整个堂屋烟雾缭绕，有些呛人，而且也有些纸灰落在地上，现在年轻人都不愿再在家里祭拜祖宗，不过 60 ～ 70 岁的人还兴这些。问村民们为什么要祭拜老祖宗时，他们常说的一句是，"古代传下来的"。由此可见，上坟祭祖已经成为一种身体无意识，也在逐渐失去它的本质意义，上坟日益仪式化，形式化。古人说"慎终追远，民德归厚"，当地人祭祖并不是为了慎终追远，而是一种无意识，他们对祖宗，对历史的超越性信仰正在变得仪式化。一位 50 多岁老大爷表示，人死了啥都没有了，清明节烧纸没有意义，那边得不到，只是一个心意，烧纸是纪念。可见人们对祖宗的认识已经世俗化。新中国成立后长期的无神论宣传，宗族的本体性功能逐渐淡化，仅仅保存一点纪念和怀念意识。

在原子化的村庄，没有祖宗崇拜，祖先意识非常弱，几乎没有。人们不会把自己的生活与祖先联系在一起，人们的生活只有当下这个维度，生活的好坏只与个人的努力奋斗相关。祖先与当下的生活唯一的联系，大概只有风水了，死去的亲人埋在一个风水宝地，会给后人带来幸运，所以老人去世举行葬礼时，仍然会请风水先生选一个风水宝地，希望以此可以让后代兴旺发达。除此之外，祖宗对于分散型村庄没有任何意义，人们的生活注重当下，没有慎终追远的意识。

7.1.3　宗族记忆的区域差异

记录和承载宗族历史的主要是族谱和祠堂，族谱和祠堂在不同类型的村庄象征意义和重视程度是不一样的。

在宗族型村庄，对族谱和祠堂非常重视。通过族谱，每一个人都能在谱系中找到自己的位置，个人的事迹也被写到族谱里，并被后人铭记和反复提起。个人的价值不仅体现在当下，而且体现在未来。个人的荣誉关乎祖先和子孙后代，个人对自己的行为非常谨慎，因为个人的好或者恶会在死后延续很长时间，被子孙后代所评判。这种对未来的想象对个体的行为有很大的约束力，迫使个体按照宗族模式行动，个人的行为在族谱里不断地被书写、传递。个人的价值和荣誉在代际传递过程中，不断激励着后代。在宗族型村庄，祠堂的作用不可低估。它是祖先死后居住的地方，每个人生命的重要阶段都要到祠堂告知祖先，生老病死都与祖先息息相关。娶妻了，要由长辈领着到祠堂磕头，并告知祖先娶了何地的媳妇，生子了也到祠堂，告诉祖先，并办添丁酒，死后也要从祠堂抬出去埋葬。生老病死都不是个体的事情，也不是小家庭的事情，而是祖先的事情，与整个宗族的繁衍生息息息相关。因此，每个宗族型村庄都要不断地翻新祠堂，实现祖宗的在场，祠堂的好坏也关乎着整个宗族的荣誉和面子。祠堂年久失修是让宗族蒙羞的事情，也是子孙不孝和没有能力的表现。广东清远 A 村在 1985 年曾经考虑翻修祠堂，结果因为各个房头争风水的事件，导致祠堂没有修成，此后祠堂一直处于破败状态。1997 年，几个干部和在外工作的精英商量要重修祠堂，修祠堂的动力来自对祖先的崇敬以及村庄的面子，如果没有一个像样的祠堂，就表示村里人无能，"我们共一个祖先，整条村的核心就是一个祠堂，如果祠堂在我们这代人手里破烂了，没有办法修，那我们这一代人太衰，太无能了"。为了修祠堂，他们成立了理事会，由各个房头的代表组成，代表是有公心的人，有公心的人不能只考虑各个房头的利益，要考虑整个村的利益。在理事会的组织下，筹款了 23 万元，修建了一个在当地最大的祠堂，整个村的人都觉得非常有面子，摆酒庆祝的那天把整个行政村的人都请来了。① 在修建祠堂的过程中，村民对于宗族的认同被重新唤醒，并以集体行动的方式实践出来，实现村庄集体在社会性层面的再造。通过修建祠堂，纪念祖宗，同时获得祖宗的庇护。在宗族型村庄，几乎所有的仪式都有进祠堂的环节，可见祠堂的重要性。

在小亲族型村庄，村庄历史较短，没有宗祠，虽有族谱，但人们对族谱的重视和了解程度与宗族型村庄没法比，大多数人表示没有见过族谱，也不知道族谱保存在什么地方，修谱对于宗族成员的动员能力很弱。河南 D 村的张姓 1990 年开始修订家谱，续家谱找年龄大的、有见识的、有一定文化水平的人续，但本支张姓的很多村民都不知道原来的家谱在谁家，现在是谁在修订家谱。可见，在小亲族型村庄，对族谱等记录宗族历史的符号已经不大重视，族谱完全没有了在宗族型村庄的那种神圣性。

在原子化的村庄，基本上没有宗祠、族谱这样的宗族符号，即使有宗祠、族谱，也只是符号而已，并不构成宗族认同。村庄历史较短，人们对族谱、宗祠等宗族符号基本上没有什么意识，也说不清楚。四川 L 村，姓氏繁多，有宁姓、曾姓、王姓、袁姓、代姓、龚姓等，最多的要数曾姓，但放到整个村庄来看，也属少数，因此，L 村为典型的杂姓村。杂姓村的形成，这或与由于天灾人祸而引起人口高度流动有关，这一点，与江汉平原类似。在鄂西北的 D 村，听老人们讲，D 村的人主要是从武昌逃荒到此地形成的村庄，村庄历史不超过一百年，村里姓氏很多，有陈姓、王姓、刘姓、张姓，没有哪个姓氏有家谱或者族谱，就算有也不知道放谁家里了，或者遗失在什么地方了，也没有听说什么时候续过家谱。浙江宁海的 D 村，虽然各村还保留宗祠和族谱，但也只是宗族符号，人们对祖宗的认识完全世俗化，宗祠的修建是在政府文化项目下乡中进行的。

---

① 广东清远 A 村调研报告 ［R］. 2016 - 03 - 20.

7.1.4　宗族认同的区域差异

在宗族型村庄，宗族认同呈现圈层性，即宗族认同依照血缘关系的远近呈现不同的层次性。血缘关系是宗族认同的基础，血缘关系的远近决定着宗族认同的层次。依照"核心家庭—父代—联合家庭—房头—宗族"次序，宗族认同由近及远，在日常生活中和人情往来中都遵循着这一血缘秩序。邻居是独立于血缘关系之外的，因为地理位置特殊，邻居有时超过了血缘关系。在宗族型村庄，人们对邻居的认同并不高，人们的认同还是习惯建立在血缘的基础上，与邻居关系的远近取决于血缘关系的远近，与邻居是近亲就按近亲对待，是远亲就按远亲对待。宗族型村庄的宗族认同遵循的是整体主义原则，并不是越亲越认同。当核心家庭与联合家庭发生利益冲突时，核心家庭的利益要牺牲，当联合家庭与房头的利益发生冲突时，要牺牲联合家庭的利益，以此类推。当兄弟与别人吵架，并不一定是帮兄弟，而是"帮理不帮亲"。但是承担义务的时候，则遵循的是由近及远的原则，比如借钱、建房这样的事情，肯定是首先找最亲近的人帮忙。由此可见，宗族型村庄的认同是建立在宗族的整体基础之上的，一切行为要为宗族整体的生存和发展服务，层级越小的越要做出牺牲，承担更多的义务，从而有利于宗族整体的维护。小圈层的利益处于压制的状态，当小圈层与大的圈层发生矛盾时，选择保全整体的利益。

在小亲族型村庄，宗族认同在户族范围内，遵循的是维护小圈层的利益，根据血缘秩序，由近及远，越近越帮。户族内部较为团结，一致行动能力强，户族内部也是一个换工互助圈，特别是婚丧嫁娶方面的互助。但是近几年，户族内部也不是毫无原则的一致对外，而是要看行为是否合法，户族内部也要讲理，不合法的事情不参与。河南 D 村属于户族型村庄，户族里流行一句话，"现在都讲法了，户族也得守法。"组长张某说，"现在不论户头大小，在乎的是自己有钱有势，户头再大，有事还是要靠法律，靠国家做主。"① 可见，法治观念的影响日益增强。在小亲族型村庄，兄弟多的人，所在户族大的人，一般都当组长，兄弟多，说话才有人听，当了组长可以更好地照顾自己的田地。兄弟之间一般都非常团结，即使内部有矛盾，有人欺负兄弟了，还是会一致对外。兄弟矛盾是内部矛盾，但别人欺负兄弟，就是欺负户族，兄弟就会一致对外。在法治观念的影响下，户族之间打群架的比较少了，真有户族之间的斗殴，邻居朋友都会去劝。随着打工经济的兴起以及村庄面向的变化，户族力量在村庄中慢慢消解，除了每年的祖宗祭祀外，户族仅仅成为一种符号。

在原子化的村庄，祖宗意识淡薄，反映在生育观念上就是没有强烈的生男偏好，所以大多数家庭只有一个或者两个小孩，以一个小孩为主。部分生二胎的家庭，往往是因为第一个是女儿，则会再生一个，不管第二个是男是女都不会再生。第一胎是女儿再生的家庭，不是追求生儿子的动机，而是在于对于养老的保障，女儿要外嫁的，另一个留在身边养老。所以，在原子化的村庄不会为了追求宗族势力的扩大而倾向多生，也就没有形成华南那样的宗族，也没有形成华北那样的小亲族，从而也就没有形成超越家庭的宗族认同，也就没有形成超越家庭的一致行动能力。血缘联系只构成人情来往的基础，却并不构成宗族认同或一致行动能力的基础。

不同类型的村落宗族文化的差异，可以用表 7-1 表示。

表 7-1　　　　　　　　　　村落宗族文化区域差异

项目	宗族型村落	小亲族型村落	原子化村落
分布区域	江西、福建、广东、广西、海南、湘南、鄂东南、浙江温州等	河南、山东、河北、苏北、皖北、陕西、山西等	云贵川渝、湖北、湖南、安徽、浙江等地

① 河南信阳 D 村调研报告［R］. 2013-07.

项目	宗族型村落	小亲族型村落	原子化村落
祭祀圈	整个宗族	五服以内	三代以内
祖宗信仰	浓厚	淡化	世俗化、生活化
宗族历史	长	短	很短
宗族认同	差序格局（血缘越近越要承担更多的义务，保全整体）	五服以内（帮助近亲）	家庭内部

7.2 村落宗教文化的区域差异

在新中国成立前，民间信仰很多，有祖宗信仰、鬼神信仰、佛教信仰、基督教信仰等。新中国成立后，宗教信仰被压制，改革开放后，随着国家权力在村落的全面收缩，宗教信仰也恢复了。但是宗教信仰在不同类型村庄的恢复程度是不一样的，呈现出区域差异性。总体而言，北方村落的传统信仰形式已经接近瓦解，一些零散的信仰已经世俗化和形式化，不能满足村民对信仰的庞大需求，导致基督教等外来宗教迅速蔓延，尤其以河北、河南、东北一带最为严重。除了传统信仰体系瓦解造成基督教大肆传播之外，北方诸多村落治理状况也非常不理想，税费改革后，国家政权进一步从基层撤退，退出了村落公共领域和私人领域，这也为基督教的扩张提供了便利。南方村落以祖先崇拜为核心的传统信仰保存得仍然完整，能够满足人们的信仰需求，并应付日常生活中的危机，能够形成对基督教的对抗，使基督教很难进入或者生存。但是随着市场经济和城市化，南方的祖宗信仰为核心的传统信仰体系也呈现瓦解的趋势，有可能导致在未来南方也被基督教占领。另外，南方宗族型村落宗族结构较为完整，村落内生力量还能整合村落，借助传统的血缘权威可以为村落提供公共服务和道德塑造，治理状况比较好，一定程度上阻止了基督教在南方的传播。

7.2.1 信仰体系的区域差异

在宗族型村落，因为宗族文化浓厚，祖宗信仰很强势，基督教没有传播的空间。基督教信仰与祖宗信仰不能并存，基督教不让村民敬奉祖宗，把祭祀等宗族活动贬斥为封建迷信，这是村民不能容忍的，因此在祖宗信仰很强烈的地方，基督教很难生存。宗族文化浓厚的村落，形成了以祖宗信仰为核心，其他鬼神信仰相辅助的宗教信仰体系，是抵制基督教传播的堡垒。以广西陆川的 M 村为例，该村的信仰体系是多层次的一体化体系，依照"祖宗—社公—天神"的秩序，形成不同层次的神仙，管辖不同的范围。与村民的生活联系最紧密的是祖厅和香火堂，这是村民的意义和精神世界之所在。宗族文化塑造着村民现实生活中的行动逻辑和社会关系，是村民能够感受到的最直观具体的精神世界，风水的选择、祭祖、祠堂等是祖宗信仰的直接体现。但是祖宗只保护自己的子孙，不是一个有博爱精神的"神"，祖宗之"神"和人一样，有喜怒哀乐，有自己的情感，有自私的一面，当自己子孙的利益与别人发生冲突时，保护子孙的利益。所以，在祖宗信仰之外，还应有一个超越血缘的神，保护生活在同一块地方的上"神"——社公。社公是地缘神灵，负责保护特定区域的村民的生产生活，财产安全以及风调雨顺。最后一个层次是具有普世精神的"神"——天神，天神供奉在庙里，一般有观音菩萨、太上老君、二郎神等。人们会根据自己的需求，以及神仙在当地的名气和灵性进行选择性祭拜。① 南方宗族型村落因为有完整的传统信仰体系，所以几乎没有基督教的身影，只有家庭教会还在不遗余力地渗透，一个县只有一两个家庭教会的点。而北方分裂型村落，一个村就有两个以上的家庭教会，一个镇就有一到两个教堂。可见，基督教在南方宗族型村落扩张是非常有限的。但不排除未来随着宗族信仰为

———————————

① 广西陆川 M 村调研报告［R］. 2015 – 07 – 25.

核心的传统信仰解体后，基督教持续发展的局面。

北方小亲族型村落和中西部原子化村落的宗教信仰的突出特征是宗教信仰多元，有祖宗信仰、地方鬼神信仰、佛教信仰、基督教信仰，多种信仰相互影响。在这些宗教当中，基督教的力量最强，在宗教领域的话语权很高，并有很强的渗透力和传播欲望，传统的民间信仰处于分散的、自发的无组织状态，无法和组织性强大、传播力大的基督教相抗衡，传统的民间信仰在基督教面前常常被贬斥为封建迷信，因而发展日益萎缩。地方鬼神信仰一般有土地神、观音、灶神、财神等。到了相应的时间，人们会去祭拜相应的神仙，或祈福，或者希望早生贵子，或者希望祛病减灾。仪式是作几个揖，或者跪着祈求。随着祖宗信仰为核心的传统信仰的淡化，基督教信仰在浙江、河南、河北、东北等地区迅速扩张，要远远超过南方各省的信徒。河南信阳的 Y 镇教会是全区最大的教会。Y 镇在解放前就有教会，那时叫"洋教"，但是人数并不多，因为基督教信仰的内容与祖宗信仰的内容相互冲突，祖宗信仰的强烈存在，基督教的传播空间并不大。新中国成立后，经过政治运动的洗礼，祖宗信仰遭到批判和打压，宗族意识消解了很多。改革开放后，宗族文化在一定程度上复兴，但随后在市场经济和城市化的冲击下，宗族文化日益消解，为基督教等外来宗教提供了传播空间。浙江宁海的 Q 镇，在解放前整个镇只有 100 多人信教，改革开放后基督教人数迅速增多，信教比例达到 30%，一个村就有 300 多人信教，全镇有 18 村，基督教传播的速度可见一斑。① 基督教传播很快，有组织有经费，但是政府对他们的管理还不能适应现实要求，很多教徒处于非登记状态，只有"三自教会"处于较为完善的管理中，家庭教会几乎处于放任状态。河南 Y 镇各村都有一些基督教派，有的还很神秘，教堂会详细登记每个信徒的信息，并建档，精心保管。1987 年 Y 镇教堂重新开放后，改成"三自教会"，教堂管理较为完善，档案在河南省有备份，归镇里"统战部"

---

① 浙东城郊村调研报告——基于宁海 D 村的驻村调研［R］. 2016–07–05.

管，建教堂要想获得镇里的批准，必须首先写申请，然后报到镇统战部，镇里写个证明，包括教会发展历史、背景、聚会地点等，再报到两会，由"两会"（宗教委员会和爱国委员会）报到宗教局，宗教局下来调查核实，然后确认，如果确认后，一份档案放在两会，一份放在宗教局。[1]

在浙江东部农村，这里村庄历史大都短暂，宗族意识淡薄，既没有形成广东等地的宗族，也没有形成河南等地的小亲族，在村庄类型上属于原子化村庄，在信仰上以基督教和佛教为主，祖宗信仰已经大为淡化，只是作为对死去亲人的一点纪念，如果说祖宗信仰还存在的话，那也是极为生活化和世俗化了。该地农村的祖宗信仰已经非常淡薄了，为基督教等西方宗教的大肆传播提供了空间。川西平原的村落，虽然也属于原子化村落，但并没有出现基督教疯狂扩张的局面，原因在于川西平原的村落公共生活非常丰富，有与日常生活需要高度配套的赶场，有三五成群的摆龙门阵，以及村里镇里随处可见的麻将馆和茶馆等，在各种各样的公共空间中，并没有特殊的门槛，男女老少贫富均可自由参与，如此以来，这里的村落生活，不仅完整，而且丰富多彩。这些丰富多彩的公共生活很好地满足了村民的生活、社交、情感需要，就不需要从宗教寻找慰藉了。

7.2.2　对宗教认识能力的区域差异

基督教在北方以及中部的村落扎根很深，传播范围很广，村民对基督教的认识能力也比南方宗族型村落更强，普通教徒就能够辨析出哪些宗教是政府允许的，哪些是非法的。

但是，在南方的宗族型村落，村民对宗教的辨识能力就差了很多。南方村落村民很难清晰地区分正规基督教和邪教，跟这里基督教信徒较少有关，村民对基督教的需求并不大，基督教在南方发展得也比较缓

---

[1]　河南信阳 Y 村调研报告　[R]. 2013 – 07 – 10.

慢。因为南方村落本身有比较完备的以祖宗信仰为核心的信仰体系，对祖宗非常崇敬，也很虔诚，所以基督教信徒很少，所以对于基督教各教派之间的差别也认识不清。

7.2.3 宗教信仰主体性的区域差异

北方小亲族型村落和中西部原子化村落的信仰体系丧失了主体性，南方宗族型村落的信仰体系仍然以本土信仰为核心，具有较强的主体性。

首先，北方村落传统的信仰体系碎片化、软弱化，难以约束村民的行为，也没有能力对越轨者做出惩罚，再加上村民难以从这种信仰体系中获得满足，所以村民很容易逃离传统信仰体系，从其他团体性活动中获得满足。

但是，在南方宗族型村落，无论是信仰层面还是村落价值层面，村民都没有退出的选择，个人必须服从村落统一的信仰和价值规则，否则就面临被村落排挤出去的危险。必须赡养老人，必须帮助生活困难的宗族成员，必须参加集体祭祖，否则，生老病死都没有人管你了。在村落婚丧嫁娶如果没有人来帮你，是很难操办的。被排挤出村落的人，在村落的生活就失去了意义，每个人都害怕面临这样的惩罚。

其次，北方小亲族型村落信仰体系碎片化也无法帮助村民应付社会变迁带来的危机，在面临基督教等外来宗教时，在封建迷信的压力下日益萎缩。从调研中获得的资料，可以看出，导致人们去信教的，主要有五个原因：一是贫穷，看不起病，信教不花钱；二是疾病，病急乱投医，心理脆弱，迫切需要救世主；三是农村闲暇增多，公共空间的衰落，在大量农民外出打工的背景下，农村越来越空心化，缺乏人际交往，孤独无聊，通过信教获得一点心灵慰藉；四是老人地位的降低，无人关照，精神孤苦。再加上农村孝道日益沦落，一些老年人分家后，儿子一般在外打工，对老人不闻不问，老人精神苦闷，通过信教，可以和教友互动获得安慰；五是生活中的挫败。一些家庭在社会竞争中处于边缘地位，就从基督教教义中找安慰。在生活遭遇变故和挫折时，人们就会去基督教众寻求支持，并且把生活的转机和改善归因于上帝的功劳，导致他们更加对上帝深信不疑。

而南方的宗族秩序仍能应对变化的政治秩序，仍然能够为村民提供生活和生产上的保护，村民在人生的每个阶段仍然比较依赖宗族秩序。离开宗族的支持，个体无法自主生存。因为宗族秩序是由先赋的血缘确定的，每个人的位置是固定的，人际关系是稳定预期的，所以不需要通过后天的社会实践进行建构，所以就不会产生恶性竞争。而北方小亲族型村落，传统信仰秩序碎片化、虚弱化，无法帮助村民应付社会的变化，无法为村民提供稳定的未来预期，村民陷入了残酷的社会竞争中，并有越来越多的人被社会竞争甩出来成为村落边缘群体，让边缘群体能够心安接受现实的只有从其他信仰当中获得，所以当基督教进来时他们就很快接受了它。

最后，北方小亲族型村落传统信仰体系不能为村民提供一套安身立命的价值系统。传统信仰日益受到人们的质疑，而新的价值系统又没有建立起来，在这个空档时期，为外来的基督教提供了充分的发展空间。祖宗崇拜、传宗接代、多子多福等观念在市场经济和城市化的冲击下，丧失了合理性，被当作落后观念备受唾弃，村民失去了安身立命的价值依托，这套价值系统无法再作为人生的意义。再加上以高昂的结婚彩礼为标志的沉重的代际剥削以及子女不养老的恶劣事件，可见，传统的价值系统已经不能给村民带来价值支撑，价值失落感强烈。恰恰在这种情况下，外来的基督教弥补了村民的价值失落感，获得了心灵慰藉。

在川西平原的村落，作为原子化的村落，多子多福、传宗接代的观念也被人们抛弃了，但是四川农村的村民界定人生意义的方式也发生了变化。川西平原村落的村民没有生男偏好，抛弃了把传宗接代作为人生意义的价值观念，"吃好、喝好、耍好、生活好"才是他们的生活逻辑，是活着的理由和意义，在某种程度上，"活在当下"对川渝一带的村民来说具有本体性的价值功能，因此也就不需要从别的超越性宗教当中寻找活着的意义。这就是为什么同样是传统信仰解体的川渝一带，基督教的扩张并没有出现像北方那样迅猛的势头。

在南方宗族型村落，祖先崇拜和传宗接代仍然具有超越性价值功能，仍然是村民的精神寄托。人的一切的努力都是为了荣耀祖宗，并让后代继承下去，把家族的一切延续下去。有了儿子，就有了活着的意义，生活就算再苦也有盼头。没有儿子，活着就没有意义，也没有努力奋斗的动力。所以，宗族型村落的村民无论如何都要努力完成传宗接代的任务，完成了这个任务，人生才算圆满。以祖宗崇拜为核心的传统信仰体系为村民提供了安身立命的价值系统，其对于基督教宣扬的永生价值就不会产生兴趣。

总之，村落宗教文化的差异不是经济差异导致的，而是传统村落文化的强弱问题。在传统文化根基比较牢固的农村，自主的价值生产和解释能力比较强劲，在很大程度上抵制了基督教的传播和扩张。在村落发生各种变化，出现各类新现象时，传统的信仰体系依然可以提供令人信服的解释，无需寻求外来的价值支撑系统，并对外来信仰采取排斥的态度。而在传统的村落文化枝节化、碎片化的村落，传统的村落文化无法为村民提供安身立命的价值系统，面临着价值的失落，外来的基督教一进来，就占据了这块价值领地。不同类型村落宗教文化区域差异见表 7 - 2。

表 7 - 2　　　　　　　　　村落宗教文化区域差异

项目	宗族型村落	小亲族型村落	原子化村落
分布区域	江西、福建、广东、广西、海南、湘南、鄂东南、浙江温州等	河南、山东、河北，苏北、皖北、陕西、山西等	云贵川渝，湖北、湖南、安徽、浙江等地
信仰体系	完整的传统信仰体系	信仰体系多元	信仰多元
信仰的认识能力	邪教辨识能力低	邪教辨识能力高	邪教辨析能力高
信仰的主体性	主体性强	主体性弱	主体性很弱

7.3 村落人情礼俗文化的区域差异

不同类型的村落,人情礼俗文化呈现在显著差异。总的来说,宗族型村落人情仪式的内涵最为丰富,程序最为复杂,人情的公共性特征明显,结构性强,人情负担不重。小亲族型村落人情仪式较为简单,人情的文化意义较弱,人情的公共性和私人性并存,人情负担总体上不重。原子化村落人情无仪式化,人情的文化意义最弱,经济实用性强。人情结构性弱,私人性强,人情负担最重,也是人情异化最严重的村落类型。

7.3.1 人情仪式的区域差异

在宗族型村落,人情仪式的内涵非常深刻,程序非常复杂,红白喜事等人情仪式与祖宗崇拜紧密相连。江西的 S 村是典型的宗族型村落,结婚仪式依次包括鸣号、鸣炮、入本房祠堂、好命妇傍新娘出娇、新娘向祖宗牌位行礼、新娘入男主人家、拜天地、新人拜祖宗牌位、新娘入洞房等十个步骤。除了结婚当天的仪式,婚礼之前还有相亲和定亲仪式,婚礼之后还有回门的程序。定亲的程序是男女双方的先生以及媒人在场,写正式婚书,交换信物,回门时要去祭拜祖宗。丧葬仪式更加复杂,农民对死亡的敬畏和祖宗的崇拜在葬礼方面充分展现了出来。考上大学要办升学酒,上大学是光宗耀祖的事情,先生会请有名望的人给大学生佩戴红花,然后去祠堂祭拜祖宗。妇女生孩子也要办酒,仪式较为简单,娘家人送来布料、鸡蛋等礼物。老人过 60 岁、70 岁大寿也要办酒,同族的晚辈都要去拜寿,行鞠躬礼。[①] 先生是这些仪式的执行者,在特定的区域,人情文化共享,村民举办人情,必须遵守这些规矩。宗族型村落,人情仪式有几个共同点,一是仪式有严格的程序规定,有专

---

① 江西宁都 S 村调研报告［R］. 2017 – 07 – 15.

门的知识系统，先生掌握着这些仪式的知识。二是与宗族文化紧密相连。不管是婚礼、葬礼，还是升学、生子，都要进祠堂，向祖宗汇报。祠堂是宗族组织的象征，也是农民展示人生意义的场所。三是仪式非常注重文化和文字，在仪式的每个程序上，农民都要配上赞语，赞语用诗句的形式展示，使整个仪式非常富有文化气息，也显得特别庄重。四是表达了对鬼神的敬畏之意。在各种仪式中，颜色被赋予一定的意义，比如红布可以用来辟邪，但在葬礼上要避免红色，避邪求福伴随着各种仪式的全过程。

在山东、河南等地的小亲族村落，人情的仪式就办得简单得多。首先在名目上比较少，其次程序也很简单。山东的 X 村是典型的小亲族村落。在最近十几年 X 村的婚礼程序完全市场化了，只要拿钱给婚庆公司，礼花、小车、乐队等，婚庆公司可以提供全套服务。现在的程序是男方坐小车到女方家，把新娘接到男方家，司仪主持完婚礼仪式后，就开席。丧事要稍微复杂一点。一般要办三天，第一天火化，并要请本家族的人为死者指路，把死者的灵魂引导到村里的庙里，在小庙里等待下葬。还要买些纸人、纸马、纸房子等，在第二天烧给死者。第三天是出殡的日子，亲戚朋友来吊孝，喊架的人（当地对葬礼上主事的人的称呼）带着孝子孝孙磕头谢客。最后，众人把死者下葬。X 村婚礼和葬礼的程序都比较简单，也没有特别的文化内涵，也没有很神秘的鬼神观念，仪式就是一种告知，宣布某人结婚或者某人去世了，以方便、实用为原则。①

原子化村落的仪式也很简单。辽宁的 F 村，村落历史很短，既没有形成宗族，也没有形成稳定的小亲族，是典型的原子化村落。F 村农民办事的名目比较多，结婚、丧葬、生小孩、上大学、建房等，都是办事的理由，其中婚礼和葬礼是最重要的，有稍微复杂一点的程序和仪式。其他名目就很简单，没什么仪式，就吃酒席就可以了。红事的程序比较

---

① 山东德州 X 村驻村调研报告 ［R］. 2018 - 07 - 15.

简单，男方用小车把新娘接过来后，主持人主持完仪式后就开席吃饭，新人连天地都不用拜就直接入洞房了。白事的程序要稍微复杂一点，一般要办三天，要请村里待客的（当地对葬礼主持人的称呼）来指挥。有的人死后一天就被下葬了，也有的讲究面子，完全按规矩大操大办。考学、过寿没有任何仪式，建房就在房上挂一条红布，吃酒席才是核心。①

丧葬仪式最能体现中国人的生死观、鬼神观。在丧葬仪式上，农民不仅要处理现实的社会关系，还要处理人与神秘世界的关系，人对神秘世界越敬畏，仪式就会越庄重越复杂。三种不同类型村落对葬礼的不同安排，体现了农民对葬礼赋予的不同的文化意义。宗族型村落的葬礼最为隆重，程序最复杂，仪式要持续半年的时间，因为要选出殡的日子，一年当中只有两天时间可以出殡，所以往往要等半年才能下葬。而其他两种类型葬礼最简单，完整的程序虽然复杂，但农民很少完全照规矩来。如今厚葬只在宗族型村落盛行，更多村落盛行薄葬，薄葬主导着中国的丧葬民俗。厚葬意味着对死亡意义的充分阐释，文化意义是考虑的中心，薄葬主要从经济、方便、卫生等方面考虑，仪式的文化意义薄弱。

7.3.2 人情结构的区域差异

在宗族型村落，结构性很强，人情来往非常有序，有着统一的规则。首先，交往圈有很强的先赋性，由血缘关系确定，遵循伦理秩序，不需要个体进行后天的建构，只需要按照统一的规则做就可以，压制差异化的表达。其次，不存在人情的攀比和竞争。因为每个人是整个村落结构的一员，在结构中处于什么样的位置，有一个公认的人情标准，若超过某一标准，反而会因为破坏了持续形成的规则而受到整个群体的排斥，从而在一定程度上抑制了人情的恶性竞争。同时，也不会出现人为增加酒席项目来敛财。宗族型村落，办酒席的项目非常清晰，老人去世、添丁酒是必办项目，其他项目都是可办可不办，根据自身条件，条

---

① 辽宁 F 村调研报告 ［R］. 2014 – 07 – 05.

件差可以少办，或者不办。酒席规模同样取决于自身条件，条件差却大办酒席，会被人嘲笑，是没面子的事情，没有人愿意去做打肿脸充胖子的事情。但条件好，却办得很小，也会被人嘲笑，没有面子，所以有经济条件的人酒席可以稍微办得好一点，但也不能太好，仅仅几十块钱一桌的差距。在一个村落，村民对彼此的底细很清楚，都在大家的注视中，酒席办得不合个人的实力，都是没面子的事情，在熟人社会村民也不愿意去做让自己没面子的事情。老人去世或添丁，要请全村的人的吃饭喝酒。其他的酒席项目，可以请全村，也可以只请本房，规模取决于自己的能力。此外，宗族型村落礼金比较低，同一圈层的人，礼金水平一致，大家会商量一下。金额的大小体现着血缘的远近。村里的人一般在 20 元、30 元、50 元这样的水平，血缘更近的本房最多也就 200 元或 300 元。

在小亲族型村落，结构性较弱，人情以三代以内的直系亲属为主，先赋性的社会关系链条短，无法满足村民的日常生活需要，需要后天建构的社会关系来弥补先赋性社会关系的不足。因为结构性强制弱，无法抑制差异化表达，人情就会出现攀比和竞争。在小亲族范围内，结构性强，人情保持着伦理的功能，但超出小亲族范围，人情存在着激烈的竞争。小亲族村落，人情一般不高，朋友情以前为 10～20 元，现在一般 50 元，关系好点的话 100 元。直系亲属就要很多，一般没有上限。红白喜事以直系亲属为主，一个自然村都会参与，也看事主在村里的人际交往关系，取决于事主后天建构社会关系的能力。办酒席档次跟家庭整体经济水平相关，一般 200～300 元一桌。

在原子化村落，以地缘关系为主导，社会关系需要后天建构，人情担负着这一功能。人情的建立和维持取决于主人个人因素，人情的私人性很强，规范性弱，无法抑制差异化表达。分散型村落办酒席的名目很多，比如在辽宁 F 村，一般盖房、生孩子、生病出院、分家、上大学、当兵、得病、牛下崽、办企业都会办酒席，村民也都要送礼。原子化村落人情负担普遍比较重。

7.3.3　人情异化的区域差异

当前部分地区的农村人情有异化的趋势，人情异化指的是人情偏离了本来的意义，突破了传统伦理道德的束缚，出现了一些奇怪的现象，比如有些地方的人情出现攀比和恶性竞争的倾向，有的地方通过增加办人情的名目来敛财，还有的地方在葬礼上跳艳舞等，人情越来越袪魅化、功利化和工具化，人情的价值内涵在逐渐丧失。

人情异化首先表现在仪式本身的异化。仪式本身的异化表现在仪式简化和怪异化。在三类村落中，宗族型村落是最讲规矩、最讲礼仪的，但近年来也有仪式简化的趋势。随着打工经济的兴起，大量青年外出，摆脱父母监控之后未婚同居现象增多，奉子成婚现象越来越多，也就越难以按照传统的婚姻仪式举行婚礼了，婚礼简化得很厉害，复杂的葬礼程序也很难完全遵循。在小亲族型和原子化村落，仪式简化很早就开始了。小亲族型村落，虽然仪式在简化，但还基本遵循着传统的伦理道德。而在一些原子化的村庄，仪式不仅简化，而且加入了完全违背传统伦理道德的仪式。恶俗仪式是以满足感官刺激为目的，突破了道德底线和基本的价值观，失去了原有的文化内涵，仪式中的规矩、文化、禁忌等都不再是顾忌的对象，是人情异化的典型表现。

其次是人情的功利化。人情的功利化主要表现在人情行为中更注重经济效益的一面。表现在人情的名目上，就是不断地推陈出新，各种名目层出不穷，有的地方甚至达到疯狂的地步。在宗族型村落和小亲族型村落，人情的名目是固定的，不能随意增加或者减少。在这两种村落，人情具有很强的公共性，人情是既定的文化规定。结婚只拿证不办仪式，就不能算结婚，因为村民没有吃到你的喜酒。老人去世，不为老人办葬礼就是不孝。但是在原子化村落，有的地方的村落把人情当作一次性的买卖，送出去的人情要马上收回来。为了把送出去的钱收回来，人情的名目大量出现，远远超出了农民能够负担的范围。辽宁 F 村从 20 世纪 90 年代以来，开始流行为老人办丧事之后还要办周年的做法，即老人去世 2 ~ 3 周年还要办次酒席。为房子换次瓦也要办酒，建房办酒成本极高，建一套房子至少需要 10 万元，换瓦只需要 1 000 多元，但是收的礼金是一样的，所以从 2000 年以后换瓦办酒就开始流行起来。每年七八月份是办考学酒的高峰。有的学生考上专科、技校也办酒。有一家办了考学酒，半年后家里的孩子又回来了，据说是没有考上，出去打了半年工。甚至在高考成绩还没有出来时，考学酒就开始办了，农民的解释是，先办了再说，万一没有考上，酒席也办了。人情来往不再有情，只在乎金钱不注重内涵。F 村还有更怪异的办酒现象，某个农民为了盖鹿圈就办了次酒，还有的母猪下崽也办了酒。更夸张的是有的农民办酒连名目都不需要，只需要在前一天晚上放烟花，村民就会来随礼，村民根本不关心名目，习惯性地随礼，吃完饭就走。人情名目的不断出现，反映了农民急于收回成本的心理，否则就太亏了。正常的人情名目在各个家庭的分布是不平衡的，所以农民为了收回随出去的礼，不断增加人情名目，人情陷入恶性循环。理性算计、是否平衡是人情的核心，仪式就不再重要，甚至被取消，人情完全简化为吃酒席和相应的名目，经济效应和实用方便成了人情的核心，仪式只剩下空壳。仪式越来越世俗化，经济、方便、面子、简单成为重点考虑的对象。

最后，人情异化的社会基础。不同的社会基础，人情异化的表现是不一样的。在宗族型村落，血缘关系是最为稳定和亲密的社会关系，主导着村落社会秩序和一整套伦理制度。血缘关系占主导地位的村落，人情最重规矩，人情的规范性、公共性也是最强的。人情由先天的血缘关系确定，血缘关系不会因为外界的变化发生变化，那么建立在血缘基础上的人情也是稳定的，因此，在这种村落，人情的内部结构最为稳定，对外部冲击的免疫力也最强。虽然随着打工经济的发展，宗族型村落的人情仪式也在不断简化，但仍然保持在传统的框架下，人情背后的伦理规范仍然在起作用，人情名实相符。在原子化的村落，地缘关系是主导熟人社会的组织方式。在这样的村落，村民之间的关系较为松散，人情担负着建构社会关系的功能，才能满足日常生产和生活的需要。不论村民之间是否有血缘关系，人情可以在地缘的基础上把彼此建构到自己人的范畴里。地缘主导的村落，人情是后天建构的，取决于人情相关方的经济实力、社会地位、能力强弱等，因此，建立在地缘关系基础上的人情最容易受外界因素的影响，伦理规范的作用不强，人情最容易功利化、工具化。建立在地缘基础上的人情私人性太强，人情往来出现了异化的趋势，异化的人情不仅不能促进村民的团结，反而成了沉重的负担。人情所蕴含的感情因素和规范因素日渐消解，名实出现了严重的分离。在小亲族村落，地缘和血缘共同主导着村落的社会秩序，在血缘范围内是自己人，超出血缘关系的是外人。自己人内部，彼此要讲究情感和面子；外人之间的竞争意味更浓。建立在这种社会基础之上的人情既要表达价值性的内涵，同时要服务于不同亲族之间的竞争，这也是小亲族村庄人情异化的主要体现在仪式上的竞争的主要原因。三个类型村落人情礼俗文化的差异可以用表7-3表示。

表7-3　　　　　　　　村落人情礼俗文化区域差异

项目	宗族型村落	分裂型村落	分散型村落
分布区域	江西、福建、广东、广西、海南、湘南、鄂东南、浙江温州等	河南、山东、河北，苏北、皖北、陕西、山西等	云贵川渝、湖北、湖南、安徽、浙江等地
人情仪式	程序复杂，文化意义强，庄严隆重	程序简单，文化意义弱，经济实用性强	程序简单，文化意义弱，经济实用性强
人情结构	结构性强，人情具有公共性的特征，人情负担不重	结构性强，既有公共性，又有私人性，人情负担总体上不重	结构性弱，原子化，私人性强，负担重
人情异化	仪式简化	仪式简化，人情仪式竞争激烈	人情功利化，工具化，无仪式化，极端化

7.4　村落伦理文化的区域差异

伦理文化在三种类型的村落存在差异性,下面将从代际伦理与代内伦理两方面考察不同类型的村落在伦理文化方面的差异。

7.4.1　代际伦理文化的区域差异

在三种类型的村落中,宗族型村落老人的社会地位最高,在子女的婚姻和彩礼、分家、养老等方面,宗族型村落父代的权威是最高的,小亲族型村落次之,原子化村落父代权威最低。虽然在总体趋势上宗族型村落父代的权威在下降,但与其他类型村落相比较,宗族型村落父代的权威是最高的。

第一,从婚姻自主权和彩礼的功能及分配方面看代际关系的区域差异。在不同的区域,彩礼的功能是不一样的。彩礼的不同功能反映了代际关系的差异。在父代权威较高的宗族型村落,彩礼的一部分是归女方父母,在小亲族型村落和原子化村落,父代权威下降得厉害,彩礼主要归小家庭,是实现财产代际转移的重要方式。在宗族性的村落,彩礼保留了传统的功能,是对女方父母养育女儿的补偿;在小亲族地区的村落,彩礼的竞争性较强,彩礼是实现代际财产转移的重要方式;在原子化地区的村庄,彩礼的索要与否,索要的数量是由面子观和对于将要成立的小家庭的发展来考量的。彩礼的不同功能决定了彩礼的水平高低,表达性和象征性的彩礼数额不高,而竞争性彩礼和财产转移性彩礼数额一般很高。

在宗族型村落,子代的婚姻自主权经历了两个阶段,即家长主导模式阶段和自由恋爱两个阶段。在家长主导模式阶段,父代在子代的婚姻方面的主导权很大,而在自由恋爱阶段,父代一般不会干涉子女的婚姻,比较尊重子女的个人选择。宗族型村落的彩礼是男方对女方父母的养育之恩表示感谢，彩礼的象征意义、仪式意义比较浓，一般数额不大，与原子化村落和小亲族型村落的高额彩礼形成鲜明对比。在后两种类型的村落，彩礼是子代剥削父代、转移父代财产的一种方式。在宗族型村落，不管是家长主导婚姻模式时期，还是自由恋爱模式时期，彩礼一直保持着传统的伦理功能，即男方家庭对女方父母表示感谢，仪式性、象征性强。宗族型村落彩礼被称为育女钱，价格不高。彩礼的金额一般都是几千元，女方父母将一部分的彩礼用于给女儿置办嫁妆办酒席，一部分留给自己。彩礼一般都不会要得太多，要得太多表明女方的父母贪心，并且彩礼要得太多对女儿在婆家的发展是没有好处的，婆家会因此对刚进门的媳妇有意见。刚进门的媳妇不需要由彩礼的多少来奠定在新的家庭中的地位，其地位主要是由生育男孩来决定的。小家庭亦不会联合女方的父母来剥削男方的父母，因为父债子还，父亲由于彩礼落下的债务终究是要落到儿子头上的。所以，人们在对待彩礼这件事情上是相当理性的。在 20 世纪八九十年代，因为家庭经济贫困，把彩礼用来贴补家用的现象很普遍。但是随着经济条件的改善，家庭再生产压力减轻后，女方父母对彩礼是无所谓的态度，不再需要彩礼改善家庭经济状况，只要女儿幸福就好。这时的家长也自动放弃了彩礼的定价权。当男方家长过来见面商量彩礼婚姻时，女方家长的态度通常是给多少都无所谓，不给也行。这时候男方家长就大多根据一般的彩礼习俗价格定价。与之前的女方家长决定彩礼价格，男方家长无条件完成的状态不同，现在双方家长在商谈彩礼时充满了和气和礼让。因为女方家庭条件改善，女儿在父母心目中的地位提高，并且彩礼钱相对于现在的家庭收入比重较小。彩礼以及彩礼的数额对于双方家庭来说都变得不重要了，男方父母会象征性地给一些，一般在 5 000 元左右，最高的也不过是 1 万多，这与北方村落动辄十几万的高彩礼相比，已经非常低了。女方家长对于此彩礼的处置也发生了变化，原先是将大部分彩礼留下来补贴家用，现在是将全部彩礼花在女儿身上，一部分用于购买女儿的嫁妆，剩余的部分用于在村子里为女儿办喜酒。因为在宗族型村落，人情不高，办酒席通常是亏本的，所以办酒席也是婚姻成本之一。

在小亲族型村落，彩礼价格普遍偏高，最近几年彩礼上涨得尤其快。在调研的河南周口等地，近郊区域当前的彩礼是 2 万 ~ 3 万元，稍微远郊一些就是 5 ~ 6 万元，随着地理位置的偏僻，彩礼逐步上涨。不仅彩礼多，而且在结婚的各个环节都设置了要礼金的内容，比如迎亲当天有上车礼、下车礼、改口礼等，一般的家庭，一个儿子结婚花费在 15 万元左右。为什么小亲族型村落和宗族型村落彩礼水平相差这么大？因为北方小亲族型村落彩礼已经失去了彩礼的传统功能，在宗族文化解体的情况下，父母权威下降，子代过于强调自己的权利，并通过彩礼的形式实现财产的代际转移。男方往往支持女方向自己的父母索要高额彩礼，女方父母为了女儿未来生活考虑，也倾向多要彩礼，这笔彩礼钱最后通过嫁妆的形式全部返还给小家庭。在男方有几个兄弟的情况，几个兄弟会为了争夺财产，尽可能地从父母那里争取更多的彩礼。[①] 高彩礼的出现，是男方、女方，以及女方父母合谋的结果。父母为了儿子结婚欠下的债务由父母承担，子代不用操心债务偿还问题。而在宗族型村落，父债子还，结婚欠下的债务由子代还，所以儿子不会为了争夺财产支持女方索要高额彩礼。

在江汉平原的原子化村落，女方父母索要彩礼没有一个非常明确的定数，并没有形成区域性的彩礼价格，女方父母一般不会自留彩礼用于自己家庭的发展，父母嫁女儿绝大多数情况下都是赔钱的。由于当前有两个以上儿子的家庭已经不多见了，所以一般情况下不会有竞争性彩礼的出现，因为父母所有的劳动基本上都是儿子及其家庭的。在原子化村落，因为没有传宗接代这样的观念，计划生育工作推行得很好，所以有多个儿子的家庭很少见。虽然没有看到多子竞争彩礼的情况，但是可以想象得到的是，在多个儿子的情况下，彩礼竞争也会在这样的区域出

---

① Ke Fang. The Transformation of Rural Household Repruduction Model and Its Impact on Family Relations. *Academics*, No. 6，Jun，2019：193 – 203.

现，事实上在 20 世纪 80 年代时就有这样的情况。有不少的女方父母索要彩礼，实际上是为了自己在嫁女儿的时候面子上好看，彩礼用于置办嫁妆，然后在结婚的当天运至男方家中，这是普遍的习惯，所以彩礼要得越多，能够置办的嫁妆越多，那么嫁女儿就嫁得越有面子。除了女方父母因为想要在嫁女儿的时候有面子所以索要比较高的彩礼，还有的情况是，女方父母对男方的不信任，担心女儿嫁进去以后日子过得不好，所以索要的彩礼就像保险金一样存贮在女方父母的手中，待女方在花钱的关键时刻，比如小孩出生之时，比如建房或买方之时，女方父母就会将这笔钱拿出，甚至还要自己再多加一些，用于帮助新成立的家庭的发展。也就是说这种彩礼是女方父母家庭试图帮助刚成立的家庭更加有计划地用钱，使刚成立的家庭能够迅速成长起来的一种方式。

第二，从养老状况看代际关系的区域差异。养老状况是代际关系的一个重要反映，代际关系是人际关系的底色，对待老人的方式和态度是伦理文化的集中体现。在宗族型村落，代际关系是一种强伦理关系。在观念方面，村民普遍认为，养儿防老，天经地义，养老是儿子义不容辞的责任。人们对于养老有着强烈的信仰，认为"养老得福"，自己好好养老，将来自己老了，也会得到儿子的善待。因此，在宗族型村落，父代对养老有稳定的预期，丝毫不用担心儿子不养老，不用为自己留养老金。在代际关系方面，宗族型村落代际关系均衡，父代对子代的付出是量力而行，但是子代的赡养义务是无条件的。父代对子代的责任不是无限的，父代有多大能力就付出多少，不会做出超越能力的牺牲。父母有义务帮助子女完成人生大事，但是如果父母没有能力，结婚只能靠自己，子代不会埋怨父母，也不会不养老。父母经济条件许可，也会帮助儿子盖房，但是没有条件，儿子只能依靠自己的力量把房子建起来。虽然父代对子代的责任是有限的，但是子代赡养父代的责任是无条件的，就算那些对儿子支持有限的父母也丝毫不用担心儿子不养老。在分家方面，宗族型村落的分家都是一次性分家，所有儿子结婚后才分家，所以在宗族型村落联合家庭非常普遍，这在其他类型村落简直不可想象。在联合家庭时期，父亲是名义上的家长，所有的事情要和父亲商量。父亲掌握着家里的财产大权，家庭的收入归父亲掌管。市场经济兴起后，出现了事实分家的现象。事实分家指的是虽然名义上没有分家，但是收入不再上交给父亲。比如有的儿子在外地工作，过年过节的才回来，只在过年过节时给父亲一部分生活费用，这时儿子的收入一般不上交。分家时，父亲把所有家产平均分给儿子，自己不留财产，不用担心儿子不养老。父母想和哪个儿子住就和哪个儿子住，父母一般分开住，父亲由一个儿子养，母亲由一个儿子养。一般母亲会和小儿子住，可以帮助小儿子照看小孩。村里的舆论对老人也比较有利，不允许不养老。不养老人会受到村庄舆论的谴责，在村里抬不起头，没有面子，红白喜事没有人帮你，在村里很难立足。所有儿子结婚后，父母的人生任务就算完成了，父母就从生产性生活中退出来了，过着半退休的生活，开始依靠儿子生活。但是打工经济兴起后，父母就很难过着清闲的退休生活了，要帮助儿子照看小孩。如果老人不帮助儿子照看小孩，会被别人指责。打工经济兴起后，妇女外出打工，经济实力增强，家庭地位提高，宗族型村落也开始出现养老问题，儿子给父母钱，媳妇反对，但这样的现象总体上不多。在舆论方面，村落形成了非常有利于养老的文化氛围，那些不养老的人，被看作道德有问题，被别人看不起，受到村民的指责，在村落会被边缘。总之，在父权较强的村落，儿子会积极地养老，养老状况普遍较好。

在小亲族型村落，父权被削弱了很多，养老面临着很多的不确定性。父代有劳动能力时一般是自养，在没有劳动能力时，必须依靠儿子养老。儿子养老有两种方式，一是儿子兑钱给老人，二是几个儿子轮流养。在养老观念方面，年轻人是否愿意养老，受到几个条件的限制。第一个条件就是父代的财产是否在诸子之间平均分配，财产平均分配，养老义务平摊。一个儿子得财产，就一个儿子养。第二个条件是其他兄弟是否也规矩地养老，一个儿子不养老，其他所有儿子都不养。因为小亲族型村落，存在相互竞争的小亲族，生儿意愿非常强烈，一般家庭都有多个儿子的情况，而多子家庭的养老状况普遍不如一个儿子的养老状况。因为多个儿子，对父代的竞争性索取，人们也意识到多子的压力，生育观念日趋理性，村民表示"生了两个儿子就想哭"。在代际关系方面，小亲族型村落代际关系严重不均衡。父代对子代的责任是无限的，不仅要帮助儿子结婚，儿子结婚后仍然要无限地付出，直到人生的终点。父代没有退休的概念，要一直为子代家庭的再生产劳动，直到丧失劳动能力为止。但是，父代对子代的无限付出，不一定能够换得子代对父代的赡养，代际关系严重失衡。父代不敢丝毫得罪子代，不停地在几个儿子中保持平衡，把一切都给了儿子，但是儿子是否会养老仍然是一个不确定的事情。在分家方面，一般是在父母没有剥削价值时就会分家。因为在结婚时，已经为儿子建了房屋，提供了彩礼，财产已经提前分割好，所以分家时就分灶吃饭即可。每个儿子结婚时都尽可能地从父母那里索取更多的财产，财产很难保持平均分配，父母为了在儿子当中保持平衡，压力非常大。比如，大儿子结婚时建了楼房，二儿子结婚时也要建楼房，但是建两栋楼房对农村的父母来说，要耗尽一生的努力。为儿子建的楼房，所有权是儿子的，父母没有居住权，因为耗尽了全部的劳动所得，自己最后有可能居无定所。因为财产分割很难保持均衡，子代对父代有怨言，导致部分家庭出现无人养老的状况，这种状况虽然不多，但使老人对自己的未来充满了悲观。在村庄舆论方面，没有形成对老人有利的价值观念，出现养老纠纷时，除非老人主动寻求帮助，否则一般没人管。老人一般会求助村里的权威人物来调解，权威人物包括两种，一是村干部，二是村里有威信的人。权威人物出面调解，往往比较有效，因为权威人物往往掌握资源，很多事情要依靠他们，如果不遵守调解协议，会让权威人物没面子，得罪权威人物后果比较严重。总之，在小亲族型村落，年轻人普遍表示，现在条件好了，没有人会不养老。但是，老人普遍反映，对儿子养老没有信心，对自己的未来很悲观。

在原子化村落，父代几乎没有权威，在村落社会结构中，老人基本找不到自己的位置，处于非常边缘的地位。观念上，年轻人的养老义务观并不强烈，大多数老人是一种底线式的自我养老。老人一般没有养儿防老的观念，大多为自己购买了养老保险，或者是依靠自己攒的养老金生活。老人在失去生活自理能力后，这时老人别无选择，只能住在儿子家，顾不上在儿子家处境如何。大多数老人的衣食住行只能维持在基本的生存水平，儿子虽然养老，但并不好好养。底线式养老只能保证基本的生活，不能保证生病时得到治疗。在江汉平原，有的老人一旦生病，为了不给子女增加负担，可能选择自杀。代际关系上，原子化村落代际关系不均衡，父代对子代是无限责任，即使在儿子结婚后，父代的责任仍然没有终结，仍然要为儿子的家庭提供支持，但子代对父代的回馈有限。不过，区域内部也存在一定的差异，比如同是原子化村落，川渝一带的养老状况比江汉平原要好。川渝一带代际关系相对平衡，父母对子代的责任是有限的，老人的养老状况较好。代际之间相对均衡、平权。川渝一带的老人，在文化层面上可以有较为独立的老年生活，是为自己而活，而非为子女而活。村民"吃好、喝好、耍好、生活好"的生活逻辑，丰富的公共生活，比如摆龙门阵、打麻将、茶馆喝茶、赶场等，使得老年人可以有较为丰富的社会交往生活。基于以上原因，使得川渝一带的老年人，在精神上富有主体性，不依附于子女、家庭，且可以有丰富的精神寄托——村庄生活；在物质上较为独立，自养能力强。这就使得这里老年人生活质量尚可，相对其他地方来说比较安逸。原子化村落没有强烈的生儿偏好，计划生育工作执行得很好，"生男生女都一样""男女平等"，因此大多数家庭都是独子家庭，一个儿子一般不分家。不分家对儿子是有好处的，年轻人在外打工，家里有父母照顾，回家有人做饭洗衣，村民说"父母就像个保姆一样，现在，谁提分家，谁就是傻子"[①]，有两个儿子以上还是会分家，父母要么在儿子家轮流养，要么由儿子兑钱自己单独过。总之，在原子化村落，老人的养老状况取决于两个条件，即子女的孝心和老人的自养能力。子女的孝心是不确定

---

① 四川崇州 L 村调研报告 ［R］. 2015－09－24.

的，只有自养能力强，才能保证晚年生活的质量和尊严。

当前中国农村的养老仍然以家庭养老为主，但是家庭养老模式依赖较高的父权和宗族权威。在市场经济下，老人是天然的弱者，即使在宗族型村落，父辈的权威也在不断下降。因此，在市场经济下，家庭养老模式难以保障老人晚年的生活，需要探索新型的养老模式替代家庭养老模式。但是由于传统观念的影响，家庭养老模式还会在一定范围存在一段时间。

7.4.2　代内伦理文化的区域差异

代内关系包括兄弟关系和夫妻关系，下面分别阐述。

第一，兄弟关系的区域差异。在宗族型村落，以大家庭为核心，因此，大家庭的代表——父亲和长兄，就变成很关键的角色。长子与弟妹的关系是庇护与被庇护的关系。长兄在享受着特殊待遇和地位的同时也承担更多的责任。结婚上，必须是长兄先结婚才能轮到下面的。父亲会很重视长子的婚姻，为了长子的婚姻一般愿意花较多的彩礼，村庄内的人也愿意帮助长子结婚。几乎每一个家庭中长子的婚姻都会办酒席请客，这表明了父亲重视长子的婚姻。因为长子的婚姻相当于这家的"开门红"，并且只要先把大媳妇娶回来家里就多了一个劳动力，就可以帮助下面的弟弟妹妹了。宗族型村落以一次分家为主，所有儿子结婚后才分家，长子的结婚意味着，长子小家庭可以为大家庭承担更多的工作。同时长子的责任压力也最大，长子为父亲分担责任，照顾弟妹。做大哥的要有公心，能够保护弟妹，协助父亲抚养弟妹成人。大哥一般为人和能力方面都比较强，村庄中的村干部大多是长子，长子也是传统的维护者。长子会帮助弟弟很多忙，比如帮弟弟盖房子，供弟弟读书，带着弟弟一起做生意等，长子和小弟很难构成竞争关系。在家庭中长子是权威，权力上弟弟很难挑战长子。第二，兄弟姐妹之间是荣辱与共的关系。在联合家庭中，如果因为家庭太贫困，没有办法让每个儿子都结婚时，大家就会集中家庭资源为某一个儿子结婚，至少联合家庭的整体性的传宗接代得以完成。在联合家庭中每一个人又是荣辱与共的，没有结婚的人分享着联合家庭的荣誉。结了婚的兄弟对没有结婚的人以及这个家庭也是有责任的，要尽量照顾他们，因为这个兄弟也代表了这个家庭。因此对家庭的评判首先是评判这个人所在的家庭，然后再对个人进行评价。当然个人的价值评判也会影响整个家庭，没有结婚的光棍也是家庭中的阴影，对家庭的声誉有所影响，因此家庭也有责任对其进行保护。总之，宗族型村落的兄弟关系是一种强伦理关系，兄弟之间有互助的义务，是一个荣辱与共的共同体。

在小亲族型村落，兄弟关系具有双重性，即竞争性和互助性。在家庭内部，兄弟关系是一种竞争关系。在财产分割方面，每一个儿子都是尽可能地从父母那里索取更多的财产，通过彩礼、系列分家的方式把父母的财产转移到小家庭中来。在养老义务的承担方面，兄弟关系是一种反向竞争，尽可能地少承担养老责任。父母也尽可能地在诸子之间保持财产分配的平衡和劳动支持平衡，否则，会引起兄弟之间的矛盾，并进而成为不养老的借口。在养老义务的分配方面，诸子之间也要平均，否则一人不养老，或者少管老人，就会导致其他兄弟的效仿。正因为谁也不愿意少获得、多付出，竞争的结果是，财产和义务基本上平均分配。在家庭外部，兄弟关系是一种互助关系，伦理性较强，有着较强的一致行动力。平时在家庭内部吵吵闹闹，但是一旦有人欺负到兄弟，所有兄弟会联合起来一致对外。因为小亲族型村落，存在相互竞争的小亲族，在小亲族范围内兄弟之间必须团结起来，才能增强小亲族的竞争力。

在原子化村落，兄弟关系以竞争关系为主，伦理性很弱。在家庭内部是一种竞争关系，在家庭外部，兄弟之间彼此独立、平等，除了血缘联系较为紧密外，兄弟关系与一般的村民关系没有差别，兄弟之间没有很强的伦理责任和义务，"亲兄弟，明算账"。兄弟一致行动能力弱，因为家庭内部的竞争关系，兄弟之间容易产生矛盾，所以兄弟很难一致对外。有人欺负兄弟，也要看谁有理，"帮理不帮亲"，主要是劝解为主，不会介入到打架当中来。总之，原子化村落的兄弟关系更加独立、平等，并充满竞争，在三种类型的村落中，原子化村落的兄弟关系伦理性最弱。

第二，妇女地位的区域差异。在宗族型村落，没有出嫁前，女儿在家里的地位比较低。首先是父母和家庭看待女儿的态度。父母对女儿的态度是，"嫁出去的女儿，泼出去的水"，女儿迟早会嫁出去，迟早不是自己人。他们认为女儿是帮别人家养的，父母会从女儿对于大家庭的收益成本角度将女儿看成与家庭对立的客体看待。因此，当地的女儿从小受到的疼爱就很少，父母尽量减少对女儿的投资。

第三，女儿在家庭中的责任和付出大于权利和收获。在家庭中女儿主要是用于做家务和进行生产劳作，因此会尽可能早地让女儿出来挣钱，同时也尽可能让女儿晚出嫁以便能多帮家里干几年活。因此对待女儿的态度是，花尽可能少的成本抚养女儿，让女儿为家庭做尽可能多的贡献。因此，女儿一般读书比较少，家里有吃好喝的一般女儿能够分配到的也少。家长一生的努力就在于给每一个儿子至少一间土房子用于结婚，给儿子筹足结婚的彩礼钱和酒席钱。尽量供每一个儿子都能完成义务教育，而对女儿则是让每个女儿都能够识字就够了。同时女儿从小在家干的家务活也多，出去打工挣钱早，打工后女儿一般会比儿子把更多的钱拿回家里。因为女儿已经习惯了不让自己享受，女儿能够存下更多的钱。女性一直是一个从属于男人的角色，分家后女儿可以从属于某个兄弟，她赚的钱归兄弟，出嫁的彩礼归兄弟。女儿出嫁后，以夫家的大家庭为主，要听从丈夫，对娘家帮助很少。

第四，结婚后，女人最重要的伦理任务是给大家庭传宗接代，个人的生活享受和自由空间很少。在宗族型村落，是男系偏重的社会，生儿子成为宗族结构中个体的一个必须完成的任务，如果没有儿子，宗族结构的扩张就会受到威胁，宗族结构本身就会不断弱化。因此，妇女婚后如果没有生儿子，会面临亲戚间的压力。妇女要想成为这个宗族结构的一员，就必须生一个儿子，为宗族的绵延做出自己的贡献，才能得到宗族结构中生活的人的认同。而且宗族结构中对宗族形成认同进而对传宗接代形成认同的人们也会通过舆论压力，使得你不得不生一个儿子。女人的自我感最弱，最不愿意享受，最希望为别人付出，以获得别人的认同，或者获得集体的认同。女性在这里最没有地位，付出的最多，同时享受的最少。妇女总是很努力地工作，以追求家里、社会的认同。宗族地区人们对男人很包容，男人很懒散，生活在天然被爱和包容的环境中。女人们是家庭中最缺爱的人，因此她们很敏感，也很害怕，同时也很渴望来自别人的认同，因此她们一生操劳努力，但是不论如何努力，因为血缘关系的原因，她们永远得不到小家庭之外的认同。女人一生操劳最后也只有和自己有血缘关系的儿女能够认同自己，丈夫会觉得自己是个好妻子。总之，在总体上，宗族型村落妇女地位不高，不过 2000年以后随着打工经济的兴起，父权和宗族权威有所降低，妇女地位有所提高。

在小亲族型村落，女儿在出嫁前和出嫁后的地位不一样。首先，在出嫁前，父母更看重男性。小亲族型村庄被分成众多相互竞争的小亲族，儿子对于家族之间的竞争非常重要，所以每个家庭都必须保证至少有一个儿子。生了儿子，才感觉人生有意义，儿子是家庭的延续和家产的继承者，为了儿子可以付出一切，做一切事情都是为了儿子。一定要有儿子的观念不可动摇，根深蒂固，给计划生育工作的推行带来了很大的难度。这样的生育观念也导致了家庭中儿子的地位高于女儿，女儿迟早是别人家的人，对女儿没有很强的义务感，不需要为女儿做很多事情，父母对女儿唯一的任务就是帮助她找一个好婆家。但是，因为现在子女少了，再加上"养儿不一定防老"的现象增多，父母对女儿的态度有所改变，对女儿的感情投资和物质投资开始增加，但总体上仍然以儿子为重。其次，在出嫁后，妇女在家中地位很高，在家庭中做决策的是妻子。在彩礼的谈判阶段，未婚妻掌握谈判的主导权，所提要求，男方家庭只能尽一切努力满足。结婚后，妇女也是处于强势地位，高额的彩礼导致结婚成本很高，男人一般不敢轻易离婚，而妇女离婚在婚姻市场上仍然可以获得初婚时一样的高彩礼，所以在发生家庭矛盾时，丈夫尽量迁就妻子，当妻子与父母发生矛盾时，大多情况下也是站在妻子一边。父母为了儿子家庭的完整，也会迁就媳妇。这一切促成妇女婚后地位的提升，但是妇女地位的提升，使养老状况恶化。妇女与公婆没有感情，没有血缘联系，价值观念、生活习惯不同，婆媳冲突增加，进而不愿意承担养老义务。很多家庭的养老悲剧，往往都和媳妇有关。再次，在小亲族型村落，大家庭关系不紧密，以核心家庭为主。核心家庭里的妇女对娘家的帮助比较多。在养老方面，过去说嫁出去的女儿泼出去的水，女儿不承担赡养老人的义务，但是近十年以来，女儿和儿子负担同等责任。现在子女比较少，女儿会主动承担部分养老任务，一般是根据女儿家庭条件适当承担。女儿赡养老人是自愿的，不赡养老人也没人说，但老人觉得很有面子，外人一般会说这样的老人比较幸福。老人对女儿养老没有期待，女儿养老对老人来说是一种偶然的幸福。

在原子化村落，不管婚前婚后，妇女的地位都高。首先，女儿结婚前在父母家中的地位与儿子没有差别，甚至地位更高。在原子化村落，因为没有传宗接代的观念，所以也就没有特别的生育偏好，生男生女都一样，计划生育工作执行得很好，大多数是计划内生育，超生现象几乎没有。很多家庭生了一个女儿后，就选择不再生育，即使选择再生也不是为了生儿子，而是基于其他因素，不是为了传宗接代。儿子女儿地位平等，甚至女儿更受欢迎，女儿也要养老，女儿养老比儿子养老更有优势。女儿对父母更细心体贴，而儿子害怕媳妇不敢对父母好，与父母疏远。女儿在养老方面的优势，改变了父母对儿子女儿的态度，人们更愿意生女儿，在浙江宁海，一老爷爷说，"只有儿子的家庭倒霉，女儿多的老人有福气"，这些说法反映了人们对女儿态度的变化。另外，结婚后，妇女在家庭中地位也很高，做决策的是妇女。女儿结婚后，要和娘家兄弟一起共同承担养老责任，独生子女家庭的女儿要全部承担起赡养父母的责任。总之，在三种类型的村落中，原子化村落妇女地位最高。同时，妇女承担的责任和义务也更多了。

三种类型村落的伦理文化差异，具体如表7-4所示。

表 7 – 4　　　　　　　　　　　**村落伦理文化区域差异**

项目	宗族型村落	分裂型村落	分散型村落
分布区域	江西、福建、广东、广西、海南、湘南、鄂东南、浙江温州等	河南、山东、河北、苏北、皖北、陕西、山西等	云贵川渝、湖北、湖南、安徽、浙江等地
代际关系	父权强；代际关系均衡	父权弱；代际关系失衡	父权边缘化；代际关系失衡
代内关系	妇女依附男性；兄弟关系伦理性强；女儿地位边缘化	妇女地位高于男性；兄弟关系具有双重性：竞争性和伦理性；女儿地位低于儿子	妇女地位高于男性；兄弟关系伦理性弱，竞争性强；儿子女儿地位平等

第 8 章

社会主义初级阶段村落文化建设的具体策略

新中国成立以来，随着社会政治、经济、社会的剧烈变革，传统的村落文化经历了天翻地覆的变化，促使人们进行着道德观念的更新。具体来说，传统村落文化变迁的动力来自两个层次，分别是国家和市场二者的合力带来了村落文化的剧烈变革。这两次剧烈的变革使农民从家族和集体的约束下脱嵌出来，在市场主义、消费主义等价值观的影响下，失去双重约束的农民成为彻底原子化的个人、无公德的个人，村落原有的道德规范系统彻底瓦解。当前村落文化的突出问题是缺失主体性和公共性。所以村落文化建设要重塑村落文化的主体性和公共性。在观念层面，要重建对村落文化的自信。在实践层面，提高村落文化的价值生产能力，为村民提供安身立命的价值支持。加强村落文化建设必须体现时代的需要，把传承村落文化和社会主义核心价值观结合起来，既体现了历史的传承，又体现了时代特色。以家庭为载体、以村落为本位，构建村落文化的公共性，兴办具有地方特色的集体性文化活动，把宗族、宗教、人情、伦理等规则融入到集体性的文化活动中。建立和完善村落文化建设的运行机制，发挥民间组织对村落文化的塑造作用，加强村落文化建设体制建设，建立"政府、市场、社会"的多元化文化服务体系。加强文艺队伍和文艺骨干的培养，为村落文化建设提供源源不断的人力资源支持。建立村落文化建设的群众参与机制，群众是村落文化建设的主体和参与者，积极健康的村落文化的塑造离不开群众的广泛参与。加强乡村组织的权威性，健全村级组织建设，增强村级组织提供公共服务的能力，增强村级组织对村民的行为进行规范调节的能力。

8.1　集体化和市场化双重影响下的村落文化

新中国成立后的政治运动与集体化，不断推动个人把对家庭和宗族的忠诚和认同转移到超越家庭的集体和国家上来。改革开放以后，国家对农村的控制全面收缩，在国家干预减少后，原来由国家开拓出来的空间并没有全部被传统文化所填满，而是出现了传统村落文化与市场经济、消费主义争夺由国家留下来的这部分空间。

8.1.1　集体化削弱了传统家族伦理观

国家权力对传统村落文化的改造，使农民个体从家族制度的束缚中脱嵌出来，投入集体和国家的怀抱。"五四运动"以来，传统的村落文化受到激烈的批判，但是，知识分子倡导新的思想文化运动并未渗透到乡土社会。传统村落文化的根基真正开始动摇始于新中国成立以后。中国共产党对基层社会的改造，是从改造宗族文化开始的，因为村落宗教文化、人情礼俗文化和家庭伦理文化是围绕宗族文化建立起来的，宗族文化是村落文化的核心。总的来说，国家权力对村落文化的影响主要体现在以下两个方面：

首先，土地改革和集体化运动削弱了传统村落文化的经济基础，改变了村落内部的权力结构，血缘等级不再是权力的来源。土地是农业社会最重要的生产资料，是传统村落文化得以建立的经济基础。对土地的控制权，是宗族权力得以维系的关键力量，并在此基础之上形成了均衡、厚重的宗族文化。借助对土地这一重要财产的控制，传统的村落文化，特别是宗族文化得以再生产并维系。但是 20 世纪 50 年代中期开始的土地改革，使建立在土地私有制度基础之上的血缘伦理秩序难以为继。土地的集体所有消除了土地从家族继承的可能性，个人从父母那里继承的财产仅限于部分生活资料。土地改革以及合作化改革，打破了个人和家族密切联系，个人从家族的束缚中解放出来，投入到国家和集体的怀抱，建立了个人与国家的直接联系。

其次，社会主义意识形态的输入逐渐瓦解了传统村落文化的观念体系。在传统的乡村社会，宗族制度及其相适应的一套文化体系是父权、夫权得以维系的文化力量。宗族规范保证父亲和丈夫在家庭中的绝对权威，儿子必须无条件地服从父亲、孝敬父亲，妻子必须顺从丈夫。除了宗规族约，民间的信仰体系也有助于父权和夫权的维系。新中国成立以来，国家大规模的反封建反传统的社会主义意识形态的输入，传统的族权、父权、夫权都遭受了激烈的批判和打击。新中国倡导人人平等，尽力消除性别、年龄、辈分所带来的等级差别，革命话语、集体主义、社会主义观念日益渗透到村民的生活中。

8.1.2 市场化削弱了集体主义道德观

市场化和城市化对村落文化持续的渗透和影响，使农民从集体主义的约束下脱嵌出来，农民失去了集体主义规范的约束。经历过两次脱嵌的农民彻底成为原子化的个人。与国家力量暴风骤雨式的改造不同，市场力量的影响是一个持续和渐进的过程，更加强调社会内在的转型。市场力量以隐藏的、难以抗拒的力量迅速地改变着村庄熟人社会的面貌，也推动了村落文化的深刻变迁。

第一，受到市场经济和工业化的影响，与市场经济相连的唯利是图、消费主义、拜金主义等负面价值观冲击着集体主义村落文化。随着市场经济和工业化的发展，货币关系泛化，个人至上、利益至上的观念动摇了集体化时期的集体主义观念，也动摇了传统时期的互惠互助的道德观念。农民越来越原子化，原子化的农民不仅脱离了集体主义道德的约束，而且脱离了传统伦理规范的束缚。

第二，农村价值观念的改变导致社会失范行为频频发生。肆无忌惮地虐待老人、不赡养老人、公开地欺负老弱病残，而村庄舆论和基层组织对这些行为无能为力。在社会失范状态下，带来的是个体的无所归依、精神的空虚、心灵家园的丧失、存在的无意义感。

8.2　重塑村落文化的主体性与公共性

村落文化是人们在村落范围内，在共同的生产、生活中形成的共同的风俗习惯、伦理、规范等观念的综合体，包括宗族文化、宗教文化、伦理文化和人情礼俗文化。村落文化对于认识中国社会的过去、现在和未来具有不可低估的意义。重塑村落文化的主体性，就是要重塑村落文化的价值和意义，实现村民本体性价值和社会性价值的回归，使村落重新成为村民终极价值和人生意义获得的舞台。村落文化的公共性，就是在村落这个公共空间里，村民对村落范围内的事实进行公开的批判和监督，并形成关于宗族、宗教、人情、伦理等领域的公共规则和公共共识。重建村落文化的公共性就是要重建人们关于宗族、宗教、人情、伦理等领域的公共规则，并使这些规则在村民的日常生活中能得到尊重和维护，从而实现家庭和社会的和谐。

8.2.1　完善村落宗族文化

在现代化的过程中，宗族文化虽然受到了极大的冲击和消解，但是宗族文化的内核还在，仍然在我们生活中不自觉地发生作用，影响我们的观念和行为，它是村落秩序形成的基础和纽带，它调节着村落共同体各个成员的关系，确定成员的权利和义务，保证村落共同体的生存和绵延，并逐渐沉淀内化为中华民族赖以生存和延续的主导价值和原则。其中，蕴涵的世世代代相传的祖训、讲仁爱、重民本、守诚信、崇正义等传统文化基因极具时代价值，要好好保护和挖掘，并发扬光大。

　　首先，正确看待宗族文化的功能，重塑对宗族文化的自信。近代以来，因为现代性的引入，村落文化被看作迷信、落后、愚昧的代名词，甚至被抛弃。在这个过程中，一些属于村落社会独有的生活方式和风俗习惯被界定为封建迷信而遭受激烈的批判和改造。对待村落文化的这种态度和做法，直接导致了村落社会传统的断裂和文化认同的危机。人们对乡村生活的意义产生了怀疑，传宗接代、光宗耀祖等生活信仰显得愚昧可笑，在市场经济的大环境下农民无法通过这些途径获得人生的意义。城市文化通过广告媒体向农民灌输一种农民很难够得着的消费主义观，金钱成为衡量人生意义的唯一标准，农民向往城市的生活方式，追逐城市的时尚和消费，并急于逃离乡村，村落文化的自我生长和自我更新能力也在不断地弱化。村落文化的价值被抽空，乡土生活的意义日益消解，引发了乡土社会一系列的问题和矛盾。为了追逐城市文化主导的消费主义生活，不顾伦理和规则的束缚，在家庭层面引发伦理危机，在村庄层面引发公共性的消解，村落共同体日趋解体。

　　宗族文化在经历政治运动和市场经济的冲击之后，仍然能够广泛存在，有其一定的必然性。宗族文化基于共同的血缘关系而形成的，在物质上为宗族成员提供公共福利保障，组织协调生产生活，在精神上满足了人们对自身历史感和归属感的追求，宗族理念已经内化到民族精神的组成部分当中去了。宗族文化在政治运动和市场经济的冲击下受到削弱，但没有被彻底摧毁，仍然展现出强大的生命力，对于从事农业生产的村民来说，同宗之间的互助显然比外人的互助来得更紧密、可靠。政治上，宗族的存在也为农民利益诉求的表达提供了一个渠道，单个农民的利益可能不会受到关注，通过宗族的声音反映出来，更容易受到关注。同时，有了宗族这一宣泄口，农民不至于走上非理性的道路。从生活的角度来说，农民往往是现代化和市场经济的弱者，通过宗族的重建为宗族成员提供一种特殊的心理依靠和精神归属，从而找到价值支撑，减少了心理失衡和不安，舒缓紧张，稳定人心和地方秩序。从经济角度而言，宗族为族内互助提供了坚实的保障，认祖寻根活动为宗族构建起庞大的关系网，为经济发展提供了资源。从组织角度而言，宗族如果处理得当，宗族可以承担大量的社会事务，如广西宾阳的农村，每个自然村基本上是一个姓，选出一个自然村村长，把村民有效组织起来，对接国家公益建设资源，基本没有"钉子户"出来干扰，为村委会的运作节约了大量的组织成本。2013 年广东清远市各村都成立了理事会，理事会成员一般为 3～5 人，由自然村的村民选举产生，由他们代表自然村的整体利益，进行村庄公共建设和公共事务的决策。一般而言，理事会成员都是村庄内部最具权威的人物，核心人物是理事长，其他理事会成员一般都是房头的代表人。重大事务首先是由理事会商议，提出较为详细的方案，然后召集村民大会讨论，这种决定村庄近期发展的重大会议一般安排在过年前后，以保证最大限度的民众参与。以家族、房份的面貌出现的村庄理事会，在集体一致的组织动员中能够很好地实现村庄中公私观念的转换，实现村庄中公共事务和家庭私事的结合，公私是一体的，一个村庄的都是兄弟，村庄建设是大家的事情也是自己的事情。以村庄之公来动员家庭个体之私，被动员起来的家庭之私能够统合成村庄之公的集体行动之中，这样的组织动员机制是高效的，行动能力极强。

村庄理事会是村庄中的公共的动员组织，理事长基本是无偿地为大家服务，理事会成员由每个房份的代表组成，很多村的理事会成员数量恰好是村庄中房份的数量，这样就很好地保持了理事会村庄公共性的权威身份。理事会的成员是各自所在房份中说得上话的权威性代表，在理事会的动员组织工作中，并不一定是统一动员组织，而是理事会的各个房份代表负责本房份的动员组织工作，这样就把村庄层面的公事层层下放为各个房份各个家庭的私事，一旦动员起来，就会形成很强的行动能力。当然，这里面最为重要的还是，这种层层下移的动员组织模式，最终可以整合到村庄整体性的公的层面，村民尤其是村庄理事会的成员，都有很强的村庄、家族的公心，吃小亏为村庄家族做点事情是他们十分乐意的，村庄建设往往是由有公心的理事会成员组织和推动的。每个房份都有代表参与到理事会的组织动员工作中，而每个理事会成员负责起本房份的组织动员工作，这样的组织动员机制，看似只有几个理事会成员在活跃着，其实靠着这种结构性的力量，整个村庄都已经活跃起来了。理事会很好地利用了宗族资源，促进了村落公共性的生长，增强了村落内部的凝聚力。

其次，依托社会主义核心价值观对宗族文化的文化内涵进行改造。结合社会主义核心价值观促进村落文化的现代转型，弘扬优秀的村落文化，并非简单的复制传统，而是要立足于实现乡村现代化的目标完成文化主体的重新建构。伴随着城市化、现代化、信息革命以及网络技术的发展，农业的耕作方式、生活方式已经发生了巨大的变化，村落不可能回到过去。"经济为人生基本之事，谁亦莫能外，则在全部文化中其影响势力之大，自不难想见随着社会经济的变迁，而家庭制度不得不变，固一人所共见之事实。"[①] 在当前的经济形势下，农村的价值规范应结合社会主义核心价值观并充分吸收传统农村文化的精髓，不断平衡家庭内部关系和家庭之间的关系，力图塑造具有现代性的价值规范和精神追求。党的二十大报告指出："社会主义核心价值观是凝聚人心、汇聚民力的强大力量。弘扬以伟大建党精神为源头的中国共产党人精神谱系，用好红色资源，深入开展社会主义核心价值观宣传教育，深化爱国主义、集体主义、社会主义教育，着力培养担当民族复兴大任的时代新人。推动理想信念教育常态化制度化，持续抓好党史、新中国史、改革开放史、社会主义发展史宣传教育，引导人民知史爱党、知史爱国，不断坚定中国特色社会主义共同理想。用社会主义核心价值观铸魂育人，完善思想政治工作体系，推进大中小学思想政治教育一体化建设。坚持依法治国和以德治国相结合，把社会主义核心价值观融入法治建设、融入社会发展、融入日常生活。"社会主义核心价值观具有丰富的理论内涵和实践特色，对村落文化建设和村民的价值规范系统具有重塑和引领作用，目的是通过社会主义核心价值观的有效传播，塑造具有现代公民

---

① 梁漱溟．中国文化要义［M］．上海：上海人民出版社，2011：36．

特征的价值理念和价值认知，并内化为自觉的具体行为。社会主义核心价值在农村社会的传播过程中，应注意核心价值观的具体化和生动化。例如，宗族文化非常尊重老人和长辈的权威，善待老人、孝顺父母，孝道文化，既是传统宗族文化的内容，也是社会主义核心价值观在村落的具体化和生动化，通过弘扬孝文化，可以促进农村代际关系的和谐发展。但是传统宗族文化中，根据辈分和长幼划分的权力秩序则需要废除，社会主义核心价值观倡导人人平等的价值观念，血缘等级秩序不符合新时代平等化、民主化的要求。

再次，对宗族文化的发展给予必要的监督和适当的引导。在传统的宗族中，族长对宗族成员有生杀予夺之大权，用来惩罚违反族规的族人，这一权力已经被废除，但是还是存在着其他的不符合社会主义核心价值的宗族文化，需要进行转变和改造，比如男尊女卑思想，以及由此产生的生男偏好，导致宗族地区女性地位低。在宗族文化的重建过程中，要特别注意那些与国家政策和法规相冲突的宗族规范，要坚决废除。现在绝大部分宗族的权威已经大为削弱，对于违背当地风俗的族人，宗族也只能进行说服教育，触犯法律的要移送司法机关。宗族在重建的过程中，要主动向国家法律和政策靠拢，增添社会主义精神文明建设的内容。宗族文化的重建，一方面是过去传统的宗族形态、规范、理想的重建，另一方面宗族文化必然要以现有的社会制度为自己的立足点，必须与社会主义意识形态、社会主义精神文明相融合，才能让宗族文化在新时代沿着正确的道路前进，否则就必然面临衰亡。宗族文化在华南地区农村保存得最为完整，但是与新中国成立前的宗族文化相比，已经不可同日而语，宗族的政治功能已经极大弱化，在乡村治理的角色今非昔比，但宗族的软性规范还存在，族内互助合作，参与纠纷调解，在一定程度上为乡村治理提供了必要的协助。较为浓厚的宗族文化为村民提供了完整的信仰体系，有效地抵御了外来宗教和邪教的传播；宗族规范约束着人情礼俗，抑制了人情礼俗的异化；对家庭伦理也起到很好的规范作用，极少出现伦理悲剧。宗族文化的这些功能有效地遏制了市场经济和消费主义对村民的影响，维护了村落共同体和村落秩序，是我们必须珍惜的资源，要继续继承和保护。但是宗族之间为争夺资源发生的宗族械斗则是必须禁止的，在这方面，需要加强对宗族的监督和引导，把对宗族的管理纳入法治的轨道上来。不过，在广大的中西部，宗族文化几乎不存在，对祖宗的认识世俗化、淡薄化，祖宗与现实的生活不发生任何的联系，祖宗只不过是死去的家庭成员而已，祭祀活动最多也只追溯到三代内。广大中西部地区不存在宗族文化的事实，我们也必须面对，在这些地区要充分发挥传统的节日表演、婚丧嫁娶仪式、庙会等民俗活动对村民价值观念的引导，把社会主义核心价值观融入到传统的仪式中，潜移默化地影响村民的观念和行为。

最后，对宗族文化的物质载体进行维修和保护。宗族文化的物质载体包括庙宇、宗祠、族谱等，要予以维修和保护。例如浙江省宁海县以文化创建为抓手，促进各村对庙宇、祠堂等承载传统村落文化的公共空间进行维护和建设，既保护了传统的村落文化建筑，也充实了村民的公共空间和公共生活。2013 年，浙江宁海 D 村在宗祠的基础上改成文化礼堂，花费 80 万元左右，其中有 50 万元是来自上级文化创建项目。文化礼堂由聊天长廊、麻将室、海洋文化几个部分组成，平时还作为村民办酒席的场所，节假日举行文艺活动也在文化礼堂。宗祠以新的形式恢复了，但意义已经大不一样了，宗祠不再是安放死者灵魂的地方，而是变成了文化娱乐的场所，尽管文化的内涵变了，但都是价值生产的地方，从敬祖变成人们追求现世幸福的地方，所谓"旧瓶装新酒"。据 D 村的老年协会会长说，建在宗祠里的聊天长廊，冬暖夏凉，村里大大小小的事情，都可以在这里讲，大到国家大事，国际关系，小到村里的小事。聊天长廊是公共空间，生产价值的地方，在聊天中，哪些受到指责，哪些是提倡的，哪些行为和品行是受欢迎的，在聊天中就体现出来了，规范就这样形成了，并对村民产生无形的约束。1999 年，D 村还举行了修族谱活动，每户拿 300 元，从外面请的修谱的老师傅，指导修谱。这次修谱改变了女儿不能进族谱的落后传统，把女儿也写进族谱。

占领。只有为村民提供丰富多彩的文化生活，村民的精神世界在世俗生活中也能够得到满足，参与基督教的人数会大大减少。有一部分村民，属于稀里糊涂盲目跟风型，对教义之类的也不甚了解，只是觉得村里其他人去做礼拜了，自己闲来无事，去看看也无妨，一来二往，成为常客，再往后就正式受洗成为一名虔诚的基督徒。

文化活动是村落伦理和规范维系和再生产的载体，参加以村落为本位的集体性文化活动，能够增加人们的交往，提高人们对村落的认同，培育公共责任、义务意识和公共行动能力。要积极挖掘、整理、传承和开发民间优秀文化资源，例如组织花灯会、庙会、龙舟、传统美食比赛等活动，这些文化资源蕴含着丰富的伦理和德育资源，有着精神凝聚、审美陶冶、文化认同和价值导向的作用。开展这样的活动，在丰富村民精神生活的同时，能使广大村民养成自觉遵守村落公共规则的良好习惯，形成诚信友爱、互助和谐、热爱家园的新风尚，在继承民族文化传统的同时，形成有时代气息的伦理规范。基层政府要积极支持和组织村民自主开展民俗文化活动，充实村民的公共文化生活，实现人际关系和谐和村落的安定有序，塑造村民的公共精神和公共意识，提高公共责任和义务感。

8.2.3　改良村落人情礼俗文化

人情礼俗文化在农民的日常生活中发挥着重要的功能，是村落社会处理人与人之间关系的基础，是社会关系的起点，并对村落社会秩序进行强化。人情是人与人情感的表达，是社会关系的润滑剂，人情伴随着礼物的交换和仪式的举行，促进了人与人之间的交往。但是随着市场经济的发展，人情本来的互助功能和情感表达功能逐渐弱化，人情异化越来越严重，人情的非理性竞争、人情的功利化使人情偏离了最初的社会功能。人情的异化主要体现在两个方面，一种是作为互助机制的人情走向营利性的人情；另一种就是作为仪式的人情完全消解于社会性人情当中，典型表现就是河南地区红白喜事的仪式浮夸，追求形式而丧失意族谱修好后，放在祠堂，如果要翻看族谱，需要烧香请示，仪式非常神圣肃穆。"修谱用处很大，祖宗死掉了，埋在哪个地方，写得清清楚楚，也是一种文化，中国人文化的一部分"，老年协会会长岳山如是说。[1]

8.2.2　引导村落宗教文化

改革开放以来，我国农村宗教有不同程度的复兴和发展，其中，传统的民间鬼神信仰的复兴，只是细枝末叶的复兴，而且被当作封建迷信而日益边缘化。基督教的发展最为迅速，我国基督徒 80% 生活在农村。基督教在农村传播的组织性、扩张性、排他性远超其他宗教，佛教及其他鬼神信仰处于弥散自发状态，在话语权、影响力等方面，远不如基督教。

首先，要加强对信徒的管理和引导。一方面，对于合法的宗教给予空间，并加强登记和管理，使他们处于法律的监督之下。基督教在农村的广泛传播，在一定程度上满足了村民的精神需要，在道德教化、心理调适等方面也存在一些积极的功能，基督教教义宣传爱人爱己、奉公守法、乐于助人等规范，对教徒有一定的约束性。在参加社会公益事业方面，信徒也大都尽力而为。另一方面，对于非法传播邪教、蛊惑他人反党反社会的宗教组织要给予坚决打击。有些村民宗教分辨能力低，比较容易接受异端邪说，危及自己和他人的生命和财产安全，需要提高警惕。基督教的泛滥给农村的管理也带来潜在的危机，如果教徒盲目崇拜，或者受到不法分子的操控，一呼百应，就会影响农村的安定和秩序，对于这些违法乱纪的传播邪教行为要坚决打击。

其次，开展集体性的文化活动。从信仰竞争方面来看，开展集体性的文化活动，为村民提供公共文化空间，有利于缓解基督教扩张的力度。对基督教的竞争不能靠佛教或祖宗信仰，而要靠世俗的方式去竞争。基督教的传播，在很大程度上，是因为它可以满足村民社会交往需要，提供丰富的精神生活。农村精神生活荒漠化，就很容易被基督

---

① 浙东城郊村调研报告——基于宁海 D 村的驻村调研［R］. 2016 – 07 – 05.

义。对于人情的异化，地方政府也大力开展了移风易俗活动，但收效甚微，村民深陷其中苦不堪言。在继续加大政府移风易俗力度的同时，还需要发挥民间组织在移风易俗中的重要作用。

首先，发挥民间组织在村落人情礼俗文化建设方面的重要作用。例如发挥红白理事会在人情礼俗方面的调节和规范作用。这些民间组织维持成本一般都很低，但他们有效地解决了正式组织很难解决的问题。比如福建 L 村，随着外出打工越来越多，村民手上的余钱多了，就开始在红白喜事上大操大办，村民随的份子钱也开始水涨船高，呈现人情攀比上升的趋势，对村民形成巨大压力，经济状况差的村民被迫卷入到这种人情竞争中来。L 村红白理事会经过商量，在春节期间召开村民大会，这个时间村民大多在村，L 村也有在春节召开村民大会的传统。在村民大会上，理事会对村里举办红白喜事的规模、程序、礼金等一系列内容提出统一的标准，号召大家按照统一的标准执行。理事会要对村民的行为进行监督，若发现不合规范，出面劝阻，有效地约束村民的行为。理事会成员大多是村里有权威的人物，说了不听，就是不给别人面子，以后需要别人帮忙就难了。而且，村民也不希望人情成为负担，村民在人情上竞争，是面子使然，是被迫的，是看别人这么做，自己不得不这么做，否则就是不大方、不孝顺等。有了红白理事会约束着，刚好为村民找到一个借口，可以逃避人情的竞争，减轻人情的压力，这也是红白理事会能够有效规范村民行为的重要原因。移风易俗的活动如果由正式组织来承担，成本高，而且还不一定有效。因此，基层政府应该协助支持村庄通过成立各种民间组织，把村民动员和组织起来，利用这些民间组织与村民的紧密联系，规范和调节村民的观念和行为，重构村落生活的价值和规则，使村落重新成为村民的精神家园，而不是想逃离的地方。

其次，基层政府要加大移风易俗力度，用社会主义核心价值观对村落人情礼俗文化活动进行改造，满足时代的需要。当前部分地区的农村人情有异化的趋势，人情异化指的是人情偏离了本来的意义，突破了传统伦理道德的束缚，出现了一些奇怪的现象，比如有些地方的人情出现攀比和恶性竞争的倾向，有的地方通过增加办人情的名目来敛财，还有的地方在葬礼上跳艳舞等现象，人情越来越祛魅化、功利化和工具化，人情的价值内涵在逐渐丧失。地方政府要加强在人情礼俗方面的宣传引导作用，对不良习俗进行批判纠正，加强人情礼俗的正面引导，树立文明乡风。婚丧礼仪、庙会活动、节日表演等文化活动蕴含着丰富的文化意义，那些有价值的、符合时代需要的、有利于调节人际关系和人伦秩序的积极内容要予以保留，村落社会的规则就是通过这些活动内化到村民的日常生活中。特别是那些富有民族特色、深受群众喜爱的艺术表现形式，把社会主义核心价值观融入其中，通过各种途径让它们发扬光大。只有把传统村落文化的优秀内容发扬光大，才能更有利于社会主义新文化的发展和壮大，才能使村落文化既有民族特色，又能体现时代特色，村落文化建设必须在继承历史传统的基础上革故鼎新。

8.2.4 升华村落伦理文化

家庭是村落社会的基本细胞，是村落的主体结构。村落文化集中体现在家庭的伦理道德水平上，完善村落伦理文化，有利于从源头上解决村落文化存在的问题。社会是大秩序，家庭是小秩序，大秩序和小秩序相结合，相互影响，相互促进。良好的社会秩序有利于建立良好的家庭关系，好的家庭关系也是社会秩序形成的基础。

首先，促进传统家庭伦理的转化升级。中国的家庭特别强调伦理调节，而传统的村落社会就是以伦理为本位的社会，家庭对伦理审美的追求能够成为村落秩序的基础。但是，我们也应该注意到，传统的家庭伦理规范中，落后、愚昧的内容也要促使它们的转化和升级。"父慈子孝，兄友弟恭"仍然是现代家庭需要的伦理规范，与社会主义核心价值观也是一致的，而强调"夫妻有别、男尊女卑、长幼有序"的等级思想需要加以改造，现代社会需要的是男女平等、夫妻和睦、兄弟友爱等新型的家庭关系。政府要采取措施鼓励基层探索、创新各种途径把新型的家庭伦理规范内化到每个家庭中。家庭问题也是社会问题，家庭的文明与进步影响着社会的文明与进步，如今村落社会越来越多的伦理危机已经严重影响到乡风文明建设。对家庭的责任意识淡薄，对婚姻的忠诚度降低，导致农村离婚率越来越高，进而影响到下一代的家庭伦理责任感。孝道式微，老人的生活状况急剧恶化，代际关系是人际关系的底色，对父母都不好，就不可能对他人、社会抱有责任和义务意识。

其次，加强家庭伦理建设，要加强舆论宣传。随着电视、手机等媒体在农村的日益普及，要高度重视利用这些媒体对农民进行伦理规范的宣传和教育。多渠道、多管齐下，开展舆论宣传。新闻媒体可以开辟"三农"服务专栏、专版、节目，文艺单位要面向农民创造一些文艺作品，宣传部门编写一批面向农民的宣传资料等。同时，成立妇女协会、老人协会等民间组织，把村落组织起来，发挥这些民间组织的协调功能，创造一个好的社会风气。例如湖北荆门 H 村在外界的支持下建立起老年协会，经过几年的运转和发展，老年协会在丰富村民生活和乡风建设方面发挥了不可忽视的作用。老年协会一方面为村里的老人提供了休闲、娱乐、聚会的场所，充实、丰富了老人的精神生活。另一方面老年协会也在维护老人权益方面发挥了积极的作用。H 村的一位老人被儿媳妇赶出来了，老人协会出面调解，成功化解了老人与儿媳妇的矛盾，儿媳妇认识到自己的错误并把老人接回家。老人当中多才多艺的很多，擅长吹拉弹唱、舞蹈歌曲的并不少，他们大多曾是文艺积极分子，老年协会把这些老人组织起来，创作了一批村民喜闻乐见的文艺作品，节目内容有现代花鼓戏、小品、渔鼓、湖北大鼓等传统曲艺节目，还有民族舞、健身舞。最受欢迎的节目是他们自编自演的小品和说唱节目，直接从村民的日常生活中取材，婆媳关系、孝敬老人是这些节目的主题。有一个反映孝敬老人的小品，直接取材 H 村的真人真事，观看的人无论老少都会被感动得流出眼泪。这些直接取材村民生活的文艺作品，虽然看起来没有那么的"高大上"，艺术水平未必高，但农民看得贴心生动，既丰富了村民的生活，也对主流的价值观进行了宣传和引导，可谓一箭双雕。

再次，举办"好家庭""好媳妇""好婆婆"等家庭文明评选活动，并建立奖惩措施，把家庭伦理规范内化到每个人的心里去。把那些夫妻和睦、兄弟友爱、婆媳和睦的家庭树立为典型，大力宣传，并适当给予物质奖励。而那些不孝敬老人的、家庭责任感淡薄、对婚姻不忠诚的家庭进行批判教育，并根据村落实际给予相应的惩罚。村落是一个熟人社会，村民非常在意自己的荣誉和面子，一正一反，给村民留下正反两方面的印象，被树立为正面典型的家庭，收获了村民的尊敬和称赞，获得了面子和地位，而反面家庭则会被人评头论足，得不到村民的尊敬，失去了面子，没有面子，在村里的生活就很艰难，见人都抬不起头。举办家庭文明评选活动，要注意不要让这些活动流于形式，要切实地把村民动员起来，由村民自己来选，才能营造一种氛围，才能树立起新风尚。有些地方的文明家庭评选活动，沦为村干部的填表活动，在村民中激起的反响很小，也就达不到对村民的教化作用。村干部对这些活动的敷衍，根本原因还在于观念还没有转变，"重经济，轻文化"，只重视能带来直接经济收益的活动，却对开展文化活动的兴趣不大。这需要进行制度创新，建立制度激励机制，转变村干部"重经济，轻文化"的观念。

最后，树立、表彰村民身边的道德模范，激励民众自觉传承和实践以孝为核心的家庭美德和睦邻友善的传统乡风。对道德模范的奖励和宣传，有利于确立主导的社会价值，可以对村民起着价值引领的作用。吸引一批有德有才有能的新乡贤回归故土，以道德育村，以项目扶村，以文化村促进农村经济腾飞和精神面貌的焕然一新。"乡贤"在传统社会是一个备受尊重的群体，主要指在外为官或取得功名的读书人，他们凭借自身的感召力在乡里教化风气，传承文脉，成为乡村建设的重要的力量。新中国成立后，国家力量直达基层，乡贤的空间不复存在。改革开放以来，随着国家力量的收缩，市场经济的发展，乡贤在基层治理中的重要作用重新获得重视。进入 21 世纪，乡贤的概念发生了新变化，不仅仅指回归故里的成功人士，也包括本土本乡的贤德人士，他们有经济实力、有奉献精神、有道德人品。要让"新乡贤"在乡村文化振兴中发挥重要作用，通过新乡贤把人心凝聚起来，通过新乡贤为乡村文化振兴注入活力。

8.3 构建社会主义初级阶段村落文化建设的长效机制

新中国成立以来，随着社会政治、经济、社会的剧烈变革，传统的村落文化经历了天翻地覆的变化，促使人们进行着道德观念的更新。具体来说，传统村落文化变迁的动力来自两个层次，分别是国家和市场二者的合力带来了村落文化的剧烈变革。这两次剧烈的变革使农民从家族和集体的约束下脱嵌出来，在市场主义、消费主义等价值观的影响下，失去双重约束的农民成为彻底原子化的个人、无公德的个人，村落原有的道德规范系统彻底瓦解。社会主义初级阶段村落文化建设的使命就是重建村落道德系统，通过文化建设实现农民的再组织化。

8.3.1 建立"政府、市场、社会"的多元化文化服务体系

充分发挥政府、市场和社会在文化建设中的作用，形成政府、市场、社会构成的多元化文化服务体系。

第一，政府要在村落文化建设中准确定位。政府要不断完善政策和机制，发挥主导作用，注意对村落文化建设的引导和激励。农村基层党支部要切实加强组织建设，提高党员素质，发挥党组织在文化建设中的堡垒作用和模范带头作用。要强化政府的主导作用，各级政府要改变过去"重经济，轻文化"的发展思路。观念转变，需要制度激励。首先，要把文化发展纳入经济、社会发展规划中。社会发展是一个系统工程，只有经济发展，没有文化发展，经济发展也会受到影响和制约。文化发展为经济发展提供了精神支持和动力支持，经济发展会更健康，社会也会更和谐，社会形成良性循环。其次，要把文化建设纳入政绩考核体系中。重视文化发展的口号没有少喊，但永远是说起来重要，做起来次

要，发展思路不能根本转变，就是因为绩效考核体系未变，各级政府仍然把目光盯在那些可以带来直接经济增长的工作上，而对文化发展却没有那么重视。把文化发展纳入责任和政绩考核体制，切实转变政府的发展思路。再次，要给村落文化发展提供必要的经费保障。文化建设虽然投入成本低，但没有经费投入，也是寸步难行。成立文艺队伍、建设文化设施，都需要相应的经费保障。

第二，充分发挥市场在文化建设中的作用。引导市场资源流向农村，参与到村落文化的建设中，丰富农村的文化生活，加强对市场的监管和引导，对一些不规范的文化组织要加引导，使其走上合法良性的轨道，对宣扬有害思想的文化组织要取缔禁止，积极引导和鼓励村落文化的健康发展，用先进的、健康的文化占领农村的文化阵地。

第三，要进一步调动社会力量和民间文化工作者在村落文化建设中的积极作用。在财力上支持那些深受村民欢迎的民间文化组织。建立多元的文化供给机制，可以形成文化建设的合力，更好地、全方位地满足村落文化发展的需求。

传统的政府一元文化供给模式维持成本高，文化服务效率低，"养人不养事"。而且，这种模式导致政府角色定位不明确，政府既是管理者，又是出资人，导致改革激励扭曲。同时，该模式也无法建立以农民需求为导向的文化供给体制，导致供给与需求错位，无法满足农民的文化需求和村落文化建设的需要。只有形成"政府、市场、社会"三方联动机制，才能调动一切力量推动村落文化的健康繁荣发展。

8.3.2 加强文艺队伍和文艺骨干的培养

一支稳定的专兼职结合的基层文化人才队伍是村落文化建设的重要保证。基层政府要采取各种措施帮助农村建立一支稳定的文艺人才队伍，要重视对民间艺人的培养和使用，发挥他们在村落文化建设中的积极作用。政府要对民间艺人进行登记和资格认证，并建立平台，举行民间艺人的交流和培训，提高他们的经济收入和社会地位，增强他们的文化供给能力。要借鉴人民公社时期，建立文艺队伍的经验，当时的文艺队伍在集体主义价值观和社会主义意识形态取代传统的血缘伦理价值观的过程中发挥了重要的作用。几乎每个村都有文艺宣传队，白天和村民一样劳动，晚上为村民表演节目，新的政策下来了又要承担政策宣传的任务。现在要重建村落文化，使村落成为村民安身立命的精神家园，就要重建村落的价值和规范体系，可以借鉴人民公社时期文艺宣传队伍在新的价值观树立过程中的作用，在新时期建立一支新的文艺队伍，利用他们与农民的生产、生活的密切联系，利用他们与地方文化的密切联系，把新的规则和共识传递给村民。

建立一支稳定的民间文艺队伍，首先，要挖掘散落在村落社会的民间艺人和文艺活动积极分子。这些民间艺人是传统村落文化的直接体现者，他们从先辈那里接受到文化艺术活动的熏陶，接触到了传统的宗族文化、宗教文化、人情礼俗文化和伦理文化熏陶出来的人物原型，也继承了他们的核心精神，他们创造的诗歌、舞蹈、戏剧、故事传说、杂耍游戏等，无不体现着传统民族文化。他们是在农村的生产生活中自然形成的，来自群众，服务群众，既是劳动者，也是文艺骨干，在群众中有影响力和号召力。因为他们扎根于农民之中，所以也最知道农民需要什么，他们以最快的、小型的、灵活的、多样的形式为农民演出。他们大多出于自愿和业余爱好或者自身以及当地群众的需要从事这些文化活动，收入不稳定，甚至不能养家糊口，队伍具有很大的不稳定性。他们是村落文化建设的宝贵资源，基层政府要提供财力对这部分队伍进行扶持，发挥他们在村落文化建设中的重要作用。

其次，要提高民间文艺队伍的文化产品生产能力。可以从三个方面提高农村文艺队伍的文化产品生产能力，一是提高他们的收入；二是为他们提供培训、交流的机会，提高业务水平；三是加强管理和引导。农村文艺工作者大多较为清贫，市场不景气，收入低，演出机会少，积极性必然会受到影响，政府可以适当地给他们一些补贴和支持，提高他们参与村落文化建设的积极性。定期为农村文艺队伍举办培训、交流活动，提高他们的业务水平，从而为村民创造出更多优秀鲜活的文艺作品。农村文艺队伍深入农村生活，在农村中汲取营养，最能创造出符合农民需要的精神作品，因此，要让他们担负起主导农村文化潮流的职责，把既传承了传统村落文化的优良品质又符合社会主义核心价值观的村落文化，确立为社会主义初级阶段主导的村落文化。加强对文艺队伍的管理和引导，保障村落文化的社会主义发展方向。

8.3.3 建立国家与农民协同建设的文化机制

村落文化建设离不开国家力量，文化作为公共服务的重要组成部分，需要财政资金的投入，同时也需要国家行政力量的积极介入，才能把社会主义核心价值观输入村落。同时，村落文化建设也必须发挥农民的主体作用，以往村落文化建设的主要缺陷就是农民在文化建设中缺席，变成被动的接收方，难以表达切身需求，难以参与到文化建设的过程中，农民的文化建设热情没有被激发出来。因此，建立国家与农民协同建设的文化机制，打造一个国家和农民合作的组织和机制平台。

首先，建设内生型文化组织，打造国家和农民合作的组织平台。通过内生型文化组织凝聚农民的价值诉求，使文化供给更贴近农民的日常需求，使文化的发展植根于农民的生活实践，从而使文化的发展获得源源不断的生命力和创造性。内生型文化组织由农村的骨干分子发起和组织，可以是单一的文化组织，也可以是综合性的文化组织，核心在于必须是由村民组织的公益性组织，用以表达农民的文化诉求，不以营利为目的。村集体和基层政府给予这些组织充分的宣传、支持和引导，并对这些组织进行适当的资金扶持和外部管理。需要注意的是，要防止这些内生型文化组织的"行政化"倾向，确保组织由农民做主并服务农民。

其次，整合文化建设资金，并与内生型文化组织对接。当前文化建设资金大多来源于"自上而下"的项目，通常分属不同的部门，文化局、宣传部、广电新闻出版部门等都有文化建设的任务，项目各为其主，导致重复建设和资源浪费。同时，项目式的文化建设容易建设硬件，却难以建设软件。一些自发形成的文化组织最大的困难是缺乏资金支持而难以为继并最终解体，如果可以整合文化建设资金，给予这些内生的文化组织以资金支持，破解它们的财政困局，那么这些内生型文化组织的繁荣发展就指日可待。有了文化组织的依托，村落文化活动就不再是纯粹的个人享受型的文化活动，而是更具有公共性，使文化重新恢复价值规范承载和道德教化的功能。

再次，依托内生型文化组织，建立自下而上的文化需求表达机制。群众是村落文化建设的主体和参与者，积极健康的村落文化的塑造离不开群众的广泛参与。村落文化建设的目标是重建村落社会的价值和规范系统，发展既有民族特色和历史传统又符合时代精神和社会主义核心价值观的新型村落文化。新型村落文化必须依靠群众的广泛参与，才能内化到村民的日常生活中，成为村民共同尊重的行为规范。

要想提高群众的参与度，就要了解群众需要什么样的文化，只有建立自下而上的文化需求表达机制，才能解决文化建设供需错位的问题。很多农村建立的图书馆基本没人看，送电影下乡效果也差，原因在于政府提供的文化产品没有满足群众的文化需求，才导致应者寥寥。为了更好地满足群众的需求，并把群众动员到村落文化建设中来，要建立自下而上的文化需求表达机制，把农民的真实需求反映到政府的公共文化服务和供给的范围中来。浙江宁海在为村民提供文化服务方面由开始的自上而下模式变为现在的自下而上的模式，群众参与的积极性极大提高。一开始政府一刀切地在各村设立邮政、图书馆、送戏下乡、送电影下乡，除了送戏下乡比较受群众欢迎之外，其他文化产品都无人理睬，虽然经费投入了，设施也建了，但收效甚微。后来当地政府改变了思路，政府不直接提供文化产品，而是由政府帮助搭建平台，提供经费、场地、服装道具，村级组织负责协助，发动民间积极分子，帮助成立文艺队伍和民间协会，其他由群众自我发展，至于文艺队伍和民间协会如何开展活动，如何发动群众，提供什么样的文化产品，只要内容和形式积极健康，政府基本不干涉，充分发挥群众的积极主动性，不仅吸引了更多的人参与到文化活动中来，而且生产的文艺产品更受群众欢迎。现在每个村都有文化联络员，负责采集群众的需求，下情上达，同时也把政府的政策和要求传达给群众。政府组织举办的文化交流活动和比赛活动，都会通知到各村，各村自己准备节目和作品。这些节目和作品直接取材村民的日常生活，非常贴近现实，所以也深受群众欢迎。

最后，以乡村振兴战略为契机，增强农村内生型文化发展能力。在市场经济和现代化因素的冲击下，村落传统文化的衰变难以自我恢复，必须借助乡村振兴战略的部署，提升村落文化生产能力。一方面，坚持"送文化"和"种文化"相结合，资源投入与文化组织建设并重的原则，形成人人参与、人人享受的文化氛围，根据农民的现实处境和文化需求来重建村落文化，重建属于农民的价值观和道德评价系统，使他们感受到自己生活的价值和生存的意义。另一方面，重视民俗文化的生命力，通过集体性的民俗文化活动拓展公共文化空间。民间戏曲、舞蹈、花灯、腰鼓等贴近农民的审美需求，农民乐意参与其中，这对开拓农村公共文化空间具有重要的作用。例如组织花灯会、庙会、龙舟、传统美食比赛等活动，这些文化资源蕴含着丰富的伦理和德育资源，有着精神凝聚、审美陶冶、文化认同和价值导向的作用。开展这样的活动，在丰富村民精神生活的同时，能使广大村民养成自觉遵守村落公共规则的良好习惯，形成互助和谐、诚信友爱、热爱家园的新风尚，既传承了优秀的民族文化，又形成了有时代气息的日常伦理规范。基层政府要大力支持和组织村民自主开展丰富多彩的民俗文化活动，不断地充实村民的公共文化生活，实现人际关系和谐和村落的安定有序，塑造村民的公共精神和公共意识，提高公共责任和义务感。

8.3.4　加强基层组织的权威性

村落文化重建的基本目标是重建村落共同体，并继续发挥村落文化的价值支持和社会支持功能。新中国成立前，中国的农村一盘散沙，新中国成立后的三十年，农村高度组织化，为从农村获得工业化的原始积累做出了巨大的贡献，但也束缚了农民的自由。改革开放以来，经过近四十年的"去组织化"，村落结构日益原子化，村民虽然获得了极大的自由，但也带来了一系列的社会问题。很多地方的村落共同体基本解体，公共空间日益萎缩，人际关系疏远，人们很难为了共同的事业开展互助合作，大大增加了村民的生活成本。我们现在还处于社会主义初级阶段，在短期内无法让广大的农村过上"高消费，高福利"的生活的背景下，通过文化重建，走"低消费，高福利"是一种可行的出路，通过文化重建来增加农民的幸福感。重建村落文化的主体是农民，而引导这项事业的必须依靠乡村组织。

1. 加强基层党组织的权威

加强基层党组织建设和党组织对农村基层工作的领导，是加强乡村组织权威性的根本。党组织的权威立起来了，党在价值层面的引导力也就增强了。农村党员和党组织要在基层治理事务发挥重要的作用，激活党员先进性和党组织的战斗堡垒作用，把党员和党组织纳入到农村基层治理网络中来。

加强党员和党组织与农民群众的联系和影响，有两个抓手可以依托，一是治理下沉，二是服务下沉。治理下沉可以通过建立党员联户制度和党组织办合作社的方式，增强党组织在基层治理中的话语权。为了顺应国家治理现代化的要求，要把党员纳入治理力量中来，建立党员联户制度，激发所有党员特别是无职党员的积极性和先进性，利用党员在日常生活中和熟人社会中的联系为基层治理服务，及时发现问题、解决问题，回应农民的诉求，解决农民生活和生产中存在的困难。党员联户制度可以起到党组织与群众的链接作用，可以激发党员的先进性，发扬群众路线的优秀传统，运用精细化治理思维，利用党员生活在群众中的便利条件，将"支部建在连上"，特别是激发了无职党员在治理中的作用，治理的力量深入到群众的日常生活之中，让生活在群众中的党员在日常生活中了解群众生产生活需求。

服务下沉可以通过建立党群服务大厅的方式，设立涉及与农民群众利益直接相关的服务窗口，把一些政府科室职能下沉到村，一方面让群众少跑路，另一方面也改变了群众办事的方式和途径，形成办事的内部循环，密切了党员与群众的联系。借助服务下沉这一抓手，党群服务中心还可以定期举办国家法律、法规、政策讲座，开展移风易俗教育等公民教育内容。此外，为了回应农村社会变迁过程出现的新问题，党群服务中心可以提供一些新服务，例如，可以为留守儿童提供辅导和托管服务、照顾空巢老人等。加强基层党组织建设不是一句空话，不是简单的组织结构调整，而是必须回应乡村社会发生的新变化，直面群众生产生活中的新问题，通过服务下沉密切了党与群众的联系，树立基层党组织的权威。

2. 健全村级组织建设

组织建设是文化建设的载体，基层组织健全，才能更好地引导农民进行村落文化的重建工作。正式的乡村组织是农村发展和稳定的基础和根基，目前最有能力组织和引导村落文化重建的主体仍然是正式的乡村组织。乡村组织的基础地位是历史形成的，新中国成立后，党和政府在农村建立起了完备的组织体系，依靠这套体系完成了对农村的整合，目前仍然依赖这套体系维护农村社会的稳定和发展。

但是，法律对农民经营权的长期不变的规定，土地不能随意调整，使乡村组织的土地所有权只具有象征意义。近几年，全国各地都在推行土地确权行动，土地更加不能随意调整，村集体手中掌握的资源越来越有限，乡村组织的权威也就不断下降，也就没有能力为村庄提供公共服务，更无法组织村民开展互助合作，导致村庄公共事业无人问津，即使已有的农田水利设施也因为年久失修基本瘫痪。土地确权后，土地更加细碎，农业机械的使用、农田水利合作就更加困难了，更需要村集体发挥协调作用，但是村集体因为手中资源有限，整合协调能力下降，导致农村生产合作的无序化和村庄生活秩序混乱，这是非常危险的。如果党在农村的组织体系崩溃，不仅无法引领和重建村落文化，而且还会使党在农村的根基受到影响。而且，随着国家城乡反哺战略的实施，大量资源下乡，有能力承接资源带领农村进行新农村建设的也只有乡村组织。

重建村落共同体，必须健全基层组织建设，有了完备的村级组织，村落文化建设才能有一个坚强的组织者和引导者。实践证明，完备的基层组织是村落社会秩序得以维护的重要保证。税费改革后，国家进一步从乡村退出，乡村组织从国家获得的支持进一步减少，依靠国家的财政转移支付勉强维持运转。为了减少支出，各地撤村并组，导致基层组织进一步弱化，造成村庄生产合作的无序化和村庄秩序的混乱，而在那些基层组织体系健全的地方，村民仍然可以顺利开展生产生活互助合作，村落秩序井然。与其他地方撤村并组的做法不同，税费改革后，四川农村依然保留了完备的基层组织体系。例如，保留小组长一职，不仅极大地保障了小组内部的生产生活互助合作，而且使国家政策在基层一直保持着极强的贯彻能力。小组长一般是小组内部较有威望的人，村民对小组长有着较高的认可，能得到村民的认可，对小组长来说是非常有面子的事情。小组长的决定，一般不会有人反对，几乎没有"钉子户"的产生，因此，小组内部可以顺利开展生产互助合作。在小组内部，可以实现协调用水、定期调田、协调春耕生产、调解纠纷，开展红白喜事的互助合作，具有较强的集体行动能力。实践证明，较完备的基层组织，才能保证村落价值和规范得到较好的遵守和执行，也才能够引领村落文化的发展方向。

3. 增强集体组织的经济实力

集体组织只有掌握了一定的资源，提供公共服务的能力才能够得到提高，对村民的行为进行规范调节的能力就能够得到增强。提供公共服务，能够让集体组织与村民的生产、生活建立密切的联系，从而提高村民对村集体的认同感，增强村落内部凝聚力。

掌握一定的集体资源不仅意味着保障村集体提供公共服务的能力，还意味着保障对村落生活中对村民的行为进行规范调节的能力。一旦村集体不再掌握资源或者资源匮乏时，这势必导致对村落生活整合能力的弱化。税费改革后，集体组织不再承担向农民征收农业税的责任，也就不再承担提供公共产品的责任，集体组织依靠上级的财政转移支付维持自身的运转，村庄的公共服务引入市场机制，但市场无法解决公共产品的"搭便车"行为，导致农村公共产品使用无序化，对村民的生产生活造成了非常严重的后果。失去了治理资源的村集体已经无法实现村庄范围内的集体合作，久而久之村庄秩序混乱，生产合作无序化，村落共同体解体，也就谈不上凝聚力、认同、归属感了，村落变成人人想逃离的地方，这样的状况对农村的发展将会带来极为消极的影响。为了更好地为村民提供公共服务，强化基层组织建设，成都市开展了村级公共服务与社会管理改革，从 2009 年起对每个行政村和涉农社区，提供额度至少 20 万的村级公共服务和社会管理专项资金，这笔资金的投入逐年上升，2011 年至少是 25 万元，2012 年至少为 30 万元，2013 年已达到至少 40 万元的标准，在 2017 年，达到至少 60 万元。[①] 公共服务资金，是成都市对农村地区资源输入的一种方式。通过公共服务资金的使用，完善农村部分基础设施，提供更为契合农民需求的公共服务，在此过程中，充分发挥村集体的作用，强化村一级的集体行动能力，从而引导农村文化建设和农村发展。村民可以在这里找到生活的意义、人生的价值，活得非常有主体性。

---

① 四川崇州 L 村调研报告 ［R］. 2015 – 09 – 24.

结　语

新中国成立以来，国家在村落文化的变迁中起着决定性的作用。新中国成立后的政治运动与集体化，不断推动个人把对家庭和宗族的忠诚和认同转移到超越家庭的集体和国家上来。为了实现这一目标，就必须打碎原有的宗族和家庭的权力，以及建立在血缘基础之上的社会等级，通过土地改革、合作化运动、人民公社化运动，改变传统村落文化赖以存在的经济基础和社会基础，并在思想领域展开对传统的批判，用集体主义文化代替建立在血亲基础之上的传统村落文化。首先，国家剥夺了宗族和家庭的生产和组织功能。在新中国成立前，全部的生产生活和社会生活都是在宗族和家庭内部进行的，在家庭和宗族内部，权力以辈分、年龄和血缘为基础进行划分。这种村落秩序在土地改革期间受到激烈冲击，土地改革削弱了宗族秩序赖以存在的物质基础，同时也使地主、士绅、族长的权力受到打击。20 世纪 50 年代的合作化运动和人民公社化运动，结束了家庭拥有土地的历史，进一步削弱了家庭的生产功能。从此的 20 多年，农业生产由集体来组织，而不再是由家庭中的家长来组织，老一辈人在意识形态、农业新技术面前跟不上形势，他们的权威也随之衰落。其次，其他村落文化改造政策使村落文化进一步转型。比如，1950 年的《婚姻法》在法律上确认了年轻人的婚姻恋爱自由权；开展政治运动，发动对父权、夫权及传统家庭价值观念展开批判，使家庭价值观念经历了世俗化的过程；对村落传统的节庆仪式、民间信仰、祖先崇拜的批判，这些传统因为被斥为封建迷信，而失去了神圣性。再次，国家瓦解了以血缘和士绅为基础的非正式权力，代之以正式的国家行政机构和干部系统。传统的权力机制被瓦解后，产生了两个结果：一是个人和家庭不管是私人的还是公共的生活完全处于国家权力的笼罩之下；二是农民个人从家庭和宗族的权力中解放出来，投入到集体和国家的怀抱。

改革开放以后，国家对农村的控制全面收缩，导致在集体化时期被压制但没有被消灭的传统文化出现了回潮。在国家干预减少后，原来由国家开拓出来的空间并没有全部被传统文化所填满，而是出现了传统村落文化与市场经济、消费主义争夺由国家留下来的这部分空间。20 世纪 80 年代以后，老人的权威进一步下跌，家庭农业的恢复并不代表传统家庭模式的恢复。因为农业生产虽然重新由家庭来组织，但是农业生产开始受到市场经济的影响，老人是市场经济中天然的弱者，而且农业不再是农民唯一的生存来源，年轻人开始外出就业，进入工商业领域，所以，家庭生产的恢复，并没有恢复老人的权威。市场经济重塑了生育、老人赡养、家庭结构等方面的观念和实践。改革开放以后，国家和集体退出对公共生活和私人生活的影响后，残存的传统文化与市场经济交互作用下，在农村催生了极端了个人主义。"集体化终结、国家从社会生活多个方面撤出之后，社会主义道德观也随之崩溃。既没有传统又没有社会主义道德观，非集体化之后的农村出现了道德与意识形态的真空。与此同时，农民又被卷入了商品经济与市场中，他们便在这种情况下迅速接受了以全球消费主义为特征的晚期资本主义道德观。这种道德观强调个人享受的权利，将个人欲望合理化。"[①] 再加上大众媒体对消费主义价值观的传播，刺激了农民的消费欲望，特别是年轻人的消费欲望，生活期待和实际生活的差距，加剧了他们的无助、焦虑和失落感，这也是为什么年轻人竭尽全力地向父母索取钱财，来缓解他们在市场经济条件下的社会竞争压力。自我为中心的消费主义观念进入家庭和村落

---

① 阎云翔. 私人生活的变革：一个中国村庄里的爱情、家庭与亲密关系 1949～1999 [M]. 龚小夏译, 上海：上海书店出版社, 2006：260.

社会生活的方方面面，还没有任何观念可以与之抗衡。当前村落文化在宗族文化、宗教文化、人情礼俗文化、伦理文化四个方面无不体现了市场经济的冲击带来的影响，一方面，市场经济不断地瓦解传统村落文化对村落社会的维系作用，另一方面，国家从乡村撤出，也导致集体主体道德失去了对村民的约束作用，失去了传统道德观和集体主义道德观双重约束的村落社会，导致极端的个人主义、无公德的个人在村落的崛起，引发村落社会一系列的社会问题。村落公共生活走向衰落，农民失去了参与公共生活的途径，最终导致他们不管是在家庭领域还是在社会领域，对他人和群体的责任感日益消亡。

　　如何在社会义务和个人利益之间建立平衡关系，重建农村的道德规范系统，实现农民的再组织化，是当前村落文化建设的使命所在。村落文化重建是一项系统工程，更是一个长期的工程，社会主义初级阶段的村落文化建设首先要以马克思主义为指导。马克思主义理论告诉我们，村落文化建设要树立整体视野，从经济、政治、文化交互作用的战略高度全方位地推进农村的文化建设。文化是人通过自己的实践活动创造的，村落文化无疑是农民群众创造的，农民才是村落文化建设的主体。一方面，要用先进的理论武装农民，加强农民群众的理论素养。另一方面，要重视农民作为村落文化建设的主体作用。我国社会的主流文化是中国特色社会主义文化，主流价值观是社会主义核心价值观。在全球化的背景下，我国的农村文化格局也日益呈现出多元化的特点。面对这种现实，我们要重视社会主义核心价值观的主导力和凝聚力。在马克思恩格斯看来，文化是人们意识到了的"人们的实际生活过程"，"思想一旦离开利益，就一定会使自己出丑"[①]。文化建设不能脱离农民实际生活，否则必然陷入形式主义，导致文化供给错位。所以村落文化建设要从农民的实际文化需要出发，摒弃"假大空"等一切形式主义的东西，村落文化建设才能取得实效。村落文化建设要以社会主义初级阶段的基

---

① 马克思恩格斯全集（第2卷）[M]．北京：人民出版社，1957：103．

本国情为依据。社会主义初级阶段虽然是社会主义社会，但总体上不发达，这就决定了短期内还无法做到让全体人民过上物质富裕的生活，村落文化建设能够为村民提供一种"低消费，高福利"的更加健康的生活方式。社会主义初级阶段的长期性，决定了短期内实现大规模农业人口向非农转变的可能性很低，农村将保持很长的时间，村落文化建设，就是要让暂居在农村的人能够生活得体面有尊严，使城市化的过程多一些人道主义的温暖。社会主义初级阶段国情要求村落文化建设不能超越或者落后于初级阶段社会发展水平。具体策略上，重塑村落文化的主体性和公共性。在观念层面，要重建对村落文化的自信。村落文化在功能方面，仍然可以为人们提供社会支持和价值支持。村落文化有着深厚的经济、社会和文化根源，是民族文化之根，否定传统会加重文化迷茫和认同危机。在日常生活中促进传统村落文化的传承和自我更新，提高村落文化的价值生产能力，为村民提供安身立命的价值支持。加强村落文化建设必须体现时代的需要，把传承村落文化和社会主义核心价值观结合起来，既体现了历史的传承，又体现了时代特色。以家庭和村落为载体构建村落文化的公共性，兴办具有地方特色的集体性文化活动，把宗族、宗教、人情、伦理等规则融入集体性的文化活动中。同时，建立村落文化建设的长效机制，从制度上和组织上保障村落文化建设的开展。

参 考 文 献

［1］马克思恩格斯全集（第 2 卷）［M］. 北京：人民出版社，
1957.

［2］马克思恩格斯全集（第 3 卷）［M］. 北京：人民出版社，
1960.

［3］马克思恩格斯全集（第 46 卷）（上）［M］. 北京：人民出版
社，1979.

［4］马克思恩格斯选集（第 1 卷）［M］. 北京：人民出版社，
1995.

［5］马克思恩格斯选集（第 2 卷）［M］. 北京：人民出版社，
1995.

［6］马克思恩格斯选集（第 3 卷）［M］. 北京：人民出版社，
1995.

［7］马克思恩格斯选集（第 4 卷）［M］. 北京：人民出版社，
1995.

［8］列宁选集（第 4 卷）［M］. 北京：人民出版社，1995.

［9］毛泽东文集（第 3 卷）［M］. 北京：人民出版社，1996.

［10］毛泽东选集（第 1 卷）［M］. 北京：人民出版社，1991.

［11］毛泽东选集（第 2 卷）［M］. 北京：人民出版社，1991.

［12］毛泽东选集（第 3 卷）［M］. 北京：人民出版社，1991.

［13］邓小平文选（第 2 卷）［M］. 北京：人民出版社，1994.

［14］邓小平文选（第 3 卷）［M］. 北京：人民出版社，1993.

［15］江泽民文选（第1卷）［M］.北京：人民出版社，2006.

［16］习近平谈治国理政（第2卷）［M］.北京：外文出版社，2017.

［17］习近平.文化是灵魂之江新语［M］.杭州：浙江人民出版社，2007.

［18］习近平总书记系列重要讲话精神学习辅导读本［M］.北京：中国言实出版社，2014.

［19］［美］克利福德·吉尔兹.地方性知识——阐释人类学论文集［M］.王海龙，张家瑄译，北京：中央编译出版社，2004.

［20］钱穆.中国历代政治得失［M］.北京：九州出版社，2012.

［21］王志清.语言民俗与农区蒙古族村落的文化变迁［M］.北京：中国社会科学出版社，2011.

［22］任映红.现代化进程中的村落文化——当代温州村落文化研究［M］.哈尔滨：黑龙江人民出版社，2005.

［23］陈吉元、胡必亮.当代中国的村庄经济与村落文化丛书［M］.西安：陕西经济出版社，1996.

［24］林耀华.金翼［M］.上海：生活·读书·新知三联书店，2008.

［25］费孝通.江村经济［M］.北京：商务印书馆出版，2001.

［26］曹锦清.黄河边的中国［M］.上海：上海文艺出版社，2013.

［27］吴毅.小镇喧嚣［M］.上海：生活·读书·新知三联书店，2007.

［28］阎云翔.私人生活的变革［M］.上海：上海书店出版社，2009.

［29］费孝通.乡土中国［M］.北京：北京出版社，2005.

［30］王沪宁.当代中国村落家族文化［M］.上海：上海人民出版社，1991.

[31] [美] 斯科特. 农民的道义经济学：东南亚的反叛与生存 [M]. 程立显译，南京：译林出版社，2001.

[32] [美] 黄宗智. 华北小农经济与社会变迁 [M]. 北京：中华书局出版社，2000.

[33] [美] 黄宗智. 长江三角洲的小农家庭与乡村发展 [M]. 北京：中华书局出版社，2000.

[34] [美] 杜赞奇. 文化、权力与国家 [M]. 王福明译，南京：江苏人民出版社，2010.

[35] [美] 施坚雅. 中国农村的市场和社会结构 [M]. 史建云等译，北京：中国社会科学出版社，1998.

[36] [英] 莫里斯·弗里德曼. 中国东南的宗族组织 [M]. 刘晓春译，上海：上海人民出版社，2000.

[37] 张岱年，程宜山. 中国文化精神 [M]. 北京：北京大学出版社，2015.

[38] [英] 马凌诺斯基. 文化论 [M]. 费孝通译，北京：华夏出版社，2002.

[39] [美] 克利福德·格尔茨. 文化的解释 [M]. 韩莉译，南京：译林出版社，1999.

[40] 梁漱溟. 中国文化要义 [M]. 上海：上海人民出版社，2011.

[41] 王锦贵. 中国文化史简编 [M]. 北京：北京大学出版社，2004.

[42] 李银河. 生育与村落文化 [M]. 呼和浩特：内蒙古大学出版社，2009.

[43] 黄臻编著. 村落文化 [M]. 昆明：云南教育出版社，2006.

[44] 陈晋，王均伟. 毛泽东邓小平江泽民与中国先进文化 [M]. 广州：广东教育出版社，2006.

[45] 十六大报告辅导读本 [M]. 北京：人民出版社，2002：34.

［46］［美］艾凯．最后的儒家——梁漱溟与中国现代化的两难 ［M］．王宗昱、冀建中译，南京：江苏人民出版社，2004.

［47］晏阳初．平民教育与乡村建设运动 ［M］．北京：商务印书馆，2014.

［48］梁漱溟．乡村建设理论 ［M］．上海：上海人民出版社，2011.

［49］凌耀伦，熊甫编．卢作孚文集 ［M］．北京：北京大学出版社，2012.

［50］陈翰生等编．解放前的中国农村（第1辑）［M］．北京：中国展望出版社，1985.

［51］陈翰生等编．解放前的中国农村（第2辑）［M］．北京：中国展望出版社，1987.

［52］梁漱溟．我们政治上的第二个不通的路 ［M］．济南：山东人民出版社，1992.

［53］［美］马克·塞登．他们为什么获胜——对中共与农民关系的反思 ［M］．北京：档案出版社，1993.

［54］钟日兴．乡村社会中的革命动员 ［M］．北京：中国社会科学出版社，2015.

［55］何友良．中国苏维埃区域社会变动史 ［M］．北京：当代中国出版社，1996.

［56］夏道汉、陈立明．江西苏区史 ［M］．南昌：江西人民出版社，1987.

［57］中央革命根据地史料选编（下册）［M］．南昌：江西人民出版社，1982.

［58］于建嵘主编．中国农民问题研究资料汇编（第2卷）上册 ［M］．北京：中国农业出版社，2007.

［59］曹锦清、张乐天、陈中亚．当代浙北乡村的社会文化变迁 ［M］．上海：上海远东出版社，2001.

［60］金春明．建国后三十三年［M］．上海：上海人民出版社，1987．

［61］刘华清．人民公社化运动纪实［M］．上海：东方出版社，2014．

［62］中国教育年鉴（1949－1981）［M］．北京：中国大百科全书出版社，1984．

［63］［美］埃德加·斯诺．西行漫记［M］．北京：生活·读书·新知三联书店，1979．

［64］郭于华主编．仪式与社会变迁［M］．北京：社会科学文献出版社，2000．

［65］吴理财．公共性的消解与重建［M］．北京：知识产权出版社，2013．

［66］［美］R. H. 科斯．财产权利与制度变迁［M］．刘守英等译，上海：上海人民出版社，1994．

［67］曹锦清等．当代浙北乡村的社会文化变迁［M］．上海：上海远东出版社，2001．

［68］张乐天．告别理想：人民公社制度研究［M］．上海：上海人民出版社，2012．

［69］费正清．美国与中国（第四版）［M］．北京：商务印书馆，1999．

［70］孙中山选集［M］．北京：人民出版社，1981．

［71］阎云翔．私人生活的变革：一个中国村庄里的爱情、家庭与亲密关系（1949～1999）［M］．龚小夏译，上海：上海书店出版社，2006．

［72］黄启昌．农村联产承包责任制实施和推广纪实［M］．上海：东方出版社，2014．

［73］林毅夫．制度、技术与中国农业发展［M］．上海：格致出版社，2014．

［74］陈锡文. 中国农村改革：回顾与展望［M］. 天津：天津人民出版社，1993.

［75］韩俊主编. 新中国 70 年农村发展与制度变迁［M］. 北京：人民出版社，2019.

［76］贺雪峰. 大国之基［M］. 北京：东方出版社，2019.

［77］［美］塞缪尔·亨廷顿. 变动社会的政治秩序［M］. 上海：上海译文出版社，1989.

［78］［意］迈克尔·米特罗尔，雷因哈德·西德尔. 欧洲家庭史［M］. 北京：华夏出版社，1987.

［79］阎云翔. 中国社会的个体化［M］. 上海：上海译文出版社，2016.

［80］孟子·滕文公上［M］. 武汉：远方出版社，2004.

［81］［德］乌尔里希·贝克. 世界主义的欧洲：第二次现代性的社会和政治［M］. 上海：华东师范大学出版社，2008.

［82］李建军. 自杀研究［M］. 北京：社会科学文献出版社，2013.

［83］贺雪峰. 最后一公里村庄［M］. 北京：中信出版社，2017.

［84］贺雪峰. 乡村研究的国情意识［M］. 武汉：湖北人民出版社，2004.

［85］贺雪峰. 新乡土中国［M］. 南宁：广西师范大学出版社，2003.

［86］［美］露丝·本尼迪克. 文化的模式［M］. 何锡章，黄欢译，北京：华夏出版社，1987.

［87］中央教育科学研究所编. 老解放区教育资料（一）［M］. 北京：教育科学出版社，1980.

［88］党的十九大报告辅导读本［M］. 北京：人民出版社，2017.

［89］中共中央文献研究室编. 改革开放三十年重要文献选编（上册）［M］. 北京：中央文献出版社，2008.

[90] 中共中央文献研究室编．十八大以来重要文献选编（上）[M]．北京：中央文献出版社，2014.

[91] 本书编写组编．党的十九大报告学习辅导百问 [M]．北京：党建读物出版社，2017.

[92] Perkins, Dwight and Shahid Yusuf, 1984, *Rural Development in China*, *Baltiore*, Marylang：The Johns Hopkins University Press.

[93] Perry, Elizabeth J. , 1980, *Rebels and Revolutionaries in North China*, 1845–1945, Stanford University Press.

[94] 吴理财．城镇化进程中传统村落的保护与发展研究——基于中西部五省的实证调查 [J]．社会主义研究，2013（4）.

[95] 吴理财．处境化经验：什么是农村社区文化以及如何理解 [J]．人文杂志，2011（1）.

[96] 高善春．城乡文化从二元到一体：制度分析与制度创新的基本维度 [J]．理论探讨，2012（2）.

[97] 徐学庆．城乡文化一体化发展途径探析 [J] 中州学刊，2013（1）.

[98] 张虹．城乡文化统筹发展与新农村建设的深化 [J]．中共乌鲁木齐市委党校学报，2007（4）.

[99] 马永强、王正茂．农村文化建设的内涵 [J]．甘肃社会科学，2008（6）.

[100] 钱正明．从村民回迁谈古村落文化的保护、传承与发展 [J]．前沿，2013（2）.

[101] 姚蓓琴．村落文化和农村两个文明建设 [J]．社会科学杂志，2000（4）.

[102] 马航．中国传统村落的延续与演变 [J]．城市规划学刊，2006（1）.

[103] 贺雪峰．南北中国：村庄社会结构视角的中国区域差异 [J]．华中科技大学学报，2013（3）.

[104] 徐勇. 中国家户制传统与农村发展道路：以俄国、印度的村社传统为参照 [J]. 中国社会科学, 2013 (8).

[105] 孙成武. 论习近平文化建设思想的三重向度 [J]. 思想理论教育导刊, 2017 (7).

[106] 贺雪峰, 郭俊霞. 试论农村自杀的类型与逻辑 [J]. 华中科技大学学报 (社会科学版), 2012 (4).

[107] 张乐天. 国家话语的接受与消解——公社视野中的"阶级"与"阶级斗争"[J]. 社会学研究, 2001 (6).

[108] 胜令霞. 中国特色社会主义的"特色"内涵新探 [J]. 前沿, 2011 (7).

[109] 杜志章, 欧阳康. 论中国"一元主导与多样共存"制度结构的逻辑依据和历史根源 [J]. 理论月刊, 2013 (8).

[110] 胡鞍钢. 社会主义初级阶段：上下半场与五个阶段 [J]. 四川大学学报, 2017 (3).

[111] 徐杰舜. 乡土人类学研究回顾 [J]. 湖北民族学院学报, 2007 (12).

[112] 李永萍. 联合家庭再生产模式：理解低额彩礼的一种视角 [J]. 当代青年研究, 2018 (5).

[113] 闫培良. 村落文化的当代价值 [D]. 吉林大学, 2014.

[114] 张青. 习俗与家庭的再生产 [D]. 山东大学, 2013.

[115] 张济洲. 文化视野中的村落、学校与国家 [D]. 华东师范大学, 2007.

[116] 闫秀丽. 社会主义新农村视阈下的乡风文明建设 [D]. 浙江大学, 2013.

[117] 王荷英. 民间信仰的变迁 [D]. 华中师范大学, 2006.

[118] 刘华领. 可作为文化遗产的古村落保护与旅游开发研究 [D]. 华中科技大学, 2004.

[119] 方坤. 话语群：公共空间与村落文化权力 [D]. 华中师范

大学，2012.

[120] 胡海波. 马克思恩格斯文化观研究 [D]. 东北师范大学，2010.

[121] 周红云. 村级治理中的社会资本因素分析 [D]. 清华大学，2004.

[122] 钟琴. 社会变迁视角下的农民自杀现象研究 [D]. 华中科技大学，2010.

[123] 郭帮. 新中国成立初期农村文化建设研究 [D]. 曲阜师范大学，2014.

[124] 聂捷. 毛泽东农村文化建设思想研究 [D]. 湘潭大学，2013.

[125] 中共中央关于构建社会主义和谐社会若干重大问题的决定 [EB/OL]. 新华网，2006 - 10 - 18.

[126] 中国统计年鉴 2015（电子版）[EB/OL]. 中华人民共和国统计局.

[127] 中国统计年鉴 2018（电子版）[EB/OL]. 中华人民共和国统计局.

[128] 中国统计年鉴 2016（电子版）[EB/OL]. 中华人民共和国统计局.

后　记

　　村落文化是人们在村落范围内，在共同的生产、生活中形成的共同的风俗习惯、伦理、规范等观念的综合体，包括宗族文化、宗教文化、伦理文化和人情礼俗文化。村落文化对于认识中国社会的过去、现在和未来具有不可低估的意义。

　　本书梳理了新中国成立以来村落文化的变迁、现状、问题以及社会主义初级阶段村落文化建设的指导思想、内容、方针以及具体策略等。第一章交代了研究的问题、研究意义、研究现状、研究方法、研究路径以及核心概念等。第二章梳理了社会主义初级阶段村落文化建设的相关理论，包括马克思主义经典作家对文化建设思想的论述、社会主义初级阶段理论。第三章梳理了中国共产党在新民主主义革命时期和社会主义革命时期村落文化建设的理论和实践，这时期的村落文化建设实践为社会主义初级阶段村落文化建设打下了坚实的基础。第四章梳理了社会主义制度建立后到改革开放前，中国共产党对村落文化改造的途径和方式、基本特征和主要成就。第五章梳理了改革开放以来，农村经济变革对村落文化变迁的影响，以及村落文化的基本特征和主要成就。第六、七章着重分析了当前村落文化的现状，从宗族文化、宗教文化、人情礼俗文化、伦理文化四个方面对当前村落文化的现状以及区域差异，进行了全方位的分析。第八章分析了社会主义初级阶段村落文化建设的具体策略。最后对全书进行了总结。

　　全书的主体部分是在柯芳副教授博士论文的基础上修改而成。距离博士论文写作时已经过去了 5 年时间，这期间农村的经济、社会、文化发展发生了很大的变化。重庆理工大学管理学院邹霞副教授提供了村落文化发展和建设的最新情况，为第六章和第七章的写作提供了5万字的写作素材。

感谢我的博士生导师杨先农研究员和硕士生导师罗兴佐教授对我多年的悉心指导，每次和老师们的交流都受益匪浅。感谢武汉大学中国乡村治理研究中心的同仁们，在一起学习和调研的日子非常充实、愉快，受益匪浅。感谢我的研究生同学和博士同门的兄弟姐妹们对我的帮助和指导，与他们的交流受益匪浅。

感谢经济科学出版社和重庆理工大学对本书的支持。感谢我的家人，他们一直以来是我的坚强后盾。

无限感恩所有的支持和帮助！

柯　芳

2023年2月